채권자대위권 연구

여 하 윤

景仁文化社

서 문

　본서는 우리 민법 제404조 소정의 채권자대위권과 그 제도적 기원을 이루고 있는 프랑스 민법 제1166조 소정의 간접소권(action oblique)을 비교법적으로 검토한 것이다. 필자는 본 연구를 하면서 '구체적이고 기능적인 비교'에 역점을 두고자 하였다. 즉, 구체적인 분쟁 내지는 문제가 발생했을 때 양 국가는 각각 어떠한 해결방식을 취하고 있는가 하는 의문을 가지고 이에 대한 답을 찾으려고 노력하였고, 이에 따라 양 국가의 대표적인 판결례들을 비교하고 검토하는 연구방법을 취하였다.

　필자는 프랑스 민법 주석서와 기본서를 읽고 정리하여 간접소권의 기본적인 구조와 이론을 비교적 상세하게 소개하는 것을 출발점으로 하여 간접소권에 관한 프랑스의 대표적인 재판례들을 소개하고 우리 민법상의 채권자대위권과 비교하였다. 채권자대위권이 프랑스 민법을 모법으로 하고 있다는 것은 널리 알려진 사실이고 이에 대한 내용들이 국내에 소개되어 있기는 하나, 아직까지 간접소권에 관한 재판례와 프랑스 법학자들의 평석 등의 자세한 내용을 소개한 문헌은 없었다는 점에서 본 연구는 간접소권에 관하여 깊이 있는 내용들을 제공할 것이다.

　판례의 비교는 실제 발생하였던, 그리고 지금도 발생하고 있는 '법현실'을 알 수 있다는 점에서 매우 유용하다고 생각한다. 양 국가의 판례들을 비교 검토함으로써 채권자대위권 내지는 간접소권의 운영 현실을 알 수 있었고, 이에 따라 양자의 공통점과 차이점을 찾아낼 수 있었다.

 필자가 행한 이와 같은 비교법적 연구는 우리나라에서 발생하는 법적 분쟁에 대한 해결책을 강구하는 데에 도움이 될 수 있을 것이라고 생각한다.

여 하 윤

〈약 어 표〉

1. 우리 법

공보 = 법원공보 혹은 판례공보
集 = 대법원판례집

2. 프랑스 법

art. = article

D. = Digesta

D. = Dalloz jurisprudence générale

D.C. = Recueil périodique et critique

Defrénois = Répertoire du notariat defrénois

éd. = édition

esp. = espèce

Gaz. Pal. = Gazette du Palais

Inf. rap. 또는 I. R. = Informations rapides

JCP = La Semaine Juridique

JCP éd. N. = La Semaine Juridique édition notariale et immobilière

J. not. = Journal du Notariat

obs. = observation

pan. = panorama de jurisprudence

Req. = Chambre de requête

RTD = Revue trimestrielle de droit civil

S = Sirey ; Recueil général des lois et des arrêts

s. = suivant

somm. = sommaires de jurisprudence

ss. = suivants

t. = tome

Trib. grande inst. = tribunal de grande instance

Trib. inst. = tribunal d'instance

3. 기 호

' ', " " = 인용한 부분을 가리킨다

… = 인용부분 중 생략한 부분을 가리킨다

[ ] = 본문의 이해를 위하여 필자가 추가로 부가한 부분이다

본문 중 건고딕체로 표시된 부분은 필자가 깅조한 부분이다

〈차 례〉

제1장 서 론

제1절 논문의 목적

Ⅰ. 문제의 제기

債權者代位權은 민법 제404조 제1항 본문에 의하여 채권자가 자기의 채권을 보전하기 위하여 그의 채무자에게 속하는 권리를 행사할 수 있는 권리로 정의되고 있다. 채권자대위권의 실체법상의 문제와 관련하여 특별히 많이 논의되었던 부분은 소위 특정채권을 피보전채권으로 하는 채권자대위권 행사의 허용성 문제였다. 대법원은 특정채권을 피보전채권으로 하는 채권자대위권의 행사를 광범위하게 인정하여 왔는데, 우리나라 학자들의 대다수는 이러한 사례들에 있어서 채권자대위권을 행사하는 채권자의 권리구제의 필요성을 인정하면서도 채권자대위권의 행사를 허용하는 대법원의 입장에 대한 평가에 관해서는 다양한 의견들을 표명하고 있다. 그러나, 필자는 그러한 견해들이 **법질서 전체의 관점에서**, 그리고 **기능적인 관점에서 충분히 접근하였는가** 하는 점에 대해서는 회의적이다. 이에 우리나라 판례에 대하여 기능적인 시각에서 접근하여 그 의미를 되새겨보고 이에 대한 평가를 해야 할 필요성을 느끼게 되었다.

지금까지 우리나라에서 채권자대위권이라는 제도에 대하여 얼마나 많이 논하여 왔는가 여부를 떠나서, 뒤에서 살펴보는 바와 같이 우리나라에는 채권자대위권에 관한 대법원 재판례가 많이 축적되어 있고 최근에도 채권자대위권과 관련된 실무상의 사례들이 다수 나타나고 있다. 이는 이 제도가 현실적으로 매우 적극적으로 활용되고 있음을 의미한다. 따라서 필자는 현 시점에서 우리나라에서의 채권자대위권 적용 사례들을 구체적으로 분석하여 그 '의미'와 '위치'를 점검하는 것이 필요하지 않은가 여겨진다.

채권자대위권 활용 사례들의 '의미'라는 것은 구체적인 사례에서 채권자대위권이 어떠한 기능(function)을 수행하고 있는가를 살펴보는 것이고, 그러한 사례들의 '위치'라는 것은 채권자대위권이라는 제도를 가지고 있는 다른 국가들에서의 활용례들을 우리나라의 판례와 비교하고 분석하는 것이다.

특정채권을 피보전채권으로 하는 채권자대위권 행사의 허용성 문제 외에도 채권자대위권이 이익와 요건, 효과 일반의 문제를 비교법적 시각에서 접근해 봄으로써 채권자대위권 일반을 점검해보고자 한다.

Ⅱ. 논문의 기본시각 및 접근방법

(1) 본 논문에서는 프랑스에서 연유하는 채권자대위권 제도가 우리나라에서 어떻게 구체적으로 해석·운용되고 있는가를 프랑스의 간접소권(action oblique)과 비교함으로써 '법제도의 이식(legal plantation)'의 구체적 양상을 확인하고자 한다.

현재 채권자대위권과 같은 제도를 가지고 있는 국가는 프랑스뿐만이 아니라 프랑스 민법의 영향을 받은 다른 국가[1], 그리고 가까이는 일본 등등 여러 국가들이 있다. 채권자대위권이 각국에서 어떻게 활용되고 있

---

1) 예를 들어, 프랑스법계통인 스페인 민법 제1111조, 이태리 민법 제1234조 등이 이에 속한다.

는가를 모두 비교하고 분석하는 것이 가장 이상적인 연구라는 것은 말할 나위가 없으나, 본 논문에서는 모법인 프랑스법과의 비교에 한정하기로 한다. 구체적인 비교를 하기 위해서는 비교 대상 국가를 한정해야 할 현실적인 필요성이 있을 뿐만 아니라, 채권자대위권의 제도적 기원이 프랑스에 있으므로 프랑스가 비교 대상 국가로서 가장 중요하기 때문이다.

(2) 앞서 제1절에서 채권자대위권 제도의 활용례들을 기능적인 시각에서 접근하여 그 의미를 파악하고자 한다고 하였다. 이는 한 국가의 법제도를 비교법적 관점에서 접근할 때 가지는 기본적인 관점의 하나이다. 마르케시니스(Markesinis)는 법 제도를 비교할 때 개념적 접근이 아닌 기능적 접근(functional rather than conceptual approach)의 필요성을 역설하였고, 이를 위해서 구체적인 사례의 비교가 유용하다(utility of teaching foreign law through cases)고 강조한 바 있는데,[2] 필자 역시 이에 찬동하여 프랑스의 간접소권제도와 우리나라의 채권자대위권제도를 비교해 나감에 있어서 이러한 관점을 유지하고자 하였다. 개념론에 얽매이는 추상적인 비교보다는 구체적인 비교를 통해서 얻는 지식이 '현실적으로 유용'하기 때문이다. 이를 위해서 우리나라 대법원 재판례와 프랑스 파기원(Cour de cassation) 재판례를 비교하는 작업을 하였다.

(3) 위와 같은 관점을 토대로 하여 본 논문은 채권자대위권 제도의 전반을 다루면서도 특히 다음의 사항들에 역점을 두어 논하였다.

우선, 채권자대위권의 의의와 관련하여 이 제도의 목적을 재조명하고자 하였다. 이에 대해서는 채권자대위권을 논하고 있는 우리나라의 논문들 대부분이 프랑스법상의 그 내용을 대동소이하게 소개하고 있다. 그러나 본 논문에서 재차 그 작업을 하고자 하는 것은 채권자대위권 행사의

---

2) Basil S. Markesinis, *Foreign Law and Comparative Methodology:a Subject and a Thesis*, Hart Publishing Oxford, 1997, p.4.

적용범위와 관련하여, 특히 문제가 되고 있는 특정채권을 보전하기 위한 채권자대위권 행사의 허용성 문제를 어떻게 바라볼 것인가에 대하여 가장 기본적인 토대를 제공하기 때문이다.

두 번째로, 특정채권을 보전하기 위한 채권자대위권의 행사를 허용하고 있는 대법원 판례들과 이에 대한 기존 학설의 평가를 검토해보고자 하였다. 이는 앞에서 말한 대로 채권자대위권의 실체법상의 문제와 관련하여 가장 논란이 많았던 부분이라고 할 수 있는데, 이러한 검토 작업을 함에 있어서는 개별적인 경우에 문제되는 상황은 구체적으로 무엇이었으며 판례가 채무자의 무자력을 요하지 않고도 특정채권을 보전하기 위한 채권자대위권의 행사를 허용할 수밖에 없었던 이유는 무엇인가 하는 관점에서 출발하였다. 그리고 동일한 문제 상황에 대하여 프랑스는 어떻게 해결하고 있는가, 우리나라 판례와 유사한 프랑스 재판례는 어떠한 것들이 있는가 등등을 살펴보고 난 후, 우리나라 대법원의 입장에 대하여 필자의 생각을 정리해보았다.

세 번째로, 채권자대위권의 객체, 즉 대위채권의 범위를 상세하게 살펴보고 정리해보고자 하였다. 특히 민법 제404조 제1항 단서에서 채무자의 일신에 전속한 권리는 대위의 목적이 되지 않는다고 규정하고 있는데, 일반적인 이해에 의하면 이를 귀속상의 일신전속성(비양도성·비상속성)과 대비되는 행사상의 일신전속성(비채권자대위성)이라고 한다. 여기서 행사상의 일신전속성의 의미와 관련하여 그 판단기준은 무엇인지, 구체적으로 어떠한 예들이 있는지 등을 살펴볼 필요가 있다. 프랑스에서는 이와 관련하여 우리나라보다 다양한 재판례들이 있기 때문에 이번 기회를 통해서 그 내용을 정리하는 것이 앞으로 우리나라에서의 채권자대위권 운영에 많은 참고가 될 수 있다고 생각한다.

그밖에, 프랑스 민법상의 간접소권 제도와 우리 민법상의 채권자대위권 제도 전반을 개괄적으로 검토하면서 유사점과 차이점을 찾아서 정리하는 것이 이 글의 전체적인 작업이었다.

제2절 논문의 구성

본 논문은 다음과 같이 구성되어 있다.

1. 제1장에서는 앞서 본 바와 같이 본 논문을 쓰게 된 동기 내지는 목적을 소개하고, 이 논문이 어떻게 구성되어 있는가를 간략하게 서술하고 있다.

2. 제2장에서는 채권자대위권 제도의 의의 전반을 살펴본다. 채권자대위권의 제도적 연혁은 어떻게 되는가, 모법인 프랑스법에서는 제도의 인정 근거를 어떻게 설명하고 있는가 등등을 살펴본다. 이와 같은 의의 내지 이론적 근거들은 채권자대위권의 적용 요건을 구체적으로 해석하고 적용함에 있어서 가장 기본적인 판단의 기준을 제공하기 때문에 이를 면밀히 점검해볼 필요성이 매우 크다고 하겠다.

3. 제3장에서는 채권자대위권의 요건과 적용범위를 살펴본다. 이를 위해서 우선은 프랑스 민법 제1166조에서 규정하고 있는 간접소권의 내용과 우리 민법 제404조에서 규정하고 있는 채권자대위권의 내용을 개략적으로 검토하여 문언상 어떠한 차이점이 있는가를 비교함으로써 논의 전개상 이해의 편의를 도모하였다. 두 번째로, 채권자대위권과 관련하여 실체법상 가장 많은 논란이 되고 있는 특정채권을 보전하기 위한 채권자대위권 행사의 문제를 살펴본다. 이 부분에서는 우리나라 대법원 판례들을 정리하여 분석하고 이러한 판례들이 나오게 된 이유는 무엇인가를 음미하면서 판례를 유형화하는 작업을 하였다. 다음으로 우리나라 판례에서 문제되었던 상황들에 대하여 프랑스는 어떠한 해결방식을 취하고 있는가를 살펴보았다. 프랑스에서도 우리나라와 유사한 재판례가 등장

하고 있는가, 만일 유사한 재판례가 없다면 그 이유는 무엇인가 등등의 문제의식을 바탕으로 구체적인 비교 분석 작업을 하였다. 마지막으로 대법원 판례 입장에 대하여 기존 우리나라 학설이 어떠한 평가를 내리고 있는가를 살펴본 다음, 앞서 행하였던 비교법적인 검토 작업을 토대로 하여 필자의 견해를 정리해보았다.

4. 제4장에서는 채권자대위권의 행사 및 효과에 대하여 우리나라법과 프랑스법의 내용을 비교하여 살펴보았다. 실체법적으로는 제1장에서 살펴보았던 채권자대위권 제도의 이론적 근거를 토대로 하여 그 내용을 살펴보아야 하나, 그밖에도 민사소송법상 많은 논란의 대상이 되는 문제들이 포함되어 있는 부분이다. 본 논문에서는 채권자대위권의 '행사'와 관련하여서는 양 국가 간에 행사방법에 있어서 어떠한 차이점이 있는지, 채권자대위권 행사의 '효과'와 관련하여서는 특히 우리나라에서 변제수령권자와 상계의 문제가 발생하는 이유는 무엇인지, 그리고 채권자대위소송 판결의 기판력이 채무자에게도 미치는가 하는 점을 중심으로 우리나라와 프랑스의 판례와 학설의 입장을 정리하였다.

5. 마지막으로 제5장에서는 제1장에서부터 제4장까지 논의했던 프랑스의 간접소권 제도와 우리나라의 채권자대위권 제도의 비교법적 분석을 정리한 다음, 현재 우리나라 판례와 학설에 대한 필자의 입장을 서술하였다.

제2장 채권자대위권에 관한 기본적 논의

제1절 제도의 의의 및 제도적 연혁

제도의 의의와 관련하여서는 우리 민법 제404조와 프랑스 민법 제 1166조의 문언을 살펴본 이후, 우리의 채권자대위권에 상응하는 프랑스의 '간접소권(action oblique)'의 의미가 무엇인지를 음미해보고 그 의의에 있어서 우리나라와 어떠한 차이점이 있는가를 살펴본다. 제도의 이론적 근거와 관련하여서는 프랑스 민법과 일본 민법에 관한 내용을 소개하였다. 우리나라 민법 이유서에는 민법 제404조에 관한 입법이유가 나와 있지 않기 때문이다.[1]

I. 채권자대위권의 의의

1. 우리 민법 제404조 제1항과 프랑스 민법 제1166조

우리 민법 제404조 제1항은 "채권자는 자기의 채권을 보전하기 위하

---

1) 民法案審議錄 上卷, 241~242면 참조.

여 채무자의 권리를 행사할 수 있다. 그러나 일신에 전속한 권리는 그러하지 아니하다."고 규정하고 있다. 한편, 프랑스 민법 제1166조는 다음과 같이 규정하고 있다. "그러나, 채권자는 채무자에게 일신에 전속하는 권리를 제외하고는 채무자에게 속하는 모든 권리와 소권을 행사할 수 있다(Néanmoins, les créanciers peuvent exercer tous les droits et actions de leur débiteur, à l'exception de ceux qui sont exclusivement attachés à la personne)."

여기에서 우리 민법 제404조 제1항과 프랑스 민법 제1166조를 면밀히 살펴보면, 전체적으로는 매우 유사한 내용을 담고 있으면서도 약간의 차이점을 드러내고 있음을 알 수 있다.

(1) 우선, 프랑스 민법 제1166조는 문두에 '그러나(néanmoins)'라는 접속어가 등장하지만 우리 민법에는 이러한 접속어가 등장하지 않는다. 이는 식어도 문인성 프랑스 민법 제1166조는 그 진조(前條)인 제1165조²)의 연결되어 있지만, 우리 민법은 그렇지 않다는 것을 의미한다. 이에 대해서는 채권자대위권의 이론적 근거와 관련하여 뒤에서 상세하게 살펴보겠으나, 이는 적어도 채권자대위권을 정의내리는 것과는 무관하므로 현 단계에서는 이러한 문언상의 차이는 무시하여도 무방할 것이다.

(2) 두 번째로, 프랑스 민법 제1166조는 'tous les droits et actions de leur débiteur'라고 규정하고 있다는 점이다. 있는 그대로 직역을 하자면, '채무자의 모든 권리와 소권(訴權)'이라는 것이고³), 반면 우리 민법 제404조

---

2) 프랑스민법 제1165조는 채권의 상대성 원칙을 규정하고 있다
"Les conventions n'ont d'effet qu'entre les parties contractantes ; elles ne nuisent point au tiers, et elles ne lui profitent que dans le cas prévu par l'article 1121(계약은 계약 당사자 사이에서만 효력이 있다; 계약은 제3자를 해하지 못하며, 제1121조에서 규정한 경우에 한하여 제3자에게 이익을 줄 수 있다)." 한편 프랑스 민법 제1121조는 대체로 제3자를 위한 계약에 관한 규정이라고 할 수 있다.
3) 실제로 우리나라 문헌들은 프랑스 민법 제1166조를 소개하면서 'tous les

제1항은 단순히 '채무자의 권리'라고만 하고 있다. 그렇다면, 양자는 어떠한 차이점이 있는 것일까?

프랑스 민법 제1166조가 규정하고 있는 'les droits et actions'의 의미를 어떻게 파악할 것인가에 대해서는 프랑스에서도 해석상 논란이 있었던 부분이다.[4] 일부의 학자들은 droits와 actions은 동어반복에 지나지 않으며, 현실적인 측면을 고려할 때 채권자는 소송의 형태로만 간접소권을 행사할 수 있다고 보아야 한다고 하였다.[5]

그러나, 1950년대에 주장된 이러한 견해는 그 이후 받아들여지지 않아서 현재는 채권자가 반드시 소송의 형태로 간접소권을 행사할 필요가 없다는 것이 일반적인 견해이다. 그 이유를 개략적으로 들어보면 다음과 같다.

우선, 쁠라뇰/리뻬르(Planiol et Ripert)가 제시하고 있는 두 개의 단어가 동의어라는 근거에 대하여, 프랑스 민법 제1166조가 droits와 actions의 두 개의 단어를 각각 사용하고 있으므로 동의어로 보기는 어렵다고 한다. 두 번째로, 채무자가 자신의 권리 행사를 태만히 하고 있는 한, 그가 소송상 자신의 권리를 행사하지 않은 경우뿐만 아니라 소송 외에서 자신의 권리를 행사하지 않은 경우도 채권자에게는 손해가 될 수 있다는 점이다.[6]

우리나라의 경우 민법 제404조가 규정하는 채권자대위권에 대해서 학설은 이를 소송상 권리가 아닌 실체법상의 권리로 보고 있다.[7] 다른 한

---

droits et actions'을 이와 같이 번역하고 있었다. 예를 들어, 명순구 교수는 위 조문을 '그러나 채권자 각각은 채무자의 일신에 전속하는 권리를 제외하고 채무자에게 귀속한 모든 권리 또는 소권을 행사할 수 있다'고 번역하고 있다(명순구 역, 프랑스민법전, 2004, 527면 참조).

4) Juris Classeur Civil 1996, Art. 1166, n°21 et n°22(p.7).

5) Planiol et Ripert, *Traité de droit civil français, par Radouant,* t.Ⅶ *Les Obligations,* 2ᵉ éd., 1954, n°900(p.231).

6) Juris Classeur Civil 1996, Art. 1166, n°22(p.7).

7) 郭潤直, 債權總論, 第六版, 2006, 128면 ; 金曾洙, 債權總論, 2003, 214면 ; 金

편 그것이 실체법상의 권리라고 하여도 이를 소송상으로도 행사할 수 있음은 물론이다.

그렇다면, 우리 민법 제404조 제1항에서의 '채무자의 권리'와 프랑스 민법 제1166조에서의 'les droits et actions du débiteur'간에는 그 의미에 있어서 실질적인 차이는 없다고 보아야 할 것이다.

(3) 프랑스 민법과 우리 민법이 채무자의 일신에 전속한 권리를 채권자대위권 행사의 대상에서 제외하고 있는 점 역시 동일하다. 우리 민법이 단순히 '채무자의 권리'라고만 하고 있음에 반하여 프랑스 민법이 '채무자의 모든 권리(tous les droits et actions de leur débiteur)'라고 하여 '모든(tous)'이라는 수식어를 부가하고 있으나, 우리 민법의 해석으로도 행사상의 일신전속권을 제외한 채무자의 모든 권리를 채권자대위권의 객체로 보고 있다는 점에서 양자는 동일한 내용을 담고 있다고 보아야 한다.

(4) 마지막으로 우리 민법 제404조 제1항에서는 '자기의 채권을 보전하기 위하여'라는 채권 보전의 필요성이 명시되어 있지만, 프랑스 민법 제1166조에서는 이러한 내용이 나타나 있지 않다. 그러나 이러한 점에도 불구하고 양자 간에는 차이점이 존재하지 않는다고 보아야 한다. 왜냐하면 프랑스 법원은 프랑스 민법 제1166조를 적용함에 있어서 일정한 요건을 부가하여 왔는데, 이러한 요건들 중 하나로서 채권자대위권을 행사하는 채권자에게 행사할 이익(intérêt à agir)이 있을 것[8]을 요구하고 있기 때문이다. 자세한 내용은 뒤에서 살펴보게 되겠지만, 'intérêt à agir'라는 것은 우리 민법상의 채권 보전의 필요성에 대응하는 내용이다.

相容, 債權總論, 改訂增補版, 2003, 232면 ; 金曾漢·金學東, 債權總論, 第6版, 1998, 181면 ; 金亨培, 債權總論, 第2版, 1998, 351면.
8) 본 논문 제3장 제2절 2. 이하 참조.

(5) 따라서 채권자대위권의 의의와 관련하여 다음과 같이 정리한다.

채권보전의 필요성이라는 채권자대위권의 요건을 명시하고 있는 우리 민법 제404조 제1항과 달리 프랑스 민법 제1166조는 간접소권의 행사요건에 관하여 아무런 언급을 하고 있지 않음을 알 수 있었다. 다시 말해서, 프랑스 민법 제1166조는 우리 민법에 비해서 행사요건이 (적어도 문언상으로는) 열려 있다는 점을 짚고 넘어가고자 한다. 프랑스 민법 교과서들이 채권자대위권의 법적 성질, 요건, 효과 등을 설명함에 있어서 우리 법과 서술 체계를 달리하고 있고 이에 따라 우리 법과 차이를 보이는 부분들이 나타나고 있는 것은 바로 이러한 점 때문이다.

2. Action Oblique의 의미

우리 민법상의 채권자대위권에 대응하는 프랑스법상의 용어는 action oblique로서 채권자대위권을 소개하고 있는 우리나라 문헌들은 대부분 이를 '간접소권'이라고 번역하여 소개하고 있다. 이와 관련하여 몇 가지 점을 언급하고자 한다.

(1) action oblique라는 용어 자체는 프랑스 민법 제1166조 어디에도 등장하지 않는다. 그러나 프랑스 민법 교과서들은 당해 규정에 action oblique의 의미가 당연히 내포되어 있다고 하면서 그 의의를 다음과 같이 설명하고 있다. oblique라는 용어는 간접적(indirect)이라는 의미로서, 채권자는 제3채무자에 대한 직접적인 권리가 없기 때문에 채권자는 '채무자의 이름으로(au nom de son débiteur)' 채무자의 제3채무자에 대한 권리를 행사한다는 점에서 간접적인(oblique) 권리행사라는 것이다.[9] 따라서 간접소권을 행사하는 채권자는 채무자의 이름으로 권리를 행사하므로 채

9) H. L. et J. MAZEAUD, *Leçons de droit civil*, t. II, vol. 1re, *Les Obligations théorie générale*, Montchrestien, 9e éd. par F. CHABAS, paris 1998, n°959(p.1041).

으로써 이러한 채무자를 매우 엄격하게 다스렸다. 이와 같이 로마 고전법 시대에는 민사집행에 있어서도 채권자가 채무자의 신체에 대해서 직접 집행할 수가 있었으나, 채무자는 자신의 재산을 포기함으로써 이를 면할 수가 있었고, 이러한 취지의 일환으로 로마 법무관이 재산매각절차를 도입한 것이다. 채권자들이 일단 [법무관의 명에 의하여 채무자의] 재산의 점유를 부여받으면, 법관은 잠정적인 관리인(*curator bonorum*)을 선임하며 이 관리인은 모든 채권자들에게 필요한 통지를 해야 할 의무를 진다. 그리고 유예기간이 경과하면 채권자들이 모여서 청산인(*magister bonorum*)을 선임하는데, 이 청산인은 채무자의 재산 매각 장부(*lex venditionis*)를 작성하고 그 재산 전부를 경매에 부쳐서 가장 높은 가격을 제시하는 자에게 매각함으로써 이를 현금화한다. 낙찰인(*bonorum emptor*)은 재산매각 장부에 기록된 채권자들에게 채권의 전부 혹은 일부를 지급하였다.[19]

1004년 나폴레옹 민법 제정 이전의 구법(Ancien Droit)은 당시의 로마법의 부활 사조에 따라서 채무자가 채권자에게 자신의 모든 재산을 양도하는 것을 법적으로 허용함으로써 신체에 대한 유형을 회피할 수 있도록 하여 위의 로마법상의 재산매각절차를 두고 있었다. 그러나, 1867년 7월 22일 법률에 의하여 민사 영역에 있어서의 신체 유형이 폐지됨에 따라 채무자의 신체에 대한 유형을 회피하기 위한 것으로 인정되었던 재산매각절차도 그 실효성을 잃게 되었다.[20] 따라서 채권자들의 입장에서는 재산매각절차를 대신하여 자신의 권리를 보호할 수 있는 수단을 필요로 하게 되었고, 이러한 필요에 따라 구법 하에서 등장한 것이 바로 간접소권이라고 한다.[21]

---

19) ROLAND et BOYER, *Locutions latines du droit français*, 4ᵉ éd., Litec, 1998 p.500.
20) ROLAND et BOYER, *op.cit.*, p.500 et s.
21) H. L. et J. MAZEAUD, *op.cit.*, n°958(p.1040).

제2절 이론적 근거

Ⅰ. 프랑스 민법 제1166조의 경우

1. 문제의 제기

채권자에게 간접소권을 부여한 이유는 무엇인가? 우선, 프랑스 민법 기초자들의 입장을 살펴봄으로써 고전적인 입법이유 내지는 이론적 근거를 살펴보도록 한다. 다음으로, 프랑스 민법 문언 규정 자체로부터 간접소권의 존재이유를 달리 파악할 여지는 없겠는가를 살펴본다. 간접소권의 이론적 근거를 어떻게 파악할 것인가의 문제는 궁극적으로 간접소권의 적용범위를 어디까지로 할 것인가(특히 특정채권을 피보전채권으로 하는 간접소권의 허용성 문제)와 밀접한 관련이 있다는 점에서 현재 우리에게 시사하는 바가 크다고 하겠다.

2. 프랑스 민법 제2092조 소정의 일반담보권(gage général)의 보장

채권자에게 간접소권을 부여한 것은 프랑스 민법 제2092조가 규정하는 채권자의 일반담보권(droit de gage général)[1]의 실효성을 보장하기 위한 것이라고 함이 프랑스 민법 기초자들의 입장이었다. 프네(Fenet)가 편집한 프랑스 민법 심의록에 의하면 프랑스 민법 제1166조의 입법 이유에 대해서 다음과 같이 기록하고 있다.[2]

---

1) 프랑스법상의 '일반 담보(gage général)'에 해당하는 것으로서 우리나라에서는 일반적으로 '책임재산'이라는 용어를 사용하고 있다. 郭潤直(註 9), 126~127면 참조.

계약의 제3자에 대한 효력

[지금까지] 계약이 어떻게 해석되어야 하는가를 알아보았고,[3] [지금부터는] 계약의 결과 내지는 효력을 살펴보아야 한다.

개개인은 자기 자신을 위해서만 계약을 체결할 수 있으며, 채무의 효력은 계약 당사자 내지는 그들을 대리하는 사람들 사이에서만 발생해야 한다. 당해 계약에 전혀 관여하지 않은 제3자의 행위로 계약 당사자에게 대항할 수 있게 한다면 부당할 것이다. *Non debet alii nocere, quod inter alios actum est.*[4]

그러나 채무를 부담하는 자는 그의 전 재산으로써 자신의 채무를 담보한다. **이러한 담보는 채무자가 자신의 권리 행사를 태만히 함으로써 채권자들에게 손해를 입히게 된다면 실효성이 없다.** 그러므로 채권자들이 직접 청구하는 것[5]이 허용되어야 한다. 채권자들에게 이와 같은 이해관계가 있다는 것 … 이 채권자로 하여금 채무자의 권리를 행사할 수 있게 하는 자격을 부여한다.

채무자가 자기 자신의 일신에 전속한 것이라는 예외를 미처 주장하지 못했더라도 채권자가 이를 주장할 수는 없을 것이다. 이[간접소권]는 채권자들이 직접 행사하는 권리이다 : 그들이 채무자를 대리하는 것은 아니다.

위와 같은 프랑스 민법 제1166조에 대한 프랑스 민법 심의록의 내용으로부터 다음과 같은 점을 도출할 수 있다.

첫째, 채무를 부담하는 자는 그의 전 재산으로써 자신의 채무를 담보

---

2) *Recueil Complet des Travaux Préparatoires du Code Civil*, Livre 3ᵉ, *par Fenet*, Paris, 1827, p.238 et s. 이 부분은 비고 프레암뇌(M. Bigot-Préameneu)가 작성하였다(p.215 참조).

3) 계약의 상대적 효력 원칙을 규정하고 있는 프랑스 민법 제1165조에 대한 입법 이유를 말한다.

4) 다른 사람들 사이에서 행하여진 것은 그 이외의 사람들을 해하여서는 아니된다. Paul.D.12. 2.1.

5) "Ils doivent donc être admis à agir directement." 부분을 직역한 것이다. 여기서 '직접 행사(agir directement)'한다는 것은 채권자가 채무자의 권리를 대신하여 행사한다는 것을 의미하고, 채권자가 자신의 이름으로 제3채무자에게 청구한다는 의미에서의 직접청구권(action directe)을 의미하는 것은 아닐 것이다.

하는데, 이는 프랑스 민법 제2092조[6]에 다음과 같이 규정되어 있다. "채무를 지는 자는 그의 현재 혹은 장래의 모든 동산 및 부동산[즉, 전 재산]으로써 자신의 채무를 이행할 의무가 있다(Quiconque s'est obligé personnellement, est tenu de remplir son engagement sur tous ses biens mobiliers et immobiliers, présents et à venir)." 따라서 프랑스 민법 제1166조의 입법이유는 프랑스 민법 제2092조의 채권자들의 일반담보권을 보장하고자 함에 있다. 즉, 책임재산을 유지하기 위한 것이다("이러한 담보는 채무자가 자신의 권리 행사를 태만히 함으로써 채권자들에게 손해를 입히게 된다면 실효성이 없다").

둘째, 프랑스 민법 제1166조의 입법 이유의 내용 서두에 계약의 상대적 효력 원칙을 언급하고 있다. 따라서 프랑스 민법상 간접소권이 계약의 상대적 효력 원칙의 예외로 작동하고 있다는 점을 프랑스 민법 심의록으로부터도 도출할 수 있다.

셋째, 간접소권을 행사하는 채권자는 채무자를 대리하는 것이 아니라 채권자 자신의 권리를 행사하는 것임을 명시하고 있다.

3. 프랑스 민법 제1165조 (계약의 상대적 효력 원칙)의 예외

프랑스 민법 제1166조는 문두에 '그러나(néanmoins)'라는 접속어로 시작하고 있으므로 제1165조의 예외로서 파악될 여지가 있다. 프랑스 민법 제1165조는 "계약은 계약 당사자 사이에서만 효력이 있다(Les conventions n'ont d'effet qu'entre les parties contractantes)"고 하여 계약의 상대적 효력 원칙을 규정하고 있는데, 이러한 상대적 효력 원칙의 예외 규정으로 파악할 수 있다는 것이다.

---

6) 2006년에 프랑스 민법이 개정되어 동법 제2092조는 동일한 내용으로 현재 동법 제2284조에 규정되어 있다.

　그러나, 이러한 해석은 다음과 같은 이유로 받아들여지지 않았었다. 첫째, 간접소권을 행사하는 채권자는 '채무자의 이름으로' 채무자의 권리를 행사하는 것이므로 제3채무자의 입장에서는 그를 계약의 당사자가 아닌 제3자로 볼 수 없다는 점이다. 둘째, 간접소권을 행사하는 채권자는 계약상의 권리뿐만 아니라 계약 외의 권리도 행사할 수 있기 때문이다.[7] 이에 따라 앞에서 언급한 바와 같이 프랑스 민법 제2092조를 간접소권의 근거로 파악하는 것이 종래 프랑스 학설과 판례의 일반적인 입장이었다.[8]

　그러나, 1980년대 이후 등장한 프랑스 파기원 판례를 평석함에 있어서 간접소권이 계약의 상대적 효력 원칙의 예외로서 파악되고 있다고 보는 견해들[9]이 등장하고 있다. 이에 대해서는 이후에 자세히 살펴보겠지만, 여기에서는 이러한 프랑스 학설과 판례의 입장이 특정채권을 보전하기 위한 간섭소권 행사의 허용성 문제와 식섭식인 관딘이 있나는 셋만을 언급하겠다.

4. 검 토

　이상의 내용으로부터 프랑스 민법 제1166조가 규정하는 간접소권의 입법이유는 제2092조 소정의 채권자의 일반담보권의 보장에 있었고, 최근 들어 간접소권은 프랑스 민법의 규정 형식상 제1165조(계약의 상대적 효력 원칙)의 예외로 파악하는 견해들이 많이 등장하고 있다고 정리할 수 있다.

　그런데, 여기서 몇 가지 문제가 되고 있는 사항들을 짚고 넘어갈 필요

---

7) Juris Classeur Civil 1996, Art. 1166, n° 9(p.5).
8) H. L. et J. MAZEAUD, *op.cit.*, n°956(p.1040); MARTY, RAYNAUD, et JESTAZ, *op.cit.*, n°145 et n°146(p.127 et s.).
9) RTD 1986. 600, obs. J. MESTRE.; SÉRIAUX, *Droit des obligations*, 2ᵉ éd., P.U.F. 1998, n°218(p.746).

가 있다.

프랑스 문헌들은 간접소권의 입법이유를 설명함에 있어서 프랑스 민법 제2092조뿐만 아니라 제2093조[10]를 함께 거론하는 경우가 많은데,[11] 동 조는 다음과 같이 규정하고 있다.

"채무자의 재산은 그의 채권자들의 공동담보가 된다. 그리고 그 매각대금은 채권자들 중에 적법한 원인에 기한 우선변제권이 있는 자가 없는 한 채권자들에게 채권액에 비례하여 분배된다(Les biens du débiteur sont le gage commun de ses créanciers ; et le prix s'en distribue entre eux par contribution, à moins qu'il n'y ait entre les créanciers des causes légitimes de préférence)."

간접소권의 입법 이유가 프랑스 민법 제2092조 소정의 일반 담보권의 보장에 있다면, 그러한 일반 담보를 규율하고 있는 제2093조의 공동담보(gage commun)의 논리가 간접소권의 입법 이유가 됨과 동시에 그 행사의 효과를 규율하게 된다. 그런데, 특정채권을 위한 간접소권의 행사를 허용하게 되면 간접소권을 행사하는 채권자가 '실질적으로' 혹은 '사실상' 다른 채권자들을 물리치고 자신의 채권을 우선적으로 변제받게 되므로 이와 같은 공동 담보의 취지에 어긋난다는 논리가 생겨날 여지가 있다. 우리나라에서 특정채권을 보전하기 위한 채권자대위권의 행사를 허용하는 대법원 판결들을 '본래형'과 구별되는 '전용형'으로 불렀던 것도 바로 이것 때문인지도 모른다.

그런데, 앞에서 살펴 본 프랑스 민법 심의록을 다시 한 번 살펴보면, 간접소권의 입법이유로서 프랑스 민법 제2092조에서 규정하고 있는 내

---

10) 동 조항은 2006년 프랑스 민법 개정으로 인하여 동일한 내용으로 현재 동법 제2285조에 규정되어 있다.

11) 예를 들면 Juris Classeur Civil 1996, Art. 1166, n°9(p.5). 또한 Civ. 1re 18 jan. 1977, *Gaz. Pal.* 1977. 1. somm. 69. "채권자가 채무자의 권리를 행사할 수 있는 권능은 민법 제2092조 및 2093조에 의하여 채무자의 재산에 대한 일반담보권이 채권자에게 부여된 결과에 다름 아니며"

용은 제시되고 있으나, 제2093조에 해당하는 내용이 직접 언급되고 있지는 않음을 알 수 있다. 즉, 채무자와 제3채무자 간의 채권관계와 무관한 채권자가 그들 사이에 개입해서 채무자의 권리를 행사하는 예외적인 상황이 정당화되는 이유 내지는 요건은 설명하고 있으나, 그 행사의 효과에 대해서는 직접적으로 언급하고 있지 않다.

여기서 필자는 특정채권을 보전하기 위하여 간접소권 내지는 채권자대위권을 행사하는 경우, 채무자의 무자력을 요하지 않아도 채권자가 채무자와 제3채무자와의 채권관계에 개입하는 것이 정당화될 수 있고, 이 경우 적어도 '법이론적으로' 그 효과가 채무자에게 귀속된다면, 프랑스 민법 입법자들의 고전적인 입장과 반드시 상치된다고는 볼 수 없다고 생각한다. 그렇다면, 특정채권을 보전하기 위한 간접소권 혹은 채권자대위권의 행사가 허용되는 구체적인 상황들을 살펴봄으로써 그러한 행사가 정당화되는 것인지, 그리고 그 행사의 효과가 논리적으로 채무자에게 귀속하는 것인지를 검토해야 할 것이다. 이에 대하여는 제3장 이하에서 살펴보기로 하겠다.[12]

II. 일본 민법의 경우

한편, 일본 민법도 프랑스 민법의 영향을 받아서 채권자대위권에 관

---

12) 즉, 프랑스 민법 제2092조 소정의 일반담보권(gage général)과 제2093조 소정의 공동담보(gage commun)는 개념적으로 구분할 필요가 있다고 생각한다. 전자는 채무자와 채권자에 대한 관계에서 대두되는 개념이고, 후자는 동일한 채무자에 대한 수인의 채권자 간의 관계에서 대두되는 개념이다. 다시 말해서, 전자는 채권자가 채무자의 권리를 행사하는 것이 정당화되는 이유 내지는 요건의 기초가 되는 개념이고, 후자는 간접소권 행사의 효과를 어떻게 규율할 것인가와 관련된 개념이라고 생각한다. 프랑스 민법 입법자들은 간접소권의 입법이유로서 전자에 대해서만 명시적으로 언급하고 있다.

한 규정을 두고 있다. 우리나라 민법에서 규정하고 있는 채권자대위권은 프랑스 민법상의 간접소권보다도 일본의 그것과 매우 유사한 구조를 취하고 있는데, 이는 과거 우리 민법이 일본 민법의 내용을 그대로 받아들였기 때문이라는 점은 익히 알려진 사실이다. 우리나라 민법 이유서에는 채권자대위권에 관한 입법이유가 나와 있지 않고,[13] 우리 민법상의 채권자대위권은 일본 민법의 영향을 강하게 받았으므로[14] 일본의 채권자대위권의 입법이유를 살펴볼 필요가 있다. 이하에서는 우선 일본 민법 입법에 많은 영향을 미쳤던 프랑스 법학자 보와소나드(Boissonade)의 일본 민법 초안의 이유서를 살펴보기로 한다. 그리고 구 일본 민법의 제정이유서상의 채권자대위권의 입법이유를 살펴보아야 하는데, 채권자대위권에 관한 구 일본 민법 제정이유서상의 채권자대위권의 규정과 그 입법이유를 보면 보와소나드 민법초안상의 내용을 그대로 옮겨왔다고 하여도 과언이 아님을 알 수 있다.[15] 따라서 이를 별도로 살펴볼 필요는 없다고 생각되며, 보와소나드 민법 초안의 규정 내지는 구 일본 민법의 규정을 거쳐서 현행 우리 민법상의 채권자대위권 규정과 가장 유사한 형

---

13) 民法案審議錄(註 3), 241면 이하 참조.

14) 金亨培(註 9), 343면 참조.

15) 日本帝國民法典並びに立法理由書[仏語公定譯] 第2卷 財產編・理由書, 1993, p.422-428 참조. 보와소나드 민법초안 제359조에 규정되어 있던 채권자대위권 규정은 구 일본민법 제339조에 규정되어 있다. 구 일본민법 제339조는 다음과 같이 규정하고 있다(日本帝國民法典並びに立法理由書[仏語公定譯], 第1卷 條文, 1993, p.134).
구 일본민법 제339조
제1항 채권자는 채무자에게 속한 권리와 소권을 행사할 수 있다.
제2항 이를 위해서 채권자는 압류를 하거나, 채무자가 소송상 권리를 행사하거나 채무자를 상대로 소송이 제기된 경우 그 소송에 참가하거나, 민사소송법이 정하는 바에 따른 재판상 대위에 의하여 간접소권을 행사할 수 있다.
제3항 그러나, 채권자는 자신의 채무자에게 속한 권능이나 채무자의 일신에 전속한 권리를 행사할 수 없고, 법이나 당사자의 합의에 의하여 압류할 수 없는 것으로 정한 물건에 대하여는 압류할 수 없다.

태를 취하고 있는 현행 일본 민법상의 채권자대위권에 관한 일본민법
수정이유서를 살펴보기로 한다.

1. 보와소나드 민법 재산편 초안의 내용16)

보와소나드 민법 재산편 초안에 나타나 있는 채권자대위권의 규정은
다음과 같다.

제359조

1. 채권자는 채무자에게 속한 물권 및 채권을 행사할 수 있다.
2. 이를 위해서 채권자는 압류를 하거나, 채무자가 소송상 권리를 행사
   하거나 채무자를 상대로 소송이 제기된 경우 그 소송에 참가하거나,
   민사소송법이 정하는 바에 따른 재판상 대위에 의하여 간접소권을
   행사할 수 있다.
3. 그러나, 채권자는 자신의 채무자에게 속한 권능(faculté)이나 채무자의
   일신에 전속한 권리를 행사할 수 없고, 법이나 당사자의 합의에 의하
   여 압류할 수 없는 것으로 정한 물건에 대하여는 압류할 수 없다.

보와소나드 민법 재산편 초안에 나타나 있는 간접소권 내지는 채권자
대위권에 관한 규정은 프랑스 민법 제1166조가 매우 간결한 형식을 취
하고 있음으로 말미암아 그 운용과 관련하여 당시 프랑스 학설과 판례
상 논의가 되던 사항들을 정리하여 해결하고자 하였던 것이다. 이 때문
에 프랑스 민법 제1166조보다 길게 규정되어 있다.

① 우선 제1항에 대해서는 프랑스 민법 심의록에 나타난 바와 같이
채권자에게 간접소권을 부여한 근거는 프랑스 민법 제2092조와 제2093
조 상의 일반담보권을 보장하기 위함이라고 설명하고 있다.

② 제2항은 엄밀히 말해서 간접소권 자체에 관한 규정이라기보다는

---

16) *Projet de Code Civil pour l'empire du Japon*, par Mr. Gve. Boissonade, t. Ⅱ ; *Des Droits
personnes ou obligations*, 1883, Tokyo, p.359·155 et ss.

채권자가 법적으로 채무자의 권리를 행사할 수 있는 수단을 전체적으로 조망하면서 구체적으로 예시하고 있는 규정이다. 여기서 예시되고 있는 것은 압류, 소송참가, 간접소권 등이다.

보와소나드가 간접소권의 행사방식에 대하여 설명하고 있는 내용을 요약하면 다음과 같다. 첫째는 간접소권 행사의 효과는 채무자의 모든 채권자들에게 돌아가고, 설사 어느 한 채권자가 주도적으로 간접소권을 행사하였다 하더라도 이에 대하여 이의를 제기할 수 없다는 점이고, 둘째는 조합이나 위원회를 구성해야 하는 등 간접소권을 집단적으로 행사해야 할 필요는 없다는 점이다. 즉, 간접소권은 그 효과에 있어서는 집단적이지만 그 행사에 있어서는 개별적이라는 것이다. 셋째로, 프랑스 민법 제1166조 문언에는 나타나지 않고 있는 '재판상 대위(subrogation judiciaire)'라는 것에 대하여 다음과 같이 설명하고 있다.

'재판상 대위'란 채권자가 미리 법원의 허가를 얻어서 간접소권을 행사하도록 하는 것을 말한다. 만일 법원의 허가 없이도 채권자가 간접소권을 행사할 수 있도록 한다면, 채권자에게나 제3채무자에게나 심각한 위험이 발생한다. 왜냐하면, 채권자에게 있어서는 소송이 진행되는 동안에도 채무자는 계쟁물을 처분하거나 제3채무자와 화해하거나 자신의 권리를 취소시킬 수 있는 권리를 보유하게 된다는 점에서 그러하다. 한편 제3채무자에게 있어서는 채권자에 대하여 승소한 이후에도 채무자의 다른 채권자들이나 채무자로부터 또 다시 제소를 당할 위험이 있기 때문이다. 그런데, 재판상 대위를 통해서 이 두 가지 위험을 동시에 막을 수 있게 된다. 재판상 대위는 채권자가 채무자에게 그의 권리를 행사한다는 사실을 통지한 후에만 부여되고 채무자를 소송에 강제적으로 참가시키기 때문이다. 또한 채권자가 다른 채권자들과 채무자에게 적법하게 통지한 후에는 그들을 대표하는 것으로 간주함으로써 원고 채권자가 승소한 판결을 다른 채권자들과 채무자에게도 효력을 미치게 하고, 제3채무자가 승소한 판결도 그들에게 주장할 수 있게 되기 때문이다.

③ 제3항은 채권자가 채무자의 권리를 대신 행사할 수 없는 예외를 규정하고 있다. '채무자의 일신에 전속한 권리'는 프랑스 민법 제1166조에 규정한 바와 같으나, 여기에서는 그밖에도 권능, 압류할 수 없는 권리 등을 부가하고 있다. 이는 프랑스에서 간접소권의 행사범위에서 제외되는 것으로 채무자의 일신에 전속한 권리 외에 강학상 인정되던 것들을 명문으로 규정한 것이다. 여기서 권능의 의미, 채무자의 일신에 전속한다는 것의 의미, 압류할 수 없는 권리가 제외되는 이유 등은 제4장 이하에서 살펴보는 내용과 같다고 볼 수 있으므로 자세한 내용은 생략하기로 한다.

그러나 보와소나드의 입장이 현재 프랑스 판례 및 학설의 입장과 일치하는 것은 아니다. 예를 들어, 간접소권의 행사에 있어서 프랑스 민사소송법상 법원의 허가가 있어야 하는 것인지에 대하여 논의는 있었으나, 현재 프랑스 판례는 보와소나드와 달리 이를 요구하고 있지 않다.[17]

프랑스에서는 위 제3항에서 규정하고 있는 권능(faculté)이라는 개념이 강학상 인정되고 있고 이를 간접소권의 행사대상에서 제외시키고 있다. 그러나, 구체적으로 어떠한 것들이 권능에 해당하는가에 대해서는 논의가 분분하며, 보와소나드가 입법이유에서 제시한 구체적 권리들이 현재 프랑스 판례 혹은 학설상 간접소권의 행사대상에서 제외 혹은 포함되고 있는 것과 모두 일치하는 것은 아니다. 또한 압류할 수 없는 권리를 간접소권의 적용대상에서 제외시키는 것에 대해서도 반론이 많다.[18]

요컨대, 보와소나드의 민법초안은 당시 프랑스에서 간접소권의 운용과 관련하여 논란이 되었던 사항들에 대하여 명확한 해결을 꾀하고자 프랑스 민법상의 간접소권보다 내용적으로 자세히 규정된 것이었고, 현행 우리 민법의 채권자대위권 규정이 프랑스 민법과 문언상 차이를 보이

---

17) Civ. 23 jan. 1849, S. 1849.1.193, D.1849.1.42.
18) 예를 들어, H. L. et J. MAZEAUD, *op.cit*., n°964(p.1044); STARCK, ROLAND et BOYER, *op.cit*., n°541(p.307).

고 있는 이유를 아는 데에 참고가 된다는 정도로 정리할 수 있을 것이다.

2. 일본민법 수정이유서의 내용

다음으로 우리 민법 제404조와 가장 유사한 형태를 보이고 있는 현행 일본 민법 제422조의 수정이유서를 살펴보도록 한다.

현행 일본 민법 제422조(채권자대위권)

제1항 채권자는 자기의 채권을 보전하기 위하여 채무자에게 속하는 권리를 행사할 수 있다. 단, 채무자의 일신에 전속하는 권리는 그러하지 아니하다.

제2항 채권자는 그 채권의 기한이 도래하지 않는 동안에는 재판상 대위에 의하지 않으면 전항의 권리를 행사할 수 없다. 단, 보전행위는 그러하지 아니하다.

(理由) 본조는 이른 바 간접소권에 관한 규정이면서 구법 재산편 제339조를 수정한 것이다. 구법 동조 제1항의 법문에 의하면 채권자는 언제든지 임의로 채무자에게 속한 권리를 행사할 수 있는 것처럼 다소 지나치게 넓은 측면이 있기 때문에, 본 수정안은 본조 제1항에서 채권자는 자기의 채권을 보전하기 위한 경우가 아니라면 채무자에게 속한 권리를 행사할 수 없다는 것을 명시하고, 본조 제2항의 규정에 의하여 채권자는 자신의 채권의 기한이 도래하지 않은 경우 제1항의 권리를 행사할 수 없다는 당연한 제한을 가하였다. 그러나 채권자가 민사소송법의 규정에 의하여 재판상의 대위를 할 수 있는 경우에는 기한 도래 전이라도 채무자에 갈음하여 그 권리를 행사할 수 있어야 함은 물론, 기타 채무자에게 속한 권리를 등기하는 것과 같은 보존행위는 채무자에게도 이익이 되고 또한 채권자 자신의 채권의 기한과는 무관하므로 채권자는 언제라도 이를 행사할 수 있어야 하기 때문에 본조 제2항에 있어서는 이 두 가지 예

외를 인정하였다.

다음으로 구법 동조 제2항의 규정은 채무자에게 속하는 권리를 행사하는 방법을 보여주는 데에 그치며 차라리 민사소송법의 규정에 속해야 하는 것이기 때문에 이를 삭제하였고, 또한 동조 제3항 전단의 규정은 본조 제1항 단서의 규정에 의해서 명백해지도록 하였고, 그 후단의 규정은 명문을 요하지 않으므로 이를 삭제하였다.[19]

Ⅲ. 우리 민법 제404조의 경우

우리 민법 제404조 소정의 채권자대위권은 채권자취소권과 함께 채무자의 책임재산을 보전하기 위함에 있다고 이해함이 일반적이다.[20] 본래 채권은 채무자의 재산을 직접 지배하는 권리는 아니므로, 채무자가 그의 재산에 대하여 어떠한 태도를 취하든 그것은 채무자의 자유이며, 채권자의 참견을 허용하지 않는 것이 원칙이다. 그러나 민법은, 채무자가 그의 권리의 실행을 게을리 함으로써 그의 재산을 적어지게 하거나, 또는 제3자와 공모하여 고의로 재산이 줄어들게 하는 경우에만 채권자가 끼어들어서 참견하는 것을 인정하며, 채권자대위권과 채권자취소권이 바로 그러한 제도라는 것이다.

이에 대하여, 특정채권을 보전하기 위한 채권자대위권의 행사가 허용되고 있는 우리나라의 법적 현실에 비추어 채권자대위권은 그 중심이 채무자의 책임재산의 보전으로부터 채권자의 채권의 보전이라는 방향으로 옮겨져야 한다는 견해[21]가 제시되고 있다.

---

19) 民法修正案理由書, 自際一編 至第三編, 1987, p.352-353.
20) 郭潤直(註 9), 127면 ; 金疇洙(註 9), 213면 ; 金相容(註 9), 229면 등.
21) 金亨培(註 9), 346면.

Ⅳ. 검 토

지금까지 살펴본 바에 따르면, 우리 민법 제404조 소정의 채권자대위권은 프랑스 민법 제1166조에 기원을 두고 있으며, 그 제도적 취지는 일반적으로 프랑스와 같이 일반담보권 내지는 책임재산의 보전에 있다고 파악되고 있음을 알 수 있다.

그리고 채권자대위권제도가 프랑스에서 시작하여 일본을 거쳐 우리나라에 이식되는 과정을 살펴봄으로써 우리 민법 제404조가 프랑스 민법 제1166조와 우리 민법 제404조가 규정 형식의 차이를 보이고 있는 이유를 알 수 있었다.

뒤에서 살펴보는 바와 같이 특정채권을 보전하기 위한 채권자대위권의 행사가 현실적 필요성에 의하여 우리나라에서 오래 전부터 인정되어 왔고 그러한 행사가 정당화되는 이상, 필자는 채권자대위권의 제도적 취지는 책임재산의 보전과 더불어 특정채권의 실효성 담보에 있다고 파악함이 타당하다고 생각한다.

제3절 법적 성질

I. 문제의 제기

채권자대위권의 법적 성질을 어떻게 파악할 것인가에 대해서 우리나라와 프랑스 모두 논의가 활발하다. 그러나, 우리나라 민법상의 채권자대위권의 법적 성질에 관한 논의와 프랑스 민법상의 간접소권의 법적 성질에 관한 논의는 각각 논의의 초점을 달리하고 있다. 프랑스의 경우 간접소권을 채권의 보전수단(mesure conservatoire)으로 파악할 것인가 아니면 집행수단(mesure d'exécution)으로 파악할 것인가가 논의되고 있고, 우리나라의 경우 채권자대위권은 법정재산관리권으로 보아야 하는가 아니면 법정포괄담보권으로 보아야 하는가가 논의의 중심을 이루고 있다.[1)]

이와 같이 양 국가에서 논의의 초점을 달리하고 있는 이유는 무엇인가? 그 이유는 다음과 같다. 종래 우리나라의 통설이었던 법정재산관리권설은 채권자대위권이 채무자의 이름이 아니라 '채권자 자신의 이름으로' 행사되는 것이면서도 그 효과는 채무자에게 귀속된다는 점을 어떻게 설명할 것인가 하는 관점에서 주장된 것이었다.[2)] 프랑스의 경우 간접소권은 '채무자의 이름으로' 행사된다고 관념하고 있고, 따라서 간접소권을 행사하는 채권자는 채무자를 대리한다고 보는 견해가 대두되기도 한다[3)]는 점은 앞에서 언급한 바 있다. 프랑스에서의 논의는 프랑스 민법

---

1) 채권자대위권의 법적 성질에 관하여 법정재산관리설, 법정포괄담보권설 외에도 대리권설, 직접청구권설 등을 소개하는 경우도 있으나, 후자인 두 견해들은 일본에서 주장되는 견해이고 우리나라에서 이러한 학설을 주장하는 학자는 없기 때문에 본 논문에서는 소개하지 않았다. 자세한 내용은 民法注解[Ⅸ], 747-748(金能煥 집필) 참조.
2) 郭潤直(註 9), 128-129 참조.
3) STARCK, ROLAND et BOYER, *op.cit.*, n°523(p.298); MARTY, RAYNAUD, et

제1166조가 매우 일반적이고 추상적으로 규정되어 있는 까닭에 그 구체적인 내용을 어떻게 파악할 것인가의 전제로서 간접소권의 법적 성질에 관한 논의가 진행되고 있다. 즉, 프랑스 민법 제1166조는 채권자가 채무자의 권리를 행사할 수 있다고만 규정하고 있을 뿐 그 행사요건에 대해서는 아무런 언급이 없기 때문에, 그 요건을 어떻게 파악할 것인가 내지는 행사 요건을 어느 정도로 엄격하게 요구할 것인가를 판단하기 위한 전제로서 위와 같은 문제가 제기되었던 것이다.[4] 한편, 우리나라 민법은 프랑스에서 간접소권을 운용하면서 오랜 역사를 거쳐 형성된 구체적인 요건들을 법규정에 구체화하고 있으므로 프랑스에서와 같은 오랜 역사를 지닌 논의가 불필요했을 것이다. 양 국가에서의 논의 상황에 대한 이와 같은 이해를 바탕으로 하여 그 내용들을 살펴보도록 한다.

Ⅱ. 프랑스에서의 논의

간접소권은 채권의 보전수단에 지나지 않는가, 아니면 채권의 집행수단의 일종으로 보아야 하는가? 프랑스 민법에 있어서 이러한 논의의 실익은 간접소권의 행사요건의 해석과 관련이 있다. 이후에 상세히 살펴보겠지만, 프랑스 판례는 프랑스 민법 제1166조를 적용함에 있어서 일정한 요건들을 부가하고 있는데, 그 중 채권자의 채무자에 대한 권리[피보전채권]에 대한 요건으로서 간접소권 행사 당시 확실하게 존재하고 있어야 하고, 즉시 청구가 가능할 정도로 그 내용이 확정되어 있어야 하고, 기한이 도래해야 한다는(créance certaine, liquide, exigible) 등을 요구하는 내용이 있다. 그런데 간접소권을 보전수단의 하나라고 보게 되면, 채권이 존재하기만 하면(certaine) 될 뿐 그 내용이 확정(liquide)되어 있고 기한

JESTAZ, *op.cit.*, n°148(p.129 et s.).
4) TERRÉ, SIMLER et LEQUETTE, *op.cit.*, n°1142(p.1065).

이 도래(exigible)할 것까지는 요구할 필요가 없게 된다. 반면, 간접소권을 집행수단의 하나로 보게 되면 위의 요건들이 모두 필요하다고 보아야 한다는 것이다.[5]

전자의 입장을 취하는 학자들은 채권자는 간접소권을 행사함으로써 채무자의 일반 재산을 회복하게만 할 수 있을 뿐, 이에 대해 우선변제권과 같은 권리를 행사할 수는 없다는 점을 강조하고 있다.[6] 즉, 일반 담보 (우리 법상의 책임재산)의 보전을 목적으로 할 뿐이라는 것이다. 반면, 후자의 입장을 취하는 학자들은 간접소권을 행사하게 되면 채무자의 일반 재산이 '증가'하게 되므로 채무자의 재산을 현상 유지하는 것에만 그치는 일반적인 보전 수단과는 차이가 있다는 점을 강조한다.[7]

현재 프랑스 학설은 간접소권은 보전수단도, 집행수단도 아니라는 점에 대체로 합의를 하고 있는 것으로 보인다.[8] 간접소권은 채무자의 재산을 현상 유지하는 것에 그치는 것이 아니고 일반재산을 증가시킨다는 점에서 보전수단을 넘어서는 효력을 지닌다는 것은 분명하기 때문이다. 또한 집행수단으로도 볼 수 없는데, 그 이유는 간접소권을 행사함에 있어서 집행절차에서 요구되는 집행권원이 요구되지도 않고,[9] 채권자가 간접소권을 행사함으로써 자신의 채권에 대해서 직접 변제를 받는 것은 아니기 때문[10]이다.

결국 간접소권은 단순한 보전수단을 넘어서기는 하지만 집행수단에까지 이르지는 못하는, 집행절차의 준비단계(prélude à l'exécution)로서의 성격을 갖는다고 한다.[11] 그리고 피보전채권에 대해서는 간접소권 행사 당시 존재하고 있어야 하고, 그 내용이 확정되어 있어야 하며, 기한이 도

---

5) MARTY, RAYNAUD, et JESTAZ, *op.cit.*, n°148(p.130).
6) PLANIOL et RIPERT, *op.cit.*, n°893(p.226).
7) Juris Classeur Civil 1996, Art. 1166, n°7(p.5).
8) TERRÉ, SIMLER et LEQUETTE, *op.cit.*, n°1142(p.1065).
9) MARTY, RAYNAUD, et JESTAZ, *op.cit.*, n°148(p.130).
10) TERRÉ, SIMLER et LEQUETTE, *op.cit.*, n°1142(p.1065).
11) Juris Classeur Civil 1996, Art. 1166, n°7(p.5).

래해야 한다는 세 가지 요건이 모두 구비되어 있어야 하는 것으로 보고
있다.[12]

Ⅲ. 우리나라에서의 논의

1. 서

우리나라에서는 채권자대위권을 '채권자 자신이 행사하는' '실체법상
의 권리'로 파악하고 있다. 따라서 이를 어떠한 성격의 '권리'로 볼 것인
가[13]가 논의의 출발점이었다(법정재산관리권설은 이러한 문제의식을 바
탕으로 한 것이다). 그런데, 우리나라 판례에서 특정채권을 보전하기 위
한 채권자대위권의 행사를 허용하는 사례들이 늘어나게 되자 이와 관련
한 채권자대위권의 새로운 '기능'에 주목하여 채권자대위권의 법적 성
격을 달리 파악해야 하는 견해(포괄적담보권설)가 주장되었다. 이하에서
채권자대위권의 법적 성질에 관하여 우리나라에서 주장되고 있는 학설
의 내용들을 살펴본다.

2. 법정재산관리권설

법정재산관리권설을 취하고 있는 입장의 내용을 그대로 옮겨 보면 다

---

12) Req. 25 mars 1924, S. 1924. 1. 67.
  "민법 제1166조의 문언에 따르면, 채권자는 자신의 채무자의 일신에 전속한
  권리를 제외한 권리를 행사할 권한을 부여받고 있다. 이러한 '권능(faculté)'
  은 그의 채권(피보전채권)이 존재하고, 기한이 도래하였으며, 그 내용이 확
  정되어 있는 경우에만 행사될 수 있다."
13) 법정재산관리권설 입장을 취하고 있는 곽윤직 교수는 채권자대위권의 법적
  성질에 관한 문제제기를 "실체법상의 어떤 권리일까?"의 물음으로 시작하
  고 있다. 郭潤直(註 9), 128.

음과 같다.

"채권자대위권은, 소송법상의 권리가 아니라 실체법상의 권리이다. 실체법상의 어떤 권리일까? 대위권은 채권 자체와는 별개의 권리이며, 채권의 일종의 효력이다. 바꾸어 말해서, 그것은 채권의 존재를 전제로 하는 것이며, 채권에 종된 특별한 권리라고 말할 수 있다. 이와 같이 대위권은, 채권자의 고유의 권리이나, 채무자가 자기 재산을 관리하는 자유에 대하여 참견할 수 있는 권한이고 또한 채권자가 자기의 명의로 채무자의 권리를 행사하는 권리이므로, 이른 바 대리권은 아니며 일종의 관리권이라고 말할 수 있다. 즉, 그것은 일종의 법정재산관리권이라고 하는 것이 적당할 것이다."14)

3. 포괄적담보권설

포괄적담보권설의 표현을 그대로 빌자면, "민법 제404조는 채권의 보전을 위하여 채권자가 채무자의 책임재산 전체에 대하여 가지는 일종의 법정포괄담보권과 그 실행방법을 규정한 것"이라고 한다.

이 견해는 우선 통설인 법정재산관리권설은 채권자대위권을 소극적으로 이해하고 있다는 점을 비판하고 채권자대위권은 책임재산 보전을 위한 관리권에 그치지 않고 채권자가 그의 채권을 확보하기 위한 적극적 의도를 실현시키는 제도라는 점을 강조하고 있다. 즉, 채권자는 채무자가 제3채무자에 대하여 가지는 권리를 널리 내위행사함으로써 채권자가 그의 채권을 실현할 수 있도록 한다는 기능을 강조하고 있다. 그리고, 오늘날 프랑스에서 간접소권제도가 채권의 실현을 위한 집행준비제도로 인정되고 있다는 점도 근거로 제시하고 있다.15)

---

14) 郭潤直(註 9), 128~129면 ; 金疇洙(註 9), 214면 ; 金相容(註 9), 233면 ; 金曾漢・金學東(註 9), 181면 ; 張庚鶴, 債權總論, 1992, 278면 ; 李銀榮, 債權總論, 第3版, 2003, 423면.

4. 검 토

포괄적담보권설에 대해서는 다음과 같은 의문이 제기된다.

첫째, 포괄적담보권설에 따르면, 특정채권의 보전을 위한 대위권 행사를 '전용'이라고 하여 본래의 대위권 제도의 적용 범위 밖의 것으로 전제하는 해석 태도는 지양되어야 할 것이라고 한다.[16] 이러한 결론에 대해서는 충분히 수긍할 수 있다. 그러나, 채권자대위권을 법정재산관리권으로 파악하는 것과 민법 제404조 제1항 소정의 채권보전의 필요성 요건을 해석하고 이와 관련한 판례들을 위와 같이 유형화했던 것, 이 두 가지가 반드시 논리필연적이었는가를 생각해보면 이는 심히 의심스럽다. 실제 법정재산관리권설은 채권자대위권을 법정재산관리권의 일종으로 보면서도 이를 채권자대위권의 요건을 파악하는 것과 직접 연결시켜서 설명하고 있지는 않다.[17] 본래형과 전용형의 구별은 채권자대위권을 법정재산관리권으로 파악한 논리적인 결과물이라기보다는 이와는 별개로 채권자대위권의 '고전적인' 기능에 비추어 판례를 유형화하는 작업에서 나타난 결과물이라고 생각한다.[18] 따라서 소위 전용형들을 채권자대위권의 예외적 허용이 아닌 본래적 허용으로 파악하기 위해서 반드시 채권자대위권의 법적 성질을 법정재산관리권이 아닌 다른 무엇으로 파악해야 한다는 논리에는 수긍할 수 없다.

둘째, 포괄적담보권설은 채권자대위권이 단순히 책임재산을 보전하기 위한 소극적인 권리가 아니라 채권자의 채권을 확보하기 위한 적극적 의도를 실현시키는, 즉 '강제집행을 전제로 하는' 제도라는 논거를 들고

---

15) 金亨培(註 9), 352면.
16) 金亨培(註 9), 349면.
17) 郭潤直(註 9), 129면 이하 참조.
18) 법정재산관리권설의 입장도 특정채권을 보전하기 위한 채권자대위권의 행사를 허용하고 있는 판례의 결론 자체는 수긍하고 있으므로 포괄적담보권설과 결론 자체를 달리하는 것은 아니다.

있다. 이는 프랑스법에서의 논의, 즉 간접소권이 채권의 보전수단인가 아니면 집행수단인가를 배경으로 한 논거라고 생각된다. 그런데, 프랑스에서는 간접소권의 행사 결과 채무자의 일반 재산이 증가한다는 점에서 간접소권을 단순한 보전수단을 넘어서는 강제집행의 준비수단으로 파악하고 있음은 앞서 살펴보았다. 이는 과거 프랑스 법원이 채무자의 무자력을 전제로 하여 피보전채권을 금전채권에만 한정했던 경우에도 적용되는 논리였다.[19] 따라서 포괄적담보권설의 위 논거는 특정채권을 보전하기 위한 채권자대위권의 행사를 채권자대위권의 본래적 적용영역으로 파악하기 위한 논거로 보기는 어렵다.

셋째, 과연 여기서 '포괄적 담보'의 의미가 무엇인가 하는 의문이 제기된다. 그리고 채권자대위권을 포괄적 담보권으로 파악하는 것이 특정채권을 보전하기 위한 채권자대위권의 행사를 원칙적으로 허용하는 논기가 될 수 있는가 하는 섬이나.

실제 포괄적담보권을 주장하는 견해도 여기에서의 포괄적 담보의 의미가 무엇인가에 대해서는 아무런 언급을 하지 않고 있다.[20] 이 때문에 채권자대위권의 법적 성질을 포괄적담보권으로 보는 것이 특정채권을 보전하기 위한 채권자대위권의 행사를 원칙적으로 허용하는 것과 어떠한 논리적 연관성이 있는가를 알기가 더욱 어렵다. 만일 포괄적 담보권이라는 의미가 앞서 간접소권의 이론적 근거로서 프랑스 민법 기초자들이 제시했던 일반담보권[21]을 염두한 개념이라면(프랑스 민법 제2092조), 이 역시 특정채권을 보전하기 위한 채권자대위권의 행사를 허용하기 위한 논거가 될 수 있는가 하는 의구심이 든다. 왜냐하면 본래 프랑스 민법 제2092조 소정의 '일반담보'는 채권자가 채무자의 영역에 개입하여

---

19) 프랑스 판례가 피보전채권을 금전채권에 한정하고 채무자가 무자력이어야 할 것을 요구했던 프랑스 판례에 동조하는 학자들도 간접소권을 집행수단의 준비로 파악하고 있다. H. L. et J. MAZEAUD, *op.cit.*, p.1037.
20) 金亨培(註 9), 351~352면 참조.
21) Juris Classeur Civil 1996, Art. 1166, n°9(p.5).

그의 권리를 대신 행사하는 이유 내지는 근거로서 제시된 개념이지 특정채권자가 자신의 채권을 실현시킨다는 간접소권의 효과 측면과는 관련이 없기 때문이다. 실제 프랑스 민법 기초자들이 위와 같은 개념을 제시한 이후 프랑스 판례는 오랜 기간 피보전채권이 금전채권인 경우에 간접소권의 행사를 허용하여 왔다. 필자는 프랑스 판례가 비금전채권을 피보전채권으로 하는 간접소권의 행사를 허용하게 된 현재에 있어서도 (제3장 제3절 참조) 프랑스 민법 제2092조가 제1166조의 근거 규정으로서의 의미가 퇴색되었다고 생각하지는 않지만, 적어도 프랑스법상의 일반담보권이라는 용어는 특정채권을 피보전채권으로 하는 간접소권의 행사를 허용하기 이전부터 제1166조의 근거로 작용하였던 개념이므로 만일 포괄적담보권설에서 주장하는 '포괄적 담보권'이라는 용어가 프랑스법상의 '일반 담보권'을 염두한 개념이라면 프랑스법상의 논의를 면밀히 검토하는 과정을 거쳐야 할 필요가 있다고 생각한다.

Ⅳ. 소 결

지금까지 간접소권 내지는 채권자대위권의 법적 성질에 관한 프랑스법상의 논의와 우리 법상의 논의를 살펴보았다. 이제 우리 법상의 채권자대위권의 법적 성질에 대하여 정리를 하고자 한다.

우선, 앞에서 프랑스에서는 간접소권이 '채무자의 이름으로' 행사되는 것이어서 간접소권을 행사하는 채권자는 채무자를 대리하는 것으로 파악하는 경우도 종종 있는 반면, 우리나라에서는 채권자대위권이 '채권자 자신의 이름으로' 행사되는 것으로 인식되고 있다고 하였다. 여기서 우리나라도 채권자대위권의 행사방법에 관한 이론구성에 있어서 프랑스에서와 같은 인식체계로 전환할 필요가 있는가라는 의문을 제기한다면, 필자는 부정적인 입장이다. 프랑스에서도 간접소권을 채권자가 채무자를 대리하는 것으로 파악하는 것에 대해서 반론이 많고,[22] 무엇보다 앞서 살펴본 것처럼 프랑스 민법안 심의록에서도 간접소권은 채권자가 채무자를 대리하는 것이 아닌 채권자 자신의 권리라고 명시하고 있으며, 또한 프랑스 판례상 간접소권은 단순히 채권자가 채무자의 권리를 대신 행사하는 것에 지나지 않는 것이 아니라 채권자의 이해를 관철하는 수단이라는 점이 강조[23]되고 있기 때문이다. 민법 제정 이후 우리 국민들이 채권자대위권 제도를 활발하게 이용하면서 오랜 기간 그와 같이 '채권자 자신의 이름으로' 행사하는 것으로 관념하여 왔고 또 그러한 관념 자체가 현실적으로 '기능적인' 불편함을 주고 있지 않았다면 지금 시점에서 굳이 프랑스에서와 같은 인식 체계로 전환하려는 노력을 해야 할 이유는 없다고 생각한다.

결론적으로 우리나라에서 채권자대위권을 채권자 자신의 이름으로 행사하는 실체법상의 권리도 파악하고 있음을 전제로 하여 이를 '어떠한 내용의 권리로 볼 것인가'의 문제의식에서 출발한다면, 법정재산관리권의 일종으로 파악하는 것이 타당하다고 생각한다. 왜냐하면 채권자대위권의 행사 주체는 채권자라는 점에서 채권자 자신의 권리이기는 하지만, 그 행사의 효과가 자기 자신에게 귀속되는 것이 아니라 채무자에게 귀속되는 것이라는 점에서 통상적인 권리와는 그 성격을 달리하기 때문이다.

이에 따라 채권자대위권을 행사하는 채권자는 선량한 관리자의 주의로써 직무를 처리해야 하는데(민법 제681조 참조), 이렇게 파악하면 채권자대위권의 행사요건을 해석함에 있어서 '채권자의 채권의 실효성 확보'와 '채무자의 재산관리에 대한 부당한 간섭의 방지'라는 두 이념 간의

---

22) J. et Y. FLOUR, AUBERT, et SAVAUX, *op.cit.*, n°83(p.50).
23) Civ. 11 juillet 1951, D. 1951. 586.
    "채권자가 민법 제1166조에 의하여 채무자의 이름으로 채무자의 권리를 행사하는 경우, 채권자는 동시에 자신의 이익을 보호하기 위한 목적으로 법이 부여한 권리를 자기 자신의 이름으로 행사하는 것이다."

균형을 확보하는 데에 유용한 밑거름이 될 것이다(자세한 내용은 제3장
에서 살펴본다). 그리고 채권자대위권의 법적 성질을 이와 같이 파악하
는 것은 특정채권을 보전하기 위한 채권자대위권의 행사를 전용형이 아
닌 본래형으로 파악하는 것과는 논리적으로 무관하다.

제4절 제도의 유용성

I. 문제의 제기

채권자대위권 제도가 어떠한 유용성을 지니고 있는가의 문제를 살펴보기로 한다. 이 문제는 크게 두 가지로 대별하여 생각할 수 있다. 우선, 채권자대위권 제도가 얼마나 빈번하게 활용되고 있는가 하는 점이다. 이와 관련하여 우리나라 학설은 원래 프랑스법에서는 강제집행제도가 대단히 불완전하여 이를 보완하기 위한 제도로 등장한 것이 간접소권인데 강제집행제도가 비교적 잘 갖추어진 우리나라에서는 이 제도를 인정한 실익이 있는 것인가 라는 의문을 제기하고 있다.[1] 다음으로, 채권자대위권 제도가 현실적으로 이용되고 있다면 궁극적으로 어떠한 기능을 달성하고 있는가 하는 점이다. 이하에서는 이에 대한 프랑스법에서의 논의와 우리나라 법에서의 논의들을 차례로 살펴보도록 한다.

II. 제도의 활용도

1. 프랑스의 경우

1) 프랑스 민법 제1166조

프랑스에서는 간접소권이 거의 이용되지 않고 있는 것이 현실이었다.

---

1) 註釋 民法 債權總論(1), 第3版, 2000, 712면 참조 ; 金疇洙(註 9), 213~214면 ; 張庚鶴(註 58), 275면.

왜냐하면, 간접소권의 행사 결과는 '모든 채권자'를 위해서 효력이 발생하고 채무자는 단지 소송 비용(frais de justice)에 대해서만 우선적으로 변제받을 수 있을 뿐이기 때문이다.[2] 즉, 채권자가 간접소권을 행사함으로써 시간과 비용을 투자해보았자 이러한 노력을 들이지 않은 다른 채권자들과 동일한 효과를 누리는 데 그치게 되고, 결과적으로 다른 채권자들의 이익을 위해서 '봉사'한 것에 지나지 않게 되기 때문이다.[3]

따라서 프랑스에서는 금전채권이 피보전채권인 경우에는 간접소권이 거의 이용되지 않고 대부분 압류·금지(saisie-arrêt)라는 제도를 이용했다고 한다.[4] 그렇다면 압류·금지 제도란 무엇인가를 살펴볼 필요가 있다. 그런데 이 압류·금지제도는 뒤에서 살펴보는 바와 같이 간접소권과 관련하여 문제되는 바가 많을 뿐만 아니라[5] 1991년에 프랑스 민사소송법이 대폭 개정된 후로 그 제도의 변화가 있었으므로 여기에서는 항을 바꾸어서(2.) 프랑스에서의 금전채권에 대한 집행방법의 내용 및 그 변동을 간략하게 살펴보도록 하겠다.

---

2) MARTY, RAYNAUD, et JESTAZ, *op.cit.*, n°155(p.139).

3) 프랑스에서는 간접소권을 행사하는 채권자에 대하여 '다른 채권자들을 위하여 불 속에 들어가 알밤을 꺼내주는(*tirer les marrons du feu* pour les autres créanciers)' 역할을 할 뿐이라고 표현하는 경우가 많다.

4) PLANIOL et RIPERT, *op.cit.*, n°896(p.229); H. L. et J. Mazeaud, *op.cit.*, n°977 (p.1049).

5) 여기서 보는 바와 같이 ① 과거 프랑스에서 간접소권의 이용이 저조했던 이유와 관련이 깊고, 그밖에 ② 프랑스에서 우리나라와 같이 피보전채권이 금전채권인 경우로서 채무자의 무자력을 요하지 않는 사안이 나타나지 않는 이유가 될 수 있고, ③ 간접소권의 행사에 있어서 집행권원이 요구되지 않는 근거로 제시되기도 하며, ④ 압류·금지가 간접소권의 행사대상이 될 수 있는가 여부가 크게 논란이 되기도 했었다. 그리고 ⑤ 채권자가 간접소권에 의하여 압류·금지를 소송상 행할 경우, 채무자를 의무적으로 소송에 참가시켜야 한다는 것이 프랑스 법원의 입장이다. 자세한 내용은 해당 부분에서 살펴보기로 한다.

2) 기타 개별적인 간접소권의 경우

프랑스 민법은 제1166조 외에도 구체적인 경우 간접소권의 구조를 취하는 내용의 다른 규정들을 두고 있다. 프랑스민법 제1873의15조와 제815의17조에서의 공유자 1인의 채권자가 채무자인 공유자를 대위하여 다른 공유자에게 공유물 분할을 청구할 수 있는 권리,[6] 프랑스 민법 제2225조에 의하여 채무자가 자신의 시효 이익을 포기하더라도 채권자가 자신의 이익을 위하여 채무자를 대위하여 시효완성을 주장할 수 있는 권리[7][8] 등이 그것이다.

---

6) 제1873조의15 제1항 제815조의17은 공유물의 채권자와 공유자의 채권자에게 모두 적용된다.
   제2항 그러나, 공유자의 채권자는 자신의 재무자가 공유물의 분할을 청구할 수 있는 경우에 한하여 공유물의 분할을 청구할 수 있다. 기타의 경우 채권자는 민사소송법에 규정된 형식에 따라서 자신의 채무자의 공유지분에 대하여 압류를 하거나 이를 매각할 수 있다. 이 경우 1873조의12 규정도 적용된다.
   제815조의17 제1항 공유물이 공유 상태가 되기 전에 그에 대하여 권리를 행사할 수 있었던 채권자와 공유물의 보존과 관리에 관한 채권을 가진 채권자는 공유물이 분할되기 전이라도 그 적극 재산에 대하여 우선변제를 받는다. 그 외에도 이들은 공유물의 압류와 매각을 실행할 수 있다.
   제2항 공유자의 채권자는 공유물인 동산 또는 부동산에 대하여 채무자의 지분을 압류할 수 없다.
   제3항 그러나 전항의 채권자는 채무자의 이름으로 공유물의 분할을 청구하거나 채무자가 제기한 공유물분할절차에 참가할 수 있는 권한이 있다. [다른] 공유자는 채무자의 이름으로 채무자를 대신하여 채무를 이행함으로써 이러한 분할절차를 중단시킬 수 있다. 이러한 권한을 행사하는 공유자는 공유물에 대하여 우선적으로 상환받는다.
7) 제2225조 채권자 기타 시효완성에 관하여 이해관계가 있는 모든 사람은 채무자 또는 소유자가 시효완성의 이익을 포기한다 하더라도 시효의 완성을 주장할 수 있다.
8) 이는 프랑스 민법 제1166조를 구체화한 것에 지나지 않는다고 한다. Juris Classeur Civil 1996, Art. 1166, n°11(p.6).

프랑스에서 공유자 1인의 채권자는 공유물에 대하여 압류할 수 있는 권한이 없기 때문에(프랑스 민법 제815조의17 제2항) 이를 압류하고자 할 경우에는 먼저 공유물을 분할하는 절차를 거쳐야 하는데, 이때 채무자의 이름으로 분할절차에 참가할 수 있다(프랑스 민법 제815조의17 제3항). 이 경우 채권자는 채무자의 이름으로 분할청구를 할 수 있으므로 이는 곧 간접소권을 행사하는 것이며, 프랑스에서는 간접소권이 이와 같이 공유자의 채권자에 의해 빈번하게 이용되고 있다고 한다.9)

2. 프랑스에서의 금전채권에 대한 집행방법

프랑스에서의 민사집행절차는 19세기에 처음 만들어진 시스템을 기본적으로 유지하여 왔지만, 최근에 이르러 커다란 개정이 있었다. 즉, 1991년 7월 9일 법률 및 1992년 7월 31일 데크레(Décret)에 의하여 1993년 1월 1일부터 시행되고 있다. 이때의 개정에는 부동산에 대한 집행은 포함되지 않았다고 한다.10) 채권자가 자신의 채권을 실현하기 위한 집행방법에는 크게는 금전채권의 집행방법과 비금전채권의 집행방법이 있고, 전자에 있어서도 금전채권에 대하여 집행하는 방법과 부동산에 대하여 집행하는 방법 등이 있을 것이다. 그런데 종래 간접소권을 행사하는 채권자는 주로 금전채권을 보전하기 위하여 채무자의 금전채권을 행사하였었기 때문에11) 프랑스 문헌에서는 간접소권을 금전채권에 대한 집행

---

9) H. L. et J. MAZEAUD, *op.cit.*, n°977(p.1050).

10) 山本和彦, フランスの司法, 1995, 61~62면.

11) 금전채권 외의 채권을 피보전채권으로 하는 간접소권의 행사를 허용하는 판례를 평석함에 있어서 "피보전채권이 금전채권일 필요가 없게 되었다"는 언급이 다수 등장하고 있음에 비추어(RTD 1986. 600, obs. J. MESTRE; *Defrénois* 1985. art.33596, obs. AUBERT 등 참조) 프랑스 학자들은 과거 프랑스 판례상 피보전채권이 금전채권인 경우에 한하여 간접소권이 허용되고 있다고 평가했던 것으로 보인다.

방법과 비교하여 설명하고 있다. 따라서 이하에서는 프랑스에서의 금전
채권에 대한 집행방법의 내용만을 간략하게 살펴보도록 하겠다.

1) 압류 · 금지(saisie-arrêt)
－1991년 프랑스 민사소송법 개정 이전

1991년 프랑스 민사소송법 개정 이전에 금전채권을 포함한 동산 일반
에 대한 집행방법이었다. 구 프랑스 민사소송법 제557조[12] 이하에서 규
정하고 있었고, 권원에 의하여 혹은 법원의 허가를 얻어서 제3채무자에
대하여 자신의 채무자에게 채무를 변제하는 것을 금하거나 채무자의 동
산을 점유하고 있는 제3자에 대하여 자신의 채무자에게 동산을 인도하
는 것을 금한 후, 필요한 형식 및 확인절차를 거쳐서 압류를 당한 제3자
로 하여금 '직접 변제'힐 깃을 넝히는 판결로 이행하는 절차였다.[13]

채권자가 압류 · 금지를 행함에 있어서는 집행권원이 요구되지 않아
서 그 행사방법이 간편했을 뿐만 아니라, 채권자는 이를 통하여 제3채무
자로부터 직접 변제를 받을 수 있어서 간접소권을 행사하는 경우보다
그 효과가 강력했기 때문에 앞에서 살펴보았던 것처럼 과거 프랑스에서
는 간접소권의 이용이 저조했던 것이다.

2) 압류 · 귀속(saisie-attribution)
－1991년 프랑스 민사소송법 개정 이후

1991년 프랑스 민사소송법 개정에 의하여 금전채권을 포함한 동산 일
반에 대한 집행방법이었던 압류 · 금지제도는 압류 · 귀속(saisie-attribution)

---

12) 제557조 모든 채권자는, 그의 채무자에게 속하는 부동산 이외의 금전이나 동
산이 제3자의 수중에 있는 경우, 공증된 혹은 사서인증된 권원에 기하여 이
를 압류 · 금지하거나 이들이 인도되는 것에 대하여 이의를 제기할 수 있다.
13) G. CORNU, *Vocabulaire juridique*, puf, 2000, p.738.

제도, 압류·매각(saisie-vente)제도와 압류·파악(saisie-appréhension 把握)제도 등으로 분화되었다.[14]

압류·매각은 금전채권의 집행방법으로서의 유체동산에 대한 집행방법이며 집행권원을 가지는 채권자가 사전에 변제 최고(commandement)를 한 후에 채무자나 제3자의 점유 하에 있는 채무자 소유의 동산에 대하여 처분 금지의 조치를 취하고 채무자의 임의 매각 또는 경매에 의한 강제 매각으로부터 변제를 얻는 것을 목적으로 하여 이루어지는 압류를 말하고, 1991년 7월 9일 법률 제50조 이하와 1992년 7월 31일 데크레 제81조 이하에서 규정하고 있다.[15]

한편 압류·파악은 동산의 인도 집행방법이다. 특정의 동산의 인도를 구하는 집행권원을 가지는 채권자가 집행관에 의하여 당해 동산을 채무자로부터 빼앗아 자신에게 인도할 것을 구하는 것이다.[16]

간접소권과 관련하여 살펴보아야 할 것은 금전채권에 대한 집행방법인 압류·귀속제도이다. 금전채권은 이 압류에 의하여 직접 압류채권자에게 귀속하게 된다. 다시 말해서 제3채무자는 압류의 결과 압류채권자의 직접 채무자가 되는 것이다. 이것은 1991년 개정에 의하여 보존적인 압류 단계로부터 확인판결을 거쳐서 집행단계로 들어가는, 2단계로 분리되어 있던 종래의 압류·금지 절차를 변경하여 절차를 간이화하는 동시에 압류채권자에게 절대적인 우선권을 부여한 것이라고 한다.[17]

이와 같이 압류·귀속제도는 압류채권자에게 절대적인 우선권을 부여하는 대신 그 행사에 압류·금지에 요구하지 않았던 집행권원을 요구하고 있어서 그 요건이 까다롭게 되었다고 할 수 있다. 이와 같은 개정이 간접소권의 이용에 어떠한 영향을 미칠 것인가에 대해서는 간접소권이 그전처럼 무용하다고 보기는 어려울 것이라고 평가하는 견해[18]와 여

---

14) 山口俊夫[編], フランス法辞典, 2002, 534면.
15) 山口俊夫[編](前註) 536면.
16) 山本和彦(註 77) 79면.
17) 山本和彦(註 77), 79면, 69~70면.

권자가 공유물을 압류할 수 없도록 한 (우리 법과는 다른) 프랑스법의 내용에 기인한 것이다.25)

그렇다면 채권자의 입장에서 채권자대위권 혹은 간접소권을 이용할 가능성은 특정채권을 보전하기 위한 경우가 훨씬 높다는 점에서 양 국가는 유사한 상황에 있다고 볼 수 있다. 특정채권을 피보전채권으로 하는 것과 관련하여 우리나라에서는 프랑스에서는 나타나지 않는 등기청구권의 대위행사가 판례의 많은 부분을 차지하고 있고, 또한 피보전채권이 금전채권임에도 불구하고 채무자의 무자력을 요하지 않는 판례들도 등장하고 있다. 이로 인하여 프랑스에 비하여 우리나라는 채권자대위권의 활용도가 높다고 평가할 수 있을 것이다. 그런데, 우리나라에서 등장하는 이러한 판례들이 왜 프랑스에서는 간접소권과 관련하여 나타나고 있지 않은가에 대하여는 제3장 제3절 이하에서 자세하게 살펴보기로 한다.

III. 제도의 기능

1. 우리나라의 경우

채무자의 무자력을 요구하는 채권자대위권의 기능은 책임재산 보전의 기능이다. 채권자대위권의 본래적 혹은 고전적 기능인 책임재산 보전기능이 현실적으로 얼마나 유용성을 발휘하고 있는가, 즉 현재에 있어서도 유의미한가에 대해서 기존 학설이 제시했던 논거들을 검토하면서 살펴보기로 한다.

다음으로 특정채권을 보전하기 위한, 채무자의 무자력을 요구하지 않는 채권자대위권의 경우 어떠한 기능을 발휘하고 있는가를 살펴본다. 이는 우리나라 판례에 나타나는 다양한 사례들을 면밀히 검토한 이후에야

---

25) 이는 엄밀히 말하면 프랑스민법 제1166조 자체가 활용되고 있는 것은 아니다.

알 수 있는 문제여서 여기에서는 채권자대위권이 그 고전적 기능을 넘어서서 적극적인 기능을 수행한다는 것을 인식하는 선에서 정리해보도록 하겠다.

1) 채무자의 무자력을 요건으로 하는 경우
─ 책임재산 보전의 기능

앞에서 채무자의 무자력을 전제로 채권자대위권을 행사하는 경우는 극히 드물다고 하였다. 그렇다면 채권자대위권의 고전적 기능인 책임재산의 보전이라는 기능은 사장되고 말았는가?

그러나 채권자대위권은 다음과 같은 측면에서 효용가치가 있다고 한다.[26]

첫째, 강제집행을 하려면 집행권원을 필요로 할 뿐만 아니라 그 절차가 번잡하기 때문에 '사정이 몹시 급한 경우'에는 우선 채권자대위권을 행사해서 채무자의 재산을 보전하고 그 후에 강제집행을 하는 것이 편리하다. 둘째, 강제집행은 청구권이 아니면 이를 할 수 없으나, 채권자대위권에 의하여 행사할 수 있는 채무자의 권리는 청구권에 한하지 않고, 예컨대 취소권·해제권·환매권 등의 권리도 그 목적으로 할 수 있다. 셋째, 채무자의 권리에 대한 보존행위에 관하여는 강제집행은 전혀 그 적용이 없으므로[27] 대위권에 의하지 않으면 그 목적을 달성할 수 없다. 예컨대, 채무자의 권리가 시효로 소멸하려고 할 때에 채권자대위권은 크게 그 효용을 발휘할 수 있다.

---

26) 郭潤直(註 9), 128면 ; 金曾洙(註 9), 214면 ; 金相容(註 9), 232면 ; 張庚鶴(註 58), 275~276면.
27) 채권자대위권의 효용성을 설명하기 위하여 통상 자주 등장하고 있는 이러한 표현은 적확한 것이 아니라고 생각한다. 왜냐하면 강제집행 중에도 보전절차가 존재하므로 보존행위에 관하여도 강제집행이 적용된다고 보아야 하기 때문이다.

2) 채무자의 무자력을 요하지 않는 경우
─특정채권의 실효성 확보

우리나라에서는 이른 바 특정채권을 보전하기 위하여 채권자대위권을 행사하는 것이 채권자대위권 행사 사례의 대다수를 차지하고 있다.

그렇다면 특정채권을 보전하기 위한 채권자대위권의 행사는 구체적으로 어떠한 '기능'을 발휘하고 있는가? 이와 관련하여 채권자대위권 제도는 책임재산의 보전제도에만 그치는 것이 아니라 '자신의 채권의 실현을 구하는 기능'을 하게 된다는 견해가 제시되고 있다.28) 그러나 우리나라 판례에서 나타나고 있는 특정채권을 보전하기 위한 채권자대위권 행사 사례들은 개별적인 사건에서 각각 독특한 기능을 수행하고 있어서 단지 '자신의 채권의 실현을 구하는 기능'이라고만 말할 수 없는 면이 있다. 이와 관련하여 우리나라에서 발휘되는 채권자대위권의 '독특한' 기능은 이후 제3장 제3절에서 판례 사안들을 구체적으로 분석한 후에 정리하기로 한다. 다만, 여기서는 특정채권을 보전하기 위한 채권자대위권의 행사가 허용됨으로써 채권자대위권은 책임재산 보전의 기능에만 그치는 것이 아니라 특정채권의 실효성을 확보하는 기능까지도 수행하고 있으며, 최근에 있어서 채권자대위권의 주된 기능이 되었다고도 말할 수 있을 것이다.

2. 프랑스의 경우

프랑스 민법 제정 이후 프랑스 법원은 간접소권을 피보전채권이 금전채권인 경우에 한하여 허용하였으나,29) 실제 금전채권을 피보전채권으

---

28) 金亨培(註 9), 360면 참조.

29) 한편, 1920년 1월 9일 파리 항소법원은 다음과 같이 판시하였다(Paris 9, janv. 1920, D. 1921. 119.). "사실상 법적으로 《채권자》[프랑스민법 제1166조의 채권자를 말한다]라는 표현은 채권을 가진 모든 사람들에게 적용되고, 따

로 하여 간접소권이 행사되는 경우는 별로 없었다고 한다. 그렇다면 프랑스 민법 제2092조 및 제2093조에 기초한 일반담보권 내지는 공동담보권 보장의 기능은 퇴색하였다고 할 수 있다.

그러나 1980년대 이후 특정채권을 피보전채권으로 하는 간접소권의 행사가 프랑스 판례에 의하여 허용되고 있는데, 이를 두고 판례가 간접소권을 계약의 상대적 효력의 예외로 파악하고 있다고 보는 견해들이 등장하고 있다.30) 필자는 특정채권을 보전하기 위한 간접소권의 행사가 허용된 프랑스의 사안에서 판례가 달성하고자 하는 실질적인 목적이 우리나라에서의 유사한 사안과 다르다고 생각하지는 않는다. 이와 같이 동일한 현상에 대해서 우리나라와 설명방식의 차이를 보이는 것은 프랑스 민법과 우리 민법의 규정형식의 차이에서 기인(이에 대해서는 앞서 살펴보았다)하는 것이라고 생각한다. 여하튼 프랑스 학자들은, 비금전채권을 보전하기 위하여 간접소권을 행사할 수 있게 된 사안들과 관련하여서 간접소권이 계약의 상대적 효력 원칙의 예외가 되고 있다는 점을 강조하고 있다.

라서 [여기의] 채무자라는 표현은 주는 채무이든 하는 채무이든 부작위 채무이든 간에 채무를 지닌 모든 사람들을 포함한다." 따라서 프랑스 법원이 피보전채권을 금전채권에 한정하였었다고 단정하기는 어렵다. 그러나, 최근 들어 금전채권 외의 채권을 피보전채권으로 하는 간접소권의 행사를 허용하는 판례를 평석함에 있어서 "피보전채권이 금전채권일 필요가 없게 되었다"는 언급이 다수 등장하고 있음에 비추어(RTD 1986. 600, obs. J. MESTRE; *Defrénois* 1985. art.33596, obs. AUBERT 등 참조) 프랑스 학자들은 과거 프랑스 판례상 피보전채권이 금전채권인 경우에 한하여 간접소권이 허용되고 있다고 평가했던 것으로 보인다.

30) 예를 들어, Civ.3, 14 nov. 1985, RTD 1986. 600, obs. J. MESTRE.

제3장 채권자대위권의 요건과 적용범위

제1절 서

채권자대위권의 적용범위는 어디까지인가? 이 문제는 크게 두 가지로 나뉜다. 하나는 채권자대위권에 의하여 보전되는 채권, 즉 피보전채권의 범위는 어디까지인가, 다른 하나는 채권자가 채권자대위권에 의하여 대위할 수 있는 권리, 즉 대위채권에는 어떠한 것들이 있는가의 문제이다.

전자는 채권자대위권 행사요건의 해석을 어떻게 할 것인가의 문제로 나타난다. 즉, 피보전채권이 금전채권에 한정되는가, 민법 제404조 제1항 소정의 '채권보전의 필요성'의 의미를 어떻게 파악할 것인가 등의 문제이다. 이는 채권자대위권의 이론적 기초와 현재 채권자대위권이 담당하는 기능에 이르기까지 채권자대위권 전반의 문제와 밀접하게 연관되어 있으므로 구체적인 사례를 면밀히 살펴보고 난 이후 채권자대위권의 이론적 기초, 적용요건, 기능 등을 일관하여 정리해보도록 하겠다.

다만 논의의 편의를 위하여 제2절에서는 우리나라 민법상의 채권자대위권과 프랑스 민법상의 간접소권의 행사요건을 전체적으로 간략히 살펴봄으로써 법 규정의 문언상 어떠한 차이점이 있는가, 내용상 차이점이 존재하지는 않는가 등을 검토해본다. 그리고 제3절에서 채권자대위권의 실체법적 문제의 핵심이라고 할 수 있는 특정채권을 보전하기 위한 채권자대위권의 행사를 허용한 우리나라 판례를 면밀히 점검하여 분석한 후 프랑스법상의 판례와 비교하여 그 의미와 위치를 살펴본다.

후자와 관련하여서는 우리 민법 제404조 제1항 단서와 프랑스 민법 제1166조에서 명문으로 '채무자의 일신에 전속한 권리'를 제외하고 있으므로 이러한 행사상의 일신전속권인지 여부를 판단하는 기준과 그 예들을 살펴보는 작업이 필요하다. 채권자대위권을 기술하고 있는 우리나라 문헌은 이러한 논의들을 상세하게 소개하고 있는 경우가 드문 반면, 간접소권에 관한 프랑스 문헌에는 이와 관련하여 상세한 논의들이 소개되고 있다. 우리나라에서 특정채권을 보전하기 위한 채권자대위권의 행사 가능성이 더 넓어진 만큼,[1] 행사상의 일신전속권인지 여부를 판단하는 기준과 구체적 예에 내한 프랑스법상의 논의들은 앞으로 우리나라에서 채권자대위권을 적용함에 있어서 참고가 될 가능성이 높아졌다고 볼 수 있다.[2] 이에 대해서는 제4절에서 살펴보기로 한다.

---

1) 대법원은 피보전채권이 특정채권이라 하여 반드시 순차매도 또는 임대차에 있어 소유권이전등기청구권이나 명도청구권 등의 보전을 위한 경우에만 한하여 채권자대위권이 인정되는 것은 아니라고 명시적으로 판시한 바 있다. 大判 2001.5.8, 99다38699(集 49-1, 319) 참조.

2) 채무자의 무자력 요건을 입증할 필요도 없고 피보전채권의 종류도 한정되지 않는다면 채권자의 채권자대위권 이용가능성은 커질 것이고, 따라서 앞으로는 제3채무자의 입장에서 대위채권이 채무자 스스로 행사할 권리이지 채권자가 행사할 성질의 것은 아니라는 항변으로 다툴 가능성이 많아질 것이다.

제2절 성립요건

I. 우리나라의 경우

1. 피보전채권과 대위채권의 존재

채권자대위권의 행사요건으로서 채권자의 채무자에 대한 채권과 채무자의 제3채무자에 대한 권리의 존재를 별도로 언급하는 경우는 거의 없으나, 제도의 취지상 그 행사에 있어서 피보전채권과 대위채권의 존재를 전제로 함은 당연하다고 하겠다.[1] 판례는 특정한 권리를 취득할 수 있는 기대를 가지고 있다는 것만으로는 피보전채권이 존재한다고 할 수 없다고 판시한 바 있다.[2]

2. 채권자가 자기의 채권을 보전할 필요가 있을 것

민법 제404조 제1항 본문 규정에 의한 요건이다. 이와 관련하여 두 가지 문제를 살펴본다.

우선, 여기서 '채권보전의 필요성'은 무엇을 의미하는가 하는 점이다.

대다수의 학설은 판례이론을 받아들이면서 다음과 같이 판례를 유형화하고 있다.[3]

---

1) 채무자의 제3채무자에 대한 권리의 존재에 대하여 명시한 판결에는 大判 1980.6.10, 80다891(集 28-2, 101) ; 大判 1982.8.24, 82다283(공보 690, 876) 등 이 있다.

2) 大判 1991.7.26, 91다16624(공보 904, 2252) "관할청으로부터 사용허가를 받아 국유재산을 점유하고 있는 연고권자로서 장차 이를 수의계약에 의하여 매수할 수 있는 지위에 있다는 기대를 가지고 있다는 것만으로는 국가에 대하여 보전할 사법상의 권리가 존재한다고 볼 수 없다."

① 피보전채권이 금전채권이거나 또는 금전채권이 아니더라도 그 불이행으로 손해배상채권으로 변함으로써 금전채권으로 되는 것일 때에는, 채무자의 책임재산이 피보전채권을 만족케 하는 데 부족하게 되는 상태, 즉 '채무자의 무자력'을 뜻하는 것으로 새긴다.[4] 그리고 ② 특정채권[5]을 보전하기 위하여 채권자대위권을 사용하는 경우에는 피보전채권의 현실적 이행을 확보하기 위하여 채무자의 권리를 행사할 필요가 있는 때임을 뜻하는 것으로 새기고, 이때 채무자는 무자력이어야 할 필요는 없다[6]고 한다. 다만, 사안에 따라서는 보전하려는 채권이 금전채권이더라도 채무자의 자력의 유무를 묻지 않고 채권자대위권의 행사가 허용되는데, 이때 채권 보전의 필요성의 내용은 ②의 경우와 같다고 하면서[7] 위 ①은 채권자대위권의 본래형(本來型), ②는 전용형(轉用型)이라고 한다.[8] 채권자가 채권을 보전할 필요가 있는지 여부는 사실심 변론종결 당

---

3) 민법주해에서는 채권보전의 필요성의 해석과 관련하여 "채권자대위권행사의 요건으로서 채무자의 무자력을 요하는가"라는 관점에서 무자력필요설, 무자력불필요설, 예외적 불필요설, 개별판단설 등으로 나누어 소개하고 있으나, 앞의 두 학설은 일본에서 주장되고 있는 견해이다. 뒤의 두 학설은 각각 곽윤직 교수와 김형배 교수의 견해에 해당하는 내용이다. 民法注解[IX], 753~756면(金能煥 집필) 참조

4) 大判 1963.4.25, 63다122(集 11-1, 275) ; 大判 1969.11.25, 69다1665(集 17-4, 102) ; 大判 1969.7.29, 69다835(集 17-2, 405) 등.

5) 여기서 '특정채권'이란 금전채권 이외의 특정의 채권을 가리킨다. "특정채권"이라는 용어는 '특정물채권'과 동의어로 사용되기도 하지만, 일반적으로 '특정물채권'은 특정물의 인도를 목적으로 하는 채권을 가리키는 것이므로 이를 구별해서 사용해야 한다고 생각한다. 民法注解[IX], 753면(金能煥 집필) 참조.

6) 大判 1992.10.27, 91다483(공보 934, 3233).

7) 郭潤直(註 9), 129~132면.

8) 民法注解[IX], 753~754면(金能煥 집필) 참조. 법정포괄담보권설을 주장하고 있는 김형배 교수의 경우, 기존의 통설이 본래형과 전용형으로 관념하고 있는 것에는 비판적이면서도 내용적으로는 통설과 다른 별도의 기준을 제시하고 있지는 않다. 金亨培(註 9) 360면에서는 "이 제도의 합리적 적용을 위하여 타당한 적용 기준들을 정립하는 것이 앞으로의 판례 및 학설의 과제

시를 기준으로 한다.[9]

다음으로, '피보전채권'에는 어떠한 것들이 있는가 하는 점이다.

보전되는 채권은 널리 청구권을 의미하며 물권적 청구권[10]과 같은 것도 포함된다. 그리고 채권의 종류는 이를 묻지 않는다. 피보전채권은 그 채권의 발생원인이 어떠하든 대위권을 행사함에는 아무런 방해가 되지 아니하며, 채무자에 대한 채권이 제3채무자에게까지 대항할 수 있는 것을 요하는 것도 아니다.[11]

그 채권은 채무자의 자산에 의하여 담보될 재산적 가치를 가지는 채권으로서 특정된 구체적인 청구권을 그 내용으로 하여야 한다. 이와 관련하여 대법원은 대표이사의 업무집행권이나 주주권은 채권자대위권의 피보전채권이 될 수 없다고 판시한 바 있고,[12] 회사로부터 납입최고가 있기 전에는 주주에 대한 구체적인 주금불입청구권이 발생될 수 없기 때문에 이러한 권리는 회사채권자의 대위행사의 목적이 될 수 없다고 판시한 바 있다.[13] 이혼으로 인한 재산분할청구권도 협의 또는 심판에 의하여 그 구체적 내용이 형성되기까지는 그 범위 및 내용이 불명확·불확정하기 때문에 구체적으로 권리가 발생하였다고 할 수 없으므로 이

라고 생각된다"라고 기술하고 있을 뿐이다.

9) 大判 1976.7.13, 75다1086(集 24-2, 197).

10) 大判 1955.4.7, 4288민상 18(集 2-4, 31) ; 大判 1966.9.27, 66다1334(集 14-3, 110) 등.

11) 大判 1988.2.23, 87다카961(공보 822, 580); 大判 2000.6.9, 98다18155(공보 2000, 1591); 大判 2003.4.11, 2003다1250(공보 2003, 1171) 등.

12) 大判 1978.4.25, 78다90(集 26-1, 327) "대표이사로서 가지는 회사의 업무집행권 등은 대표이사의 개인적인 재산상의 권리가 아니며, 또 주주권은 특단의 사정이 없는 한 어떤 특정된 구체적인 청구권을 내용으로 하는 것이 아니므로 특별한 사정이 없는 한 대표이사의 그 업무집행권이나 주주의 그 주주권에 기하여는 회사가 제3자에 대하여 가지는 특정물에 관한 물권적 청구권이나 등기청구권을 대위행사할 수 없다 할 것이다."

13) 大判 1969.8.19, 68다2421(集 17-3, 11) 이러한 내용은 뒤에서 살펴보는 프랑스법상의 간접소권 행사요건인 'créance liquide'와 매우 흡사하다.

를 보전하기 위하여 채권자대위권을 행사할 수 없다고 하였다.[14]

　금전채권뿐만 아니라, 부작위채권·노무공급채권이더라도, 불이행으로 손해배상채권으로 변하여 일반재산에 의하여 공동으로 담보되는 채권이면 모두 보전될 수 있다. 대위의 목적인 권리보다 먼저 성립하고 있을 필요도 없다. 채권이 저당권 등의 특별담보로 보전되어 있는 경우, 또는 대위가 채권 보전의 유일한 방법이 아니고 다른 구제방법이 있는 경우이더라도 대위권을 행사할 수 있다.

3. 채무자가 스스로 그의 권리를 행사하지 않을 것

　민법 제404조에서는 이 요건을 밝히고 있지 않으나 제도의 목적에 비추어 당연한 요건이라고 한다.[15] 왜냐하면, 채무자가 스스로 그의 권리를 행사하고 있음에도 불구하고 채권자의 대위를 허용하는 것은 '채무자에 대한 부당한 간섭 내지 참견'이 되기 때문이다. 채무자가 그의 권리를 행사하지 않는 이유나 고의·과실 유무는 묻지 않는다. 채무자가 이행지체에 빠져 있어야 하는 것도 아니고, 대위권의 행사에 앞서서 채무자에 대하여 그의 권리를 스스로 행사할 것을 최고할 필요도 없다. 대위권 행사에 대한 채무자의 동의를 필요로 하지도 않고, 채무자가 대위권 행사에 반대하더라도 채권자는 이를 행사할 수 있다.[16]

　채무자가 그 권리를 행사할 수 있는 상태에 있으나 스스로 그 권리를 행사하고 있지 아니하는 것을 의미하고, 권리를 행사할 수 있는 상태에 있다는 뜻은 권리행사를 할 수 없게 하는 법률적 장애가 없어야 한다는

---

14) 大判 1999.4.9, 98다58016(공보 1999, 851).
15) 大判 1969.2.25, 68다2352, 2353(集 17-1, 238) "채권자대위권은 채무자가 그 권리를 행사하지 아니하는 경우에 한하여 자기 채권의 보전을 위하여 행사할 수 있다." ; 大判 1970.4.28, 69다1311(集 18-1, 347) ; 大判 1980.5.27, 80다735(공보 636, 12882) 등.
16) 大判 1963.11.21, 63다634(集 11-2, 259).

뜻이며 채무자 자신에 관한 현실적인 장애까지 없어야 한다는 뜻은 아
니다. 이에 따라 판례는 부동산의 소유권을 시효취득한 자가 그 부동산
에 관하여 제3자명의로 경료된 소유권보존등기가 원인무효임을 이유로
채권자대위권에 의하여 말소를 구하는 경우에 시효취득자에 대한 소유
권이전등기의무를 지고 있는 피대위자인 원래의 소유권자가 구체적으로
신원을 확인할 수 없는 성명불상자라 하여도 채권자대위권을 행사함에
는 지장이 없다[17]고 하였다.

　채무자가 스스로 권리를 행사하고 있는 경우에는 그 행사의 방법이나
결과가 좋든 나쁘든 채권자는 대위권을 행사할 수 없다.[18] 채무자가 채
권자를 해할 목적으로 스스로 책임재산을 감소시키는 법률행위를 한 때
에는 다른 요건이 갖추어지면 채권자취소권(민법 제406조)을 행사할 수
있다.

4. 채권자의 채권이 이행기에 있을 것

　피보전채권의 이행기가 도래해야 한다(민법 제404조 제2항). 명의신탁
의 경우 판례가 신탁해지 없이도 수탁자를 대위하여 제3자에 대하여 방
해배제로서의 말소등기를 청구할 수 있다고 판시[19]한 것은 기한의 정함

---

17) 大判 1992.2.25, 91다9312(공보 918, 1114).

18) 大判 1979.6.26, 79다407(공보 615, 21038) "채권자대위권에 의하여서만 소외
　회사의 원고에 대한 소멸시효의 원용이 가능한 것이라면 채권자대위권의
　성질상 피대위자인 채무자가 이미 권리를 처분하여 대위권 행사의 대상이
　존재하지 않는다면 대위권에 의한 채무자의 권리행사는 불가능한 것이라
　할 것이다." ; 大判 1992.11.10, 92다30016(공보 935, 87) "채권자가 대위권을
　행사할 당시 이미 채무자가 권리를 재판상 행사하였을 때에는 설사 패소의
　본안판결을 받았더라도 채권자는 채무자를 대위하여 채무자의 권리를 행사
　할 당사자적격이 없다." ; 大判 1992.12.22, 92다40204(공보 938, 585) ; 大判
　1993.3.26, 92다32876(공보 944, 1292) 등.

19) 大判 1989.3.14, 88다카10890(공보 847, 605) ; 大判 1992.10.27, 92다32494(공

이 없는 채권은 대위행사시에 이미 채권자가 채무자에 대하여 이행청구
를 한 것으로 보아 이행기가 도래되기 때문에 채권자는 명의신탁계약상
의 채권에 기하여 제3자에게 말소등기를 청구할 권리가 있는 것으로 보
고 있는 것이다.

그러나, 동조에서는 '법원의 허가'가 있는 경우와 '보존행위'에 대해서
예외를 두어 피보전채권의 이행기가 도래하기 전이라고 채권자대위권을
행사할 수 있도록 하였다.

1) 재판상의 대위

기한이 도래하기 전이라도 법원의 허가가 있으면 대위권을 행사할 수
있다(민법 제404조 제2항 본문). 재판상 대위의 절차에 관해서는 비송사
건절차법이 정하고 있다(동법 제80조 내지 제87조). 동법 제80조는, 채권
자의 채권의 기한 전에 채무자의 권리를 행사하지 아니하면 그 채권을
보전할 수 없거나 이를 보전하기에 곤란이 생길 우려가 있는 때에 재판
상의 대위를 신청할 수 있는 것으로 규정하고 있다.

2) 보존행위

채무자의 권리에 대한 보존행위는 채권자의 채권이 변제기에 도달하
기 전이라도 법원의 허가 없이 채권자가 대위할 수 있다(민법 제404조
제2항 단서).

여기서 보존행위라 함은 채무자의 재산 감소를 방지하기 위한 행위를
말한다. 예컨대, 채무자의 미등기부동산에 대하여 보존등기를 하는 것,

보 934, 3293) "명의수탁자는 수탁자에 대하여 신탁계약상의 채권이 있으므
로 명의신탁의 해지 없이도 그 채권을 보전하기 위하여 수탁자가 가지고
있는 원인무효로 인한 소유권이전등기말소등기절차이행청구권을 대위행사
할 수 있다."

채무자의 권리에 대한 소멸시효 중단조치를 취하는 것, 제3채무자가 파산한 경우에 채무자의 권리를 신고하는 것 등이 이에 해당한다. 보존행위는 사실행위일 수도 있고 법률행위일 수도 있다. 그러나 어떤 행위의 직접적인 대상인 개개의 권리나 물건에 대한 관계에서는 그 현상유지를 벗어나는 행위라고 하여도 전체적으로 보아 채무자의 재산의 현상을 유지할 수 있는 것인 때에는 보존행위에 해당한다. 예컨대, 재산을 매각처분하는 것은 일반적으로 보존행위가 아니지만, 그 재산이 부패·멸실될 우려가 있어 이를 매각하여 대금으로 보관하는 것은 보존행위일 수 있는 것이다.

이러한 보존행위는 채무자에게 불이익을 줄 염려가 없을 뿐만 아니라 긴급을 요하는 것이 대부분이므로 채권자의 채권의 기한이 도래하지 않았더라도, 또 법원의 허가가 없더라도 채권자가 대위할 수 있도록 한 것이다.[20]

Ⅱ. 프랑스의 경우

프랑스 민법 제1166조는 채권자가 채무자의 모든 권리를 행사할 수 있다고만 규정하고 있을 뿐, 어떠한 요건 하에 행사할 수 있는가에 대해서는 침묵하고 있다는 점에서 우리 민법과 규정 방식에 있어서 차이점을 보여주고 있다. 단지 간접소권을 행사하는 채권자와 채무자 간에 어떠한 채무관계가 있어야 한다는 정도가 내포되어 있을 뿐이다.[21] 그러나 프랑스 법원은 채권자에게 간접소권의 행사를 허용함에 있어서 다음과 같은 일정한 요건을 부가하여 왔는데, 그 이유는 간접소권이 프랑스 민법 제2092조에 따른 일반담보권의 실효성을 보장하기 위한 것이기는 하

---

20) 民法注解[Ⅸ], 763~764면(金能煥 집필).
21) Juris Classeur Civil 1996, Art. 1166, n°133(p.24).

지만, 채권자가 위 권리를 남용하는 것을 방지하기 위해서였다.[22] 즉, 이하의 요건들을 부가한 취지는 채권자의 채무자에 대한 부당한 간섭을 방지함에 있었다.[23]

1. 채권자의 채권에 관한 요건

1) 논의의 역사

채권자의 채권은 어떠한 성질을 갖추어야 하는가 내지는 어느 정도로 엄격하게 요구되는가 하는 문제는 간접소권의 법적 성질을 어떻게 볼 것인가와 동전의 앞뒷면을 이루고 있다. 프랑스에서의 간접소권의 법적 성질에 관한 논의는 채권자의 채권에 관한 요건을 어느 정도로 엄격하게 요구할 것인가를 파악하기 위한 전제로 진행되었다는 점은 앞에서 이미 언급한 바 있다.

우선 채권자의 채권이 간접소권 행사 당시 확실하게 존재해야 한다 (créance certaine)는 점에 대해서는 이견이 없었다.

다음으로, 채권의 기한이 도래해야 하는가(créance exigible)에 대하여 프랑스 판례가 침묵하고 있었기 때문에 논란이 되었었다. 대다수는 간접소권은 단순한 보전수단의 일종으로 볼 수는 없으므로 기한의 도래를 요구해야 한다고 주장하고 있었으나, 일부의 학자들은 간접소권이 순수한 보전수단과 동일시될 수는 없다는 점을 인정하더라도 채권자의 권리를 보전하기 위한 수단에 불과할 뿐이라는 이유, 즉, 간접소권은 보전수단의 하나라는 이유로 이에 반대하였다.[24] 오브리/로(Aubry et Rau)의 경우 중도적 입장을 제시하였는데, 즉, 간접소권은 경우에 따라 보전수단의

---

22) Juris Classeur Civil 1996, Art. 1166, n°133(p.24).
23) TERRÉ, SIMLER, et LEQUETTE, *op.cit.*, n°1148(p.1072 et s.).
24) Req. 25. mars 1924, S.1924. 1. 67. note 참조.

성격을 띠기도 하고 집행수단의 성격을 띠기도 하므로 채권자가 간접소
권을 행사하는 목적에 따라서 기한의 도래가 불필요하거나 요구되기도
한다고 하였다.[25]

마지막으로, 채권의 내용이 확정되어 있어야 하는가(créance liquide)에
대해서는 학자들이 침묵하고 있다가 1828년 4월 1일 프랑스 파기원 심
리부(Cass. req. 1er avril 1828)에서 이를 요구하게 되자 이에 대한 논의가
일게 되었다.[26]

위와 같은 논의를 거쳐 프랑스 파기원 심리부(Chambre de requête)에서
1924년 3월 25일 "채권자가 민법 제1166조에 따라 채무자에게 일신에 전
속한 것을 제외한 채무자의 권리를 행사할 수 있는 권한을 부여 받았더
라도 이와 같은 권능은 채권자의 채권의 존재가 확실하고, 기한이 도래
하였으며 그 내용이 확정된 경우만 행사될 수 있다"[27]고 판시한 이래 세
가지 요건이 모두 요구되고 있다. 이하에서는 채권자의 채권에 관한 위
세 가지 요건의 구체적인 내용에 관해서 살펴보기로 한다.

2) 간접소권 행사 당시 채권의 존재가 확실해야 한다

따라서 예를 들어, 조건부 채권, 발생의 기초만이 확실한 채권 등에
대해서는 간접소권의 행사가 허용되지 않는다.[28]

채권자의 채권의 존재 여부가 문제되었던 프랑스 사안[29]을 소개해보
면 다음과 같다. H라는 공증인이 공증업무와 관련한 의무를 해태하여
그의 고객인 A에 대하여 40,000 프랑 상당의 손해배상책임이 판결에 의

---

25) AUBRY et RAU, *Cours de droit civil français d'après la méthode de Zachariae*, t. Ⅳ, 5e éd., 1902, §312(p.197).

26) Req. 25. mars 1924, S.1924. 1. 67. note 참조.

27) Req. 25. mars 1924, S.1924. 1. 67.

28) TERRÉ, SIMLER, et LEQUETTE, *op.cit.*, n°1147(p.1071).

29) Civ. 1re, 22 juin 1977, D.S. 1978.485 note CH. GAURY.

하여 이미 인정된 바 있었다. 공증인 관련 법 규정에 의하면, 공증 업무와 관련하여 공증인이 고객에게 손해를 입혔을 경우, 지역 공증인 기금 (caisse régionale de garantie des notaires)이 피해자에게 배상책임을 지게 되어 있었던 까닭에 A는 공증인기금에 대하여도 다시 손해배상을 구하였다. 한편, 위 공증인 H는 공증업무와 관련하여 책임보험에 별도로 가입한 바 있었다. 이에 당해 소송에서 공증인 기금은 H의 보험자(la Cie La Winterthur)를 소환하여 자신을 대신하여 피해자에게 위 배상액을 지급할 것을 명할 것을 구하였다.[30] 파기원은 이와 같은 공증인 기금의 주장에 대하여, "공증인 기금은 공증인의 피해자에게 손해배상액을 지급한 후에야 비로소 공증인의 채권자가 되는 것이다. 따라서 공증인 기금은 민법 제1166조에 의한 간접소권을 행사할 수 있는 지위에 있지 않다"고 하여 이를 받아들이지 않았다.[31]

또한 채권자가 제3채무자에 대하여 채무를 부담하고 있더라도 채무자가 무자력 상태에 있고 그 채무자의 채권자인 이상 간접소권의 행사에는 지장이 없다고 한다.[32]

3) 채권의 기한이 도래해야 한다

따라서 기한 미도래의 채권(créance à terme)의 경우에는 간접소권의 행

---

30) 이 사안에서 공증인기금이 채권자, 공증인이 채무자, 보험자가 제3채무자가 된다. 공증인기금이 피해자에게 손해배상금을 지급하고 나면 채무자에게 구상권 등을 행사할 수 있기 때문일 것이고, 공증인은 보험자에 대하여 보험금을 청구할 수 있는 지위에 있기 때문이다.

31) 공증인기금의 주장과 관련하여 손해배상책임이 공증인기금과 보험자 간에 있어서 누구에게 궁극적으로 귀속하는가가 선결되어야 하는데, 동 판결문에서는 이에 대하여 명시하고 있지는 않으나, 평석자인 고리(Gaury)는 공증인관련법과 보험관련법 규정을 면밀히 검토하여 사안의 경우 보험자에게 귀속한다는 것을 보여주고 있다.

32) Civ. 1re 6 jan. 1981, *Gaz. Pal.* 1981. 2. pan. 178.

사가 허용되지 않는다.[33] 우리 민법에서는 피보전채권의 기한 도래 요건
과 관련하여 법원의 허가가 있는 경우와 보존행위에 관하여 예외를 인
정하고 있다(민법 제404조 제2항). 그러나, 프랑스 민법 제1166조에는 이
와 같은 내용이 나타나 있지 않다. 그렇다면, 프랑스에서는 보존행위에
관하여 우리나라와 같은 예외가 인정되는가 하는 의문이 제기된다.

조건부 채권자의 보존행위(acte conservatoire)와 관련하여 프랑스에서는
채권자가 "채권자는 조건이 성취되기 전이라도 자신의 권리를 보존하기
위한 모든 행위를 할 수 있다"[34]고 규정한 프랑스 민법 제1180조에 의하
여 '자신의 이름으로' 채권을 보존하기 위한 행위를 할 수 있다. 따라서
채권자가 시효의 중단, 채권양도의 통지, 채무자의 저당권의 등기 등의
보존행위를 하는 경우, 제1166조에 의거하는 것이 아니라 프랑스 민법
제2092조가 부여한 일반담보권을 근거로 자기 자신에게 부여된 권리를
행사할 뿐이라고 관념하는 경우가 많았는데, 이는 간접소권의 행사에 필
요한 요건들을 보존행위에 대해서는 적용하지 않고자 함에 있었다.[35] 그
러나, '자신의 이름으로' 보존행위를 할 수 있는 길이 있다고 해서 '채무
자의 이름으로' 보존행위를 하는 것을 막을 이유는 없으며,[36] 이 경우에

---

33) H. L. et J. MAZEAUD, op.cit., n°969(p.1046).
34) Art. 1180 Le créancier peut, avant que la condition soit accomplie, exercer tous les
    actes conservatoires de son droit.
35) Juris Classeur Civil 1996, Art. 1166, n°23(p.7).
36) Paris 31 mai 1990, D.1990 Inf. rap. 173. "민법 제1166조는 채권자에게 채무자
    의 일신에 전속한 권리를 제외한 모든 권리를 행사할 수 있도록 허용하고
    있다. 입법자가 사용하고 있는 위 규정상의 두 용어[droits et actions]는 채무
    자의 재산을 보전하기 위하여 간접적으로 행사될 수 있음을 의미한다 ; **동
    산에 대한 보전·압류(saisie conservatoire)**는 이와 같은 목적을 가지고 있으
    므로 채무자가 이를 행하지 않을 경우 채권자에 의하여 실행될 수 있다."
    여기서 동산에 대한 보전·압류란 기능적으로 우리 민사소송상의 가압류
    및 압류처분에 상응한다고 볼 수 있기 때문에 결국 간접소권에 의한 보존
    행위가 허용된 예라고 할 수 있다. 기타 간접소권에 의한 보존행위가 허용
    된 여러 가지 예에 대하여는 Juris Classeur Civil 1996, Art. 1166, n°24 et n°25

는 간접소권의 요건을 완화함이 바람직할 것이라고 한다.37) 따라서 프랑
스도 보존행위에 대하여 피보전채권의 기한이 도래할 것을 요구하지 않
고 있는 우리 민법과 유사한 입장이라고 할 수 있을 것이다.

4) 즉시 청구가 가능할 정도로 채권의 내용이
   확정되어 있어야 한다

예를 들어, 어떤 사고의 피해자가 가해자의 과실을 입증하였으나 아
직 손해배상액이 결정되지 않은 경우, 이러한 채권은 즉시 청구할 수 있
는 상태가 아니므로 그 내용이 확정되어 있다고 할 수 없다.38)
구체적으로 앞서 언급했던 프랑스 파기원 심리부 1924년 3월 25일 사
건39)의 내용을 살펴보기로 하자. A는 B 부부에게 자신의 건물을 임대하
였는데, 그 선물이 화재로 소실되자 A는 프랑스 민법 제1733조40)에 기하
여 멸실 부분에 대한 배상을 요구하였다. 그리고 B의 부인은 그녀의 父
가 사망하자 상속청산분배권(la liquidation et le partage de la succesion)을
취득한 바 있었다. 이에 A는 민법 제1166조에 기하여 B의 채권자로서 그
녀의 상속청산 분배권을 대신 행사할 수 있다고 주장하였으나, 파기원은
다음과 같은 이유로 A의 주장을 받아들이지 않았다.

항소심은 위 부부는 화재로 소실된 건물의 임차인으로서 여전히 위 건
물을 점유하고 있으므로 이에 대한 손해배상채무를 지게 될 가능성은 있
으나 손해배상액이 아직 정해지지 않았고, 더 나아가 화재의 책임이 위 규
정에 따라 당혜 부부에게 귀속되는지 여부도 다투어지고 있으므로 A가 상

참조(p.8).
37) Juris Classeur Civil 1996, Art. 1166, n°24(p.7).
38) H. L. et J. MAZEAUD, op.cit., n°969(p.1046).
39) Req. 25 mars 1924, S. 1924. 1. 67.
40) 제1733조 임차인은 다음의 사실을 입증하지 않는 한 화재에 대한 책임이 있다.
  －화재가 불가항력 혹은 건축의 하자에 기하여 발생한 사실
  －이웃집으로부터 불이 옮겨온 사실

속청산분배권을 행사할 수 있는 근거가 없다고 판시하였는바, … 이러한 판시는 위 규정에 반하지 않는 것이다. 이에 항소를 기각한다.

문제는 여기서 채권의 내용이 확정되어 있어야 한다는 것이 곧 채권자의 채권이 금전채권이어야 함을 의미하는가 하는 점이다.

파리 항소법원 판결 중에는 "사실상 법적으로 ≪채권자≫[프랑스 민법 제1166조의 채권자를 말한다]라는 표현은 채권을 가진 모든 사람들에게 적용되고, 따라서 [여기의] 채무자라는 표현은 주는 채무이든 하는 채무이든 부작위 채무이든 간에 채무를 지닌 모든 사람들을 포함한다."고 하여 채권자의 채권이 금전채권에 한정되지 않음을 명시한 판결이 있다.[41] 또한 쁠라뇰/리뻬르(Planiol et Ripert)도 간접소권이 금전채권을 피보전채권으로 하는 때에는 거의 이용되지 않고 있으므로 피보전채권이 금전채권이 아닌 경우에 그 효용이 있다고 서술하고 있음[42]에 비추어 'créance certaine'가 곧 채권자의 채권이 금전채권이어야 함을 의미하지는 않은 것으로 보인다.

그러나, 마조(Mazeaud)의 경우 최근 프랑스 파기원에서 비금전채권을 보전하기 위한 간접소권의 행사를 허용하게 됨에 따라 위 요건이 항상 충족되어야 하는가에 대하여 의문이라고 하고 있어서[43] 'certaine'의 의미가 금전채권이라고 보는 견해도 있었던 것으로 보인다. 또한 최근 들어 금전채권 외의 채권을 보전하기 위한 간접소권의 행사를 허용하는 판례를 평석함에 있어서 "이제는 채권자의 채권이 금전채권일 필요가 없게 되었다"는 언급이 다수 등장하고 있다.[44]

이상과 같은 문헌들의 내용에 비추어 볼 때, 다음과 같이 정리할 수 있을 것이다.

---

41) Paris 9 janv. 1920, D. 1921. 119.
42) PLANIOL et RIPERT, *op.cit.*, n°896(p.229).
43) H. L. et J. MAZEAUD, *op.cit.*, n°969(p.1047).
44) Civ. 3ᵉ 4 déc. 1984, *RTD* 1985. 581, obs. J. MESTRE, *Defrénois* 1985. art.33596, n°83 obs. AUBERT; Civ. 1ʳᵉ 9 oct. 1991, D. 1992. 423. note BARRET 등 참조.

채권의 내용이 확정되어야 한다는 것이 논리적으로 곧 채권자의 채권
이 금전채권이어야 함을 의미하는 것은 아니나, 여하튼 과거 프랑스 판
례는 채권자의 채권이 금전채권인 때에 간접소권을 허용하여 왔었고, 다
만 채권자의 채권이 비금전채권인 경우에도 간접소권의 행사를 허용하
게 된 현재에 이르러서는 'créance certaine'가 채권자의 채권이 금전채권
이어야 함을 의미하는 것은 아니라는 점이 분명해졌다.

5) 채권자의 채권과 관련한 기타 요건

위 요건들은 판결 당시 충족되는 것으로 족하다.[45] 또한 채권자의 채
권이 채무자의 채권보다 먼저 성립해야 할 필요도 없다.[46]

채권자가 자신의 채권의 법적 근거를 제시하지 않았더라도 법원이 이
를 고시하여야 한다. 이와 관련한 프랑스 판결 하나를 소개하기로 한다.[47]

B는 C가 운전하는 자동차에 치여서 사망하였다. 사망사고에 대한 C의
과실이 인정되어 C는 B에 대한 불법행위 책임을 지게 되었다. 그런데,
사망자 B에게는 상속인이 존재하지 않았고 그와 같은 집에 살고 있던 A
가 B의 장례식을 집행하고 시신을 공동묘지에 안치했다. 그리고 이 비용
은 700,80 프랑(NF)에 달했다. 이후 A는 B의 사망에 대하여 책임이 있는
C에게 위 장례식과 관련된 비용을 자신에게 지급할 것을 청구한 사안이
었다. 발랑스 소심(小審)법원(Tribunal d'instance de Valence)은 A의 청구에
대하여 다음과 같이 판단하였다.

A는 피해자의 장례식 집행을 주도함으로써 유효적절하게 행동하였고
따라서 피해자 상속에 관한 사무를 관리한 것으로 보아야 한다. 상속인이

---

45) TERRÉ, SIMLER, LEQUETTE, *op.cit.*, n°1147(p.1072).
46) Civ. 4 juill. 1854, D. 1854. 1. 403. 1re espèce "채무자의 모든 재산은 채권자의
담보가 된다는 되는 것이므로, 법에 의해 채무자의 권리를 행사할 수 있는
채권자의 권리는 [채권자의] 채권 발생 시기에 구애받지 않는다."
47) Trib. inst. Valence 14 déc. 1960, D.1961.619.

없다고 해서 상속이 일어나지 않는 것은 아니고 적어도 상속인 부재의 상
속(succession vacante)[48]은 발생한다. 따라서 A는 이와 같은 상속의 채권자라
고 주장할 수 있다. 게다가 만일 C가 사고의 책임자로 인정된다면, 그는
이러한 상속에 있어서 사망 사고의 직접적인 결과라고 할 수 있는 장례비
의 채무자가 될 것이다. 이와 같은 상황만으로는 상속채권자인 A와 상속
채무자인 C간에 직접적인 법률관계가 발생하지 않는다. 그러나 A는 자신
의 청구의 법적 근거를 명시하지 않았을지라도 그와 같은 청구가 어떠한
법률 규정에 근거하는가를 찾아내는 것은 법원의 몫이다. 민법 제1166조
의 규정에 따르면, 채권자는 채무자에게 일신에 전속한 권리를 제외하고
는 채무자의 권리를 행사할 수 있다. 이 규정은, 비록 A가 이를 명시하지
않았더라도 그의 청구에 적용된다. A는 C에 대하여 직접적인 권리는 없고
B의 상속채권자일 뿐이지만, 간접소권에 의하여 상속인의 권리를 행사할
수 있다 … 따라서 A가 C에 대하여 행사한 권리는 원칙적으로 받아들여져
야 한다.

즉, 사안에서 채권자 A는 C에 대하여 B에 대한 장례식 집행 비용을 청
구하면서 그 법적 근거를 제시하지는 않았으나, 법원은 직권으로 A는 B
에 대하여 사무관리자(gérant d'affaires)의 지위에 있다고 판단한 것이다.[49]

2. 채권자에 관한 요건

채권자가 간접소권을 행사할 이익(intérêt à agir)이 있어야 한다.

---

48) 상속재산에 대하여 아무도 상속을 주장하는 자가 없을 경우를 말하는 것.
프랑스 민법 제811조 이하에서 규율하고 있다. 자세한 내용은 TERRÉ et
LEQUETTE, *Droit civil-Les successions Les libéralités*, 3ᵉ éd., Dalloz, 1997, n°212
(p.813) 참조.

49) Trib. inst. Valence 14 déc. 1960, D.1961.620 note F. GORÉ 참조. 사안과 관련하
여서는 A가 지출한 장례식 비용 전체가 C의 채무로 인정될 수 있는가 하는
점도 문제되었다. 왜냐하면, 장례식과 관련하여 통상 지출되는 범위를 넘어
서는 비용은 사치비(dépenses somptuaires)로서 C의 채무로 인정하기가 어렵기
때문이다. 사안에서 법원은 A가 주장한 장례비용을 통상의 필요경비로 판
단하였다.

여기에서의 '행사할 이익'의 의미에 대하여 기존에는 채무자가 무자력(insolvabilité) 상태에 있어야 하는 것으로 파악하고 있었다. 법에서 채권자가 간접적으로[채무자의 이름으로] 채무자의 사무에 개입할 것을 허용하고 있는 것은, 채권자의 이해를 보호하고자 하는 것이다. 따라서 채권자가 개입할 만한 이익이 존재해야 하고, 이러한 이익이 없으면 간접소권의 행사가 인정되지 않는다(pas d'intérêt, pas d'action. 이익이 없으면 소권이 없다). 채무자에게 자력이 남아 있는 것이 명백하다면 채권자가 간접소권을 행사하는 것이 허용되지 않는다. 이 경우 채권자는 사실상 채무자의 재산을 증대시킬 이익이 없는데, 왜냐하면 채무자로부터 변제받을 수 있음이 명확하기 때문이다. 이와 같은 채무자의 무자력 요건은 채권자가 채무자에게 부당하게 간섭하는 것으로부터 채무자를 보호해주는 역할을 한다.50)

그리고 그러한 이익은 중대하고도 적법한 것이어야 한다(intérêt sérieux et légitime). 이와 관련하여 프랑스 판결 중에는 채권자가 채무자에 대하여 33,330 프랑의 채권을 가지고 있는데, 채무자의 권리를 대위행사하여도 1,875 프랑의 가치만이 채무자에게 귀속될 뿐인 경우, 채권자의 간접소권 행사를 인정하지 않은 것이 있다.51)

위와 같이 프랑스에서도 채권자가 간접소권을 행사할 이익이라는 것은 곧 채무자의 무자력을 의미하는 것으로 이해되어 왔었다.

그런데 1980년대 이후 프랑스 법원은 금전채권 이외의 채권을 보전하기 위한 간접소권의 행사를 허용하게 되었는데, 이때 채무자가 무자력 상태일 것을 요하지 않고 있다.52) 그러나, 이러한 프랑스 판결들에서는 이 경우 '채권자의 행사할 이익'이 무엇을 의미하는가에 대하여는 구체적으로 언급하지 않고 있다. 이러한 판결이 나온 이후 프랑스 학설은

50) H. L. et J. MAZEAUD, op.cit., n°967(p.1045 et s.).
51) Civ.1re 13 fév. 1973, D. S. 1973 somm. 80.
52) Civ. 3e 4 déc. 1984, RTD 1985. 581. obs. J. MESTRE; Defrénois 1985. art.33596 n°83, obs. AUBERT 등 참조.

'행사할 이익'의 의미를 피보전채권이 금전채권일 경우에는 채무자가 무자력이어야 하고, 피보전채권이 비금전채권일 경우에는 채무자가 무자력일 필요가 없다는 의미로 파악하고 있다.[53]

한편 최근 들어 채권자가 행사할 이익에 관하여 판시한 프랑스 판결 원문을 살펴보면, '채무자의 무자력'이라는 표현을 직접 언급하고 있기보다는 '채권자의 채권이 [만족을 얻지 못하게 될] 위험에 처해 있을 때 (si la créance était en péril)'라고[54] 하여 보다 일반적인 표현을 사용하고 있음을 알 수 있다. 이는 '채권자가 간접소권을 행사할 이익(intérêt à agir)'의 의미가 곧 채무자의 무자력이어야 한다는 것이 아니라, 구체적인 상황에 맞게 그 의미가 다양하게 파악될 수 있음을 시사하고 있다고 생각한다.

3. 채무자에 관한 요건

채무자 자신이 그의 권리를 행사하지 않고 있어야 한다. 채무자가 스스로 권리를 행사한 경우에는 간접소권의 행사가 허용되지 않는다. 그리고 채무자가 권리를 행사하지 않았다는 것이 분명해야 한다. 단순히 채무자가 권리 행사를 지연하고 있다는 사실이 항상 채무자가 권리 행사를 태만히 하고 있다는 것을 의미하지는 않는다. 반면, 채무자가 권리를 행사하는 외관만을 보였을 뿐 실질적으로는 권리를 행사하였다고 볼 수 없는 경우에는 채무자가 권리를 행사하지 않은 것으로 보아야 한다.[55] 이와 같이 채무자가 자신의 권리를 행사하지 않았는지 여부는 법원이 구체적인 상황을 고려하여 판단한다.[56] 채무자가 권리를 행사하였는지

---

53) TERRÉ, SIMLER et LEQUETTE, *op.cit.*, n°1148(p.1072).
54) Civ. 1re 17 mai 1982, *Gaz. Pal.* 1982. 2. pan. 301; *JCP* 1982. Ⅳ. 263.
55) H. L. et J. MAZEAUD, *op.cit.*, n°966(p.1045).
56) Grenoble 30 déc. 1896, D. 1897. 2. 238. note 참조.

여부가 문제되었던 프랑스 사안들을 소개하면 다음과 같다.

우선 1896년 1월 28일 아장 항소법원(Cour d'appel d'Agen)의 판시내용을 살펴보면,[57] A와 B는 각각 채권자와 채무자였고, B의 부인이 사망하여 B는 그의 부인을 상속하게 되자 채권자인 A는 B를 대위하여 상속재산의 분할을 청구하였다. 그런데, 상속인이 상속재산목록을 작성하고 상속의 승인 여부를 결정함에 있어서 프랑스 민법에서는 상속인에게 일정한 필요기간을 부여하고 있는데,[58] A가 간접소권을 행사할 당시에는 위 기간이 경과되지 않은 상태였다. 여기서 아장 항소법원은 위 프랑스 민법 규정을 공익성이 있는 것으로 보아서 "채권자가 자신의 채무자의 상속재산분할청구권을 행사할 경우, 채무자가 상속을 승인하지도 않았고 또한 법이 채무자에게 부여한 상속재산목록 작성을 위한 기간과 상속 여부를 결정하기 위한 기간이 경과되지 않은 상태에서 위와 같은 청구가 이루어졌다면, 이러한 청구는 시기상조이고 효력이 없는 것으로 간주하여(comme prématurée et déclarée nulle) 배척되어야 한다"고 판시한 바 있다.[59] 즉, 상속인인 채무자가 상속재산분할청구권을 행사하지 않고 있더라도, 프랑스 민법 제795조 소정의 기간이 경과하기 전에는 채무자가 권리를 행사하지 않은 것으로 평가할 수 없다는 것이다.[60]

---

57) Agen. 28 janv. 1896, D. 1897. 2. 417 note de LOYNES.

58) 프랑스 민법 제795조 참조.

59) 이 판례의 논지를 이해하기 위해서는 우선 다음과 같은 문제들이 해결되어야 했었다. ① 상속의 승인 여부 자체를 채권자가 채무자를 대신하여 결정할 수 있는가, ② 상속재산분할청구권은 채무자의 일신에 전속한 것이 아닌가 등이다. 1심판결과 2심판결 모두 ①에 대하여 명확히 판단하지 않았고, 이에 대하여 동 판례의 평석자(Lyones)는 아쉬움을 나타내고 있다. ②에 대하여는 1심판결에서 "상속재산분할청구권은 가족법상의 권리이기는 하나, 채무자가 악의(mauvais vouloir)로 권리를 행사하지 않고 있고, 채권자가 이를 불식하려고 하는 예외적인 경우에는 채무자에게 [부당하게] 간섭하는 것으로 볼 수 없다"고 판시함으로써 사안과 같은 경우 예외적으로 대위행사를 허용하고 있다.

60) 동일한 취지의 판례로서 Civ. 30 oct. 1944, D. 1945. 145.

한편, 1896년 12월 30일 그르노블 항소법원(Cour d'appel de Grenoble)의 사건[61]은 다음과 같았다.

B에게는 채권자 A1, A2, A3 등이 있었다. 그리고 B가 제3채무자인 C를 상대로 하는 부동산 압류(saisie immobilière)가 개시된 상태였다. 그런데, 위 절차가 개시된 후 채무자는 제3채무자와 공모하여 강제집행을 실질적으로 진행시키지 않고 있었다. 이때 A1, A2, A3 등은 B의 채권자로서 위 절차에 참가하면서 채무자를 대신하여 부동산 압류를 할 수 있다고 주장하였고, 그르노블 항소법원은 다음과 같이 판시하면서 이들의 주장을 받아들였다.

> 항소인[채권자]은 채무자가 스스로 그 권리를 행사한 경우에는 채무자의 권리를 행사할 수 없다. 채무자가 자발적으로 그의 권리를 행사였다면 더 이상 채권자가 채무자의 권리를 행사할 이유가 없기 때문이다. 사안에서 B는 사실상 부동산 압류의 형식을 취한 바 있다. 그러나 위 채무자가 [실제로] 아무런 조치를 취하지 않고 있다면 채권자가 채무자의 권리를 다시 행사할 수 있다는 것은 의심의 여지가 없다.

즉, 채무자가 권리를 행사하는 듯한 외관을 보이더라도 실질적으로 권리를 행사하지 않고 있다면, 채무자가 권리를 행사했다고 평가할 수 없다는 것이다.[62]

그밖에 간접소권을 행사함에 있어서 채무자의 동의나 법원의 허가 등을 얻어야 할 필요는 없으며,[63] 채무자에게 그가 스스로 자신의 채권을

---

61) Grenoble 30 déc. 1896, D. 1897. 2. 238.

62) 이 사안과 관련해서는 채권자가 간접소권에 의하여 집행행위를 할 수 있는 가의 문제도 제기될 수 있는데, 이에 대해서는 제4장 이하에서 살펴보기로 한다.

63) Civ. 23 jan. 1849, D. 1849. 1. 42.; S.1848.1.193. "이 규정[프랑스 민법 제1166조]은 일신에 전속한 권리만을 [행사의 대상에서] 제외하고 있으며, 어떠한 규정도 채권자에게 허용된 권리의 행사에 있어서 채무자의 동의 혹은 법원의 허가 등을 요구하고 있지 않다." 그러나, 이 판결이 내려질 당시 프

행사할 것을 최고하여 그를 지체에 빠뜨릴(mise en demeure[64]) 필요도 없다. 그러나, 이와 같은 행위는 채무자가 권리 행사를 태만히 하였다는 점을 입증하고 간접소권 판결의 내용으로 채무자에게 대항함에 있어서 현실적으로 유용하다고 한다.[65]

III. 검 토

지금까지 우리 민법상의 채권자대위권의 행사 요건과 프랑스 민법상의 간접소권 행사 요건 일반을 살펴보았다. 우리 민법은 요건의 내용이 대부분 조문에 구체적으로 제시되어 있는 반면 프랑스 민법은 그렇지 않다는 면에서 규정 형식상 차이점을 보이고 있기는 하지만, 그 내용의 실질에 있어서는 차이가 거의 없음을 알게 되었다. 그리고 위 요건들은 모두 채권자의 채무자에 대한 부당한 간섭 내지 참견을 방지하고자 하는 취지에서 마련된 것들이었다.

이에 대해 무자력 요건을 요구하는 것은 채무자의 재산·거래관계에 대한 부당한 간섭을 배제하기 위해서가 아니라 대위권 행사의 결과 다른 채권자 또는 제3자의 이익이 침해되는 것을 막기 위한 것으로 이해해야 한다는 견해가 있다.[66] 그러나 이는 채권자대위권을 행사하기 위해서 어떠한 요건을 구비해야 하는가의 문제와 일단 당해 권리를 행사하였다면 그 결과를 어떻게 취급할 것인가의 문제를 혼동한 것이라고 생각한

랑스 학자들의 다수는 채권자가 간접소권을 행사함에 있어서 법원의 허가를 얻어야 한다는 입장이었다고 한다. Civ. 23 jan. 1849, D. 1849. 1. 42.; S.1848.1.193, note 참조.

64) 채권자가 채권을 변제받겠다는 의사를 채무자에게 통지하는 내용이 담겨 있는 독촉장, 통신문 등의 문서 형식으로 채무의 이행을 독촉하는 것. G. CORNU, *op.cit.*, p.271.

65) TERRÉ, SIMLER et LEQUETTE, *op.cit.*, n°1149(p.1074).

66) 金亨培(註 9), 350면 참조.

다. 전자는 채권자와 채무자 사이의 관계 조정 문제이며, 후자는 채권자
대위권을 행사한 채권자와 기타의 채권자 간의 문제로서 다른 채권자의
이익 침해 방지는 채권자대위권의 행사 효과를 바로 채권자에게 귀속시
키지 않고 채무자에게 귀속시키는 이론적 근거가 되는 것이다.

그렇다면 기존에 가장 문제가 많이 되었던 '특정채권을 보전하기 위
한 채권자대위권 행사'의 문제를 본격적으로 논하기 전에 여기에서 이
와 관련한 몇 가지 점을 정리할 수 있다.

우선 피보전채권이 금전채권인 경우에 한하여 채권자대위권 내지는
간접소권의 행사가 허용되는 것이 '원칙은 아니라는' 점이다. 과거 프랑
스 판례가 피보전채권이 금전채권인 때에만 간접소권의 행사를 허용하
여 왔던 것은 사실이나67) 이론적으로 볼 때 금전채권에 한정했던 것은
아니었던 것 같고, 더 나아가 현재 프랑스 판례는 피보전채권이 비금전
채권인 경우에도 간접소권의 행사를 허용하고 있다.

다음으로 기존에는 '채권보전의 필요성' 내지는 '행사할 이익(intérêt à
agir)'의 의미를 채무자의 무자력으로 해석하고 있었으나, 필자는 근본적
으로 이는 어느 하나의 의미로 고정된 것이 아니라 다양한 해석의 가능
성이 열려 있는 개념이라고 생각한다. 다만 해석의 '방향'만이 제시되어
있을 뿐이다. 즉, '채권자의 채무자에 대한 부당한 간섭의 방지'의 취지
가 반영될 수 있다면 그 구체적인 내용은 얼마든지 변화할 수 있는 개념
이다. 따라서 다음 절에서 특정채권을 보전하기 위한 채권자대위권 행사
의 문제를 검토함에 있어서 채무자의 무자력을 요구하지 않게 되면 채
권자가 채무자에 대하여 부당한 간섭을 하게 되는 결과가 초래되는 것
은 아닌가 하는 관점에서 바라보는 것이 타당하다.

---

67) 1980년대 이후 프랑스 파기원은 특정채권을 보전하기 위한 간접소권의 행
사를 허용하고 있는데, 이와 관련한 평석의 내용을 보면 "이제는 채권자의
채권이 금전채권일 필요가 없게 되었다"는 점을 강조하고 있다. Civ. 3ᵉ 4
déc. 1984, *Defrénois* 1985. art. 33596 n°83, obs. AUBERT.

제3절 특정채권을 보전하기 위한 채권자대위권 행사의 문제

우리나라에서는 특정채권을 보전하기 위한 채권자대위권의 행사 사례들을 본래형과 구별되는 전용형으로 명명하고 있다. 그 이유는 '채권보전의 필요성', 구체적으로는 '채무자의 무자력' 요건을 충족하지 않더라도 채권자대위권의 행사가 허용되었기 때문이었다. 그렇다면 여기서 다음과 같은 의문이 제기된다. 판례가 개별적인 사례에서 채무자의 무자력을 요구하지 않은 이유는 무엇인가? 무자력을 요구하지 않고도 채권자대위권의 행사를 허용해야 할 만큼 무언가 강한 필요성이 있었던 것은 아닌가? 그 필요성이란 무엇인가? 특정채권을 보전하기 위한 채권자대위권 행사를 통해 채권자대위권은 어떠한 기능을 수행하고 있는가? '채권보전의 필요성'이란 채무자의 무자력이라는 내용으로 고정된 개념인가? 채권자의 채무자에 대한 부당한 간섭의 방지라는 취지는 특정채권을 보전하기 위한 채권자대위권 행사의 경우에도 관철되어야 하는 것은 아닌가? 그렇다면 이 경우 채권을 보전하기 위한 필요성으로서 단지 채무자의 무자력이 요구되지 않는다는 식의 소극적인 내용이 아니라 보다 적극적인 내용이 필요한 것은 아닌가?

이상의 문제들은 기존에 우리나라에서 채무자의 무자력을 요하지 않고도 채권자대위권의 행사를 허용한 사례들을 검토한 이후에 그 답을 찾을 수 있다고 생각한다. 따라서 이하에서는 우선 우리나라 판례들을 구체적으로 분석하고 유형화한 다음, 이와 유사한 프랑스 판례가 있는가, 없다면 그 이유는 무엇인가 를 생각해본다. 그리고 판례에 대한 기존 학설의 평가들을 살펴보고 마지막으로 위와 같은 사례들에 비추어 우리나라에서의 채권자대위권의 이론적 기초 및 기능에 대해서 다시 정리해본다.

I. 우리나라 판례의 검토

채무자의 무자력을 요하지 않고도 채권자대위권의 행사가 허용되었던 사례들은 학설상 다음과 같이 분류되고 있다. 피보전채권이 특정채권인 경우로서 임차인의 건물인도청구권의 대위행사 사례와 등기청구권의 대위행사 사례, 피보전채권이 금전채권이면서도 채무자의 무자력을 요하지 않았던 사례 등이다.[1] 이러한 분류기준이 과연 타당한 것인가에 대해서는 생각해 볼 여지가 많지만(이후 논하도록 한다), 일단은 논의의 편의를 위하여 기존의 분류 기준에 따라 판례를 분석해보도록 한다.

1. 피보전채권이 특정채권인 경우

1) 채무자의 목적물인도청구권을 대위행사하는 유형

(1) 임차인이 임대인의 목적물인도청구권을 대위행사하는 경우

예를 들어, 乙이 토지임대인이고 丙에게 그 토지를 임대하였다가 해지한 이후, 다시 甲에게 임대하였는데. 아직까지 乙이 丙으로부터 임차물인 토지를 인도받지 못하고 있는 경우, 乙은 甲에게 토지를 인도하여 그 사용·수익에 필요한 상태를 제공 유지하여야 할 의무가 있으므로(민법 제623조) 甲은 乙에 대한 건물인도청구권을 대위행사할 수 있다.[2][3]

---

1) 郭潤直(註 9), 130면 이하 ; 金疇洙(註 9), 221면 이하 ; 金相容(註 9), 236~237면 ; 金曾漢·金學東(註 9), 185면 이하 ; 張庚鶴(註 58), 282면 ; 金亨培(註 9), 357면 이하.

2) 大判 1964.12.29, 64다804(集 12-2, 225)의 판시내용은 다음과 같다.
"임대인이 그 소유 토지를 피고에게 임대하였다가 이를 해지한 뒤 다시 위 토지를 원고에게 임대한 경우에 그 뒤 임대인이 위 토지를 타에 매도하고 소유권이전등기를 완료함으로써 소유권을 상실하였다 하더라도 임대인으

(2) 토지나 건물의 매수인이 매도인의
   방해배제청구권을 대위행사하는 경우

위 ①과 유사한 경우로서 등기를 갖추지 못한 토지나 미등기 건물의
매수인이 매도인의 방해배제청구권을 대위행사하는 경우이다.

토지를 양수하기로 한 채권자가 아직 등기를 갖추지 못하고 있는데
제3자가 당해 토지를 불법으로 점거하고 있는 경우, 소유자인 채무자를
대위하여 그 토지의 인도를 청구할 수 있고,[4] 미등기 건물의 매수인이
등기를 갖추지 않았는데 제3자가 당해 건물을 불법으로 점거하고 있는
경우, 소유자인 매도인을 대위하여 그 건물의 인도를 청구할 수 있다.[5][6]

여기서 대위채권자는 매수인이고 채무자인 매도인은 매수인에게 토
지나 건물을 인도하고 소유권등기에 협력할 의무를 부담하기 때문에(민
법 제563조) 매수인은 소유자인 매도인의 건물의 불법점거자에 대한 방

로서는 임차인인 원고에게 임대물을 인도하여 그 사용수익에 필요한 상태
를 제공 유지하여야 할 의무가 있고 또 임대인은 피고와의 임대차계약을
해지함으로써 피고에게 임대물의 인도를 청구할 권리가 있다 할 것이므로
임대인이 타인에게 매도함으로써 소유권을 상실하였다 해도 위와 같은 권
리의무는 있다 할 것인 즉 임차인인 원고는 임대인의 피고에 대한 위와 같
은 권리를 대위하여 행사할 수 있다."

3) 그러나 임대인의 동의없는 임차권의 양도는 당사자 사이에서는 유효하다
하더라도 다른 특약이 없는 한 임대인에게 대항할 수 없는 것이고, 임대인
에 대항할 수 없는 임차권의 양수인으로서는 임대인의 권한을 대위행사할
수 없다. 大判 1985.2.8, 84다카188(集 33-1, 42).

4) 大判 1966.9.27, 66다1149(集 14-3, 93).

5) 大判 1973.7.24, 73다114(集 21-2, 150). "건물을 신축하여 원시적으로 그 소유
권을 취득한 자로부터 그 건물을 등기 않은 채 매수한 자가 일단 매도인으
로부터 그 건물을 인도받았다 하더라도 매도인은 장차 적법한 소유권이전
등기를 하여줄 의무와 그 건물에 대한 완전한 권리행사를 함에 지장이 없
도록 협력하여 줄 의무가 있다 할 것이므로 매수인은 그 건물의 불법점거
자에 대하여 매도인을 대위하여 명도청구를 할 수 있다 할 것이다."

6) 同旨 大判 1980.7.8, 79다1928(集 28-2, 101); 大判 1995.5.12, 93다59502(공보
994, 2094) 이 사안은 미등기 건물의 매수인은 아니었다.

해배제청구권(민법 제213조)을 대위행사하는 구조이다.

위의 (1)과 (2) 판례 유형은 채무자가 채권자에게 일정한 의무를 부담하고 있고(민법 제623조, 민법 제563조), 이때 피보전채권과 대위채권은 모두 물건의 인도청구를 그 내용으로 한다는 점에서 구조적으로 유사하다고 할 수 있다.

위 사안들을 다음과 같은 관점에서 살펴보기로 한다.

첫째, 위와 같은 사안에서 임차인 혹은 매수인이 건물인도청구권을 행사함에 있어서 채무자인 임대인 혹은 매도인이 무자력일 것을 요할 필요가 있는가 하는 점이다. 앞서 살펴본 바와 같이 민법 제404조 제1항 소정의 '채권 보전의 필요성'을 요구하는 것은 채권자의 채무자에 대한 부당한 간섭을 방지하기 위함이다. 그런데, 사안에서 채무자인 임대인은 임차인에 대하여 민법 제623조 소정의 임차인에게 목적물을 인도하고 계약 존속 중 그 사용 · 수익에 필요한 상태를 유지하게 할 의무를 부담함에도 불구하고 제3채무자에 대한 건물인도청구권 행사를 태만히 함으로써 그러한 의무를 이행하지 않고 있다. 또한 매도인도 피고인 제3채무자에게 건물이나 토지의 인도청구권을 행사하지 않음으로써 채권자인 매수인에게 민법 제563조에 기한 건물이나 토지의 인도의무를 이행하지 않고 있다. 이 경우 채무자인 임대인 혹은 매도인이 무자력에 이르지 않은 상태에서 채권자인 임차인 혹은 매수인이 방해배제청구권을 대위행사 하더라도 채무자에 대한 부당한 간섭이라고 평가할 이유는 없다고 보아야 한다.

둘째, 위 사안의 경우 피보전채권인 임차권과 대위채권인 방해배제청구권이 전혀 무관하지가 않다는 점이다. 임대인의 방해배제청구권은 임차인의 임차권을 실현하기 위한 '직접적인' 전제를 이루고 있어서 임대인이 당해 권리를 행사하지 않으면 임차인이 자신의 임차권을 실현할 수 없게 된다. 마찬가지로 (2) 사례에서 매수인은 매도인의 방해배제청구권을 대위행사하지 않으면 매매의 목적물을 사용·수익하기가 어려워진다.

2) 등기청구권의 대위행사 유형

(1) 이전등기청구권 등을 대위행사하는 경우

예를 들어, 甲으로부터 乙에게, 다시 乙로부터 丙에게 부동산의 매매가 있었는데 등기부상 그 부동산이 그대로 甲의 명의로 되어 있는 경우, 丙은 乙을 대위하여 甲에 대하여 甲으로부터 乙에게로 이전등기할 것을 청구하고 판결을 얻어서 등기를 할 수 있다는 것이 판례이다.[7]

한편, 민법 제366조에 의하여 법정지상권을 취득한 자가 그 법정지상권을 등기하지 않고서 처분한 경우, 법정지상권부 건물의 양수인은 자신의 지상권이전등기청구권을 보전하기 위하여 그 양도인이 토지소유자에 대하여 가지고 있던 지상권설정등기청구권을 대위행사할 수 있다는 것이 판례이다. 大判 1981.9.8, 80다2873(集 29-3, 29)은 다음과 같이 판시하고 있다.

> 저당물의 경매로 인하여 토지와 그 지상건물이 소유자를 달리하게 되어 토지상에 법정지상권을 취득한 건물소유자가 법정지상권 설정등기를 경료함이 없이 건물을 양도하는 경우에 특별한 사정이 없는 한 건물과 함께 지상권도 양도하기로 하는 채권적 계약이 있었다고 할 것이므로 지상권자는 지상권설정등기를 한 후에 건물양수인에게 이의 양도등기절차를 이행하여 줄 의무가 있다. 따라서 건물양수인은 건물양도인을 순차 대위하여 토지 소유자에 대하여 건물소유자였던 법정지상권자에의 법정지상권설정등기절차 이행을 청구할 수 있다.[8]

---

7) 大判 1969.10.28, 69다1351(集 17-3, 240) 등.
8) 大判 1985.4.9, 84다카1131,1132 전원합의체판결(集 33-1, 174); 大判 1989.5.9, 88다카15338(공보 851, 902) 등도 참조. 여기서 당사자들은 대지 위의 건물을 매매하는 약정을 하였으나 대법원은 계약 내용의 해석상 민법 제100

위의 두 사례들은 매매의 목적물이 다를 뿐(하나는 부동산 자체, 다른 하나는 지상권) 동일한 목적물의 궁극적 귀속자는 최종 양수인이나 물권변동에 관한 성립요건주의 원칙상(민법 제186조) 최종 양수인이 당해 목적물에 관한 권리를 취득하지 못하고 있다는 점에서 동일한 구조를 취하고 있다.

이와 관련하여서도 다음과 같은 관점에서 살펴본다.

첫째, 임차인의 방해배제청구권의 대위행사 유형처럼 위 사안들의 경우 채권자인 최종 양수인이 등기청구권을 대위행사하기 위하여 채무자인 중간 매수인의 무자력을 요할 필요가 있는가 하는 점이다. 여기서 중간 매수인은 최종 매수인에게 목적물인 부동산 소유권 이전을 위한 소유권이전등기협력의무를 부담하고 있는 상태이고(민법 제563조), 이러한 의무를 이행하기 위하여 우선적으로 매도인에게 자신에게로 등기를 이전해줄 것을 청구해야 할 의무를 부담하고 있다고 보아야 한다. 따라서 이때 비록 중간 매수인이 무자력 상태에 이르지 않은 상태에서 최종 매수인이 채권자대위권을 행사하여 제3채무자인 매도인에게 중간매수인에게로 부동산 소유권등기를 이전할 것을 청구한다 하더라도 채무자인 중간매수인에 대한 부당한 간섭이 된다고 보기는 어렵다.

둘째, 여기에서도 피보전채권인 최종매수인의 소유권이전등기청구권과 대위채권인 중간매수인의 소유권이전등기청구권 간에도 일정한 관련성이 있다는 점이다. 즉, 후자는 전자의 직접적인 전제를 이루고 있어서 최종매수인은 대위채권을 행사하지 않고서는 매매의 목적물인 부동산의 소유권을 취득할 수 있는 길이 없다.[9]

조 소정의 종물이론을 유추하여 건물의 사용을 목적으로 하는 법정지상권도 양도의 대상이 된 것으로 해석하고 있다(大判 1992.7.14, 92다527(集 40-2, 199). 관습법상 지상권에 대해서도 동일한 논리가 적용된다(大判 1988.9.27, 87다카279(集 36-2, 154).

9) 우리나라 판례 중에는 부동산 매매시 당해 부동산에 대한 권리를 취득하기

(2) 말소등기청구권을 대위행사하는 경우

채권자가 자신의 이전등기청구권 등을 보전하기 위하여 채무자의 말소등기청구권을 대위행사하는 사례도 매우 다양하게 나타나고 있다. 이하에서는 사안의 구조적 특성에 따라 말소등기청구권의 대위행사 사례들을 다음과 같이 분류하여 보았다.

① 부동산 이중양도시 제2양도가 원인무효인 경우

예를 들어, i) 乙이 丙에게 부동산소유권을 양도하고 등기까지 이전하였으나 그 등기가 원인무효의 것일 때에는, 乙로부터 同부동산을 매수[10] 혹은 시효취득[11]한 甲은 자신의 乙에 대한 이전등기청구권을 보전하기 위하여 乙을 대위하여 丙에게 원인무효등기의 말소등기를 청구할 수 있다. 乙에서 丙으로의 부동산 소유권 양도행위가 무효인 원인은 가장매매(민법 제108조 제1항)[12] 혹은 반사회적 법률행위(민법 제103조)[13] 등이 나타나고 있다.

② 부동산 양도담보와 관련한 사안의 경우

ii) 乙이 그 소유부동산을 甲에게 매도한 후 이전등기를 하기 전에 丙

위하여 관할 관청의 허가를 필요로 하는 경우, 양수인은 양도인에게 허가신청절차에 협력할 것을 청구할 수 있고 이러한 이행청구권을 보전하기 위하여 양도인을 대위하여 (최초 매도인에게) 허가 신청절차에 협력할 것을 청구할 수 있거나 (관할 관청에) 허가 신청을 할 수 있다는 내용의 판례가 나타나고 있는데(大判 1996.10.25, 96다23825(공보 1996, 3428); 大判 1987.10.28, 87누640(集 35-3특, 518) 등), 이러한 대위행사는 채권자가 당해 부동산에 대한 권리를 취득하기 위한 것으로서 대위채권이 피보전채권의 행사를 위한 직접적인 전제를 이루고 있다는 점에서 이전등기청구권의 대위행사 유형의 판례와 기능적인 측면에서 동일하다고 볼 수 있을 것이다.

10) 大判 1976.10.12, 76다1591,1592(공보 548, 9391).
11) 大判 1990.11.27, 90다6651(공보 888, 200).
12) 大判 1990.11.27, 90다6651(공보 888, 200).
13) 大判 1980.5.27, 80다565(공보 636, 12879); 大判 1983.4.26, 83다카57(集 31-2, 121).

에 대한 채권담보의 목적으로 丙 앞으로 이전등기를 한 경우, 甲은 乙에 대한 등기청구권자로서 乙의 채무를 변제할 정당한 이해관계 있는 제3 자이므로(민법 제469조 제1항) 특별한 사정이 없는 한 丙에게 乙의 채무를 변제한 후, 乙을 대위하여 丙 앞으로 되어 있는 소유권이전등기의 말소청구를 할 수 있다.[14]

ⅲ) 甲이 乙에게 채권담보의 목적으로 소유권이전등기를 해주었고 乙이 다시 丙에게 소유권이전등기를 경료하여 주었는데, 丙의 등기가 원인무효인 경우, 甲은 채무 변제기가 지난 후라도 이를 변제하고(변제 이후에는 甲의 乙에 대한 말소등기청구권이 피보전채권이 된다), 乙을 대위하여 丙에게 말소등기청구권을 행사할 수 있다.[15]

③ 부동산 명의신탁과 관련한 경우

과거 우리나라 대법원은 부동산 명의신탁약정을 유효한 것으로 보았다. 명의신탁의 법률관계는 대내적으로는 명의신탁자가 소유권을 보유하되 대외적으로는 명의수탁자가 소유권자가 되는 것으로 파악되었기 때문에, 과거 부동산 명의신탁과 관련하여 명의신탁자가 명의수탁자를 대위하여 제3자에 대하여 일정한 권리를 행사하는 유형의 판례들이 많이 등장하였다. 즉, 수탁 부동산에 관하여 제3자 명의의 원인무효인 소유권이전등기가 경유된 경우, 대외적으로는 명의수탁자가 소유자이므로 신탁자는 제3자에게 직접 신탁재산에 대한 침해의 배제를 구할 수는 없고, 자신의 채권(신탁계약상의 채권 혹은 신탁계약 해지를 이유로 하는 소유권이전등기청구권)을 보전하기 위하여 명의수탁자를 대위하여 제3자에 대하여 소유권이전등기말소청구를 행사할 수 있다는 취지의 판례들이 다수 등장하고 있었던 것이다.[16] 그런데, 1995년부터 부동산실권리

---

14) 大判 1971.10.22, 71다1888·1889(集 19-3, 57) 등(가등기담보등에관한법률 시행 전의 판례임).

15) 大判 1970.7.24, 70다805(集 18-2, 188); 大判 1988.1.19, 85다카 179(공보 820, 442) 등(가등기담보등에관한법률 시행 전의 판례임).

자명의등기에관한법률이 시행된 이후로는 부동산 명의신탁약정은 원칙적으로 무효로 보고 있어서(동법 제4조 제1항) 기존의 명의신탁 이론이 그대로 적용되기는 어렵다. 그러나, 동법은 예외적으로 명의신탁약정을 유효한 것으로 보고 있기 때문에(동법 제8조), 동법 시행 이후에도 명의신탁약정이 유효한 것으로 인정되는 경우에는 기존의 판례이론이 그대로 적용될 수 있을 것이다.

이상과 같은 말소등기청구의 대위행사 사례들에 대해서도 위 ①에서와 같은 관점에서 살펴보고자 한다.

우선, 甲의 말소등기청구권의 대위행사가 乙에 대한 부당한 간섭이 되는가 하는 점이다.

위 i)의 경우 乙은 甲의 소유권이전등기절차에 협력해야 할 의무를 지니고 있다(다만, 甲의 소유권 취득원인만이 다를 뿐이다 , 매매와 취득시효). 이러한 상태에서 乙의 丙으로의 소유권이전등기가 원인무효이고 乙이 甲에게 여전히 등기이전의무를 부담하고 있다면, 乙이 무자력에 이르지 않은 상태에서 甲이 乙의 丙에 대한 말소등기청구권을 대위행사하더라도 甲이 乙에 대해서 부당한 간섭을 하였다고 평가할 수는 없다. 乙이 甲에 대하여 이전등기의무를 이행하기 위해서는 그 전제로서 乙은 丙에게 말소등기청구를 행사해야만 하므로 乙의 丙에 대한 말소등기청구권의 행사는 乙의 甲에 대한 의무 내용의 하나라고 평가할 수 있기 때문이다. ii)의 경우도 乙은 甲에게 부동산 소유권을 이전할 의무가 있음에도 불구하고 동일한 부동산에 대하여 丙에게 양도담보를 설정함으로써 외부적으로는 소유권을 이전시켜버렸고(신탁적 양도설) 채권자로서는 당해 부동산에 대한 권리를 취득할 수 있는 대책을 강구해야 한다는 점에

---

16) 大判 1965.11.23, 65다1669(集 13-2, 231); 大判 1979.9.25, 77다1079(集 27-3, 22); 大判 1992.10.27, 92다32494,32500(공보 934, 3293); 大判 1992.12.11, 92다35523(공보 937, 460) 등.

서 부동산 이중양도 유형과 유사한 구조를 취하고 있다. 다만 부동산 양도담보의 법적 성질을 신탁적 양도로 파악한다면, 제2양도에 해당한다고 볼 수 있는 乙과 丙간의 양도담보설정계약은 유효하여 외부적으로는 丙이 부동산 소유권을 취득하므로, 甲이 당해 부동산을 회복하기 위해서는 丙의 양도담보의 목적을 달성시키고 乙이 丙으로부터 목적물을 회복할 수 있는 상황을 만들어야 한다는 차이가 있다. 따라서 甲이 乙의 피담보채무를 변제하는 행위가 필요하게 된다. 이러한 행위는 민법 제469조 제2항에 의하여 가능하며, 따라서 甲이 乙의 채무를 丙에게 변제하였다면 丙의 양도담보권은 그 목적을 달성하게 되어 乙은 丙에 대하여 소유권이전등기말소청구권을 취득하게 된다. 乙은 甲에 대하여 부담하고 있는 소유권이전등기의무를 이행하기 위해서 그 전제로서 丙에게 자신의 권리를 행사해야만 하므로 이와 같은 사안에서도 乙의 무자력을 요구하지 않더라도 甲이 乙에 대하여 부당하게 간섭하였다고 볼 수 없다.

　마지막으로 ⅲ)은 乙은 甲의 채무가 변제될 경우 甲에게 소유권을 회복시켜주어야 할 의무가 있음에도 계쟁 부동산의 등기가 자신의 명의로 되어있음을 기화로 丙에게 소유권을 이전한 경우이다. ⅲ)도 역시 부동산 이중양도와 구조적 유사성이 있는데, 제2양도에 해당하는 丙에게의 양도행위가 원인무효라는 점, 甲은 乙로부터 당해 부동산을 취득(엄밀히 말하면 '회복')해야 한다는 점에서 그러하다. 乙이 甲에게 소유권이전등기말소등기를 이행하기 위해서는 그 전제로 丙에 대한 소유권이전등기말소등기를 이행하여야 하므로 乙의 무자력을 요구하지 않고 甲이 乙의 권리를 행사하였다고 하더라도 甲이 乙을 부당하게 간섭하였다고 볼 수 없다. 다만, 문제는 甲의 乙에 대한 채무의 변제기가 지난 후에도 甲은 乙에 대하여 자신의 채무를 변제하고 소유권이전등기청구권의 말소를 청구할 수 있는 권리가 있는가 하는 점이다.

　둘째, 위 사례들에서 대위채권은 피보전채권을 실현하기 위한 '직접적인' 전제를 이루고 있다. ⅰ)의 경우 乙이 丙에 대한 말소등기청구권을 우선적으로 행사하지 않는 한 甲이 乙에 대한 이전등기청구권을 행사하여 목적물의 소유권을 취득할 수가 없다. ⅱ)의 경우 甲이 피담보채무를 변제하였더라도 그가 담보목적물을 찾아오기 위해서는 먼저 乙이 丙에 대하여 말소등기청구권을 행사해야만 한다. ⅲ)의 경우 甲이 목적물의 소유권을 회복하기 위해서는 乙이 丙에 대한 말소등기청구권을 우선적으로 행사하지 않으면 안된다.

셋째, 특히 대위채권인 말소등기청구권이 민법 제103조 위반으로서 원인무효인 경우,[17] 민법 제746조 본문 소정의 불법원인급여가 적용되어 乙은 丙에게 목적물을 반환청구할 수 없으므로 대위채권인 乙의 말소등기청구권이 존재하지 않는 것이 아닌가 하는 문제가 제기되고 있다. 판례는 별 다른 이유 설시 없이 甲이 乙의 말소등기청구권을 대위행사할 수 있다고만 하고 있으나, 이에 대한 보완론으로 당해 급부에 대한 권리가 궁극적으로 甲에게 귀속시키는 것이 타당할 경우 민법 제746조 단서에 해당한다고 보아 乙의 말소등기청구권이 존재한다고 보아야 한다는 논의[18]나 甲이 불법행위에 기한 손해배상청구권을 행사하되 이 경우 원상회복으로서 丙에게 이전등기청구권을 행사하도록 보아야 한다는 견해[19] 등이 제시되고 있다. 이러한 견해들은 모두 사안의 목적물에 대한 권리가 궁극적으로 甲에게 귀속되는 것이 타당하다는 고려를 내포하고 있음을 알 수 있는데, 이를 보더라도 말소등기청구권의 대위행사 유형이 급부의 최종적 귀속자는 누구인가 라는 문제에 있어서 이전등기청구권 대위행사 유형들과 유사성이 있음을 알 수 있다.

마지막으로, 여기에서 필자는 부동산 명의신탁에 있어서 명의신탁자기 명의수탁자의 소유권이전등기 말소청구권을 대위행사하는 유형의 판례에 대해서는 별도로 분석하지 않았는데, 그 이유는 현재는 과거와 달

---

17) 大判 1983.4.26, 83다카57(集 31-2, 121).
18) 李英俊, 民法總則(韓國民法論 Ⅰ), 2005, 234면.
19) 윤진수, 부동산의 이중양도에 관한 연구—제일양수인의 원상회복 청구를 중심으로—, 서울대학교 박사학위논문, 1993, 234면 이하.

리 부동산 명의신탁 약정이 원칙적으로 무효이며 부동산등기법상 종중 명의의 등기도 가능해졌기 때문에(부동산등기법 제30조) 부동산 명의신 탁의 법리의 효용이 크게 줄어들었기 때문이고, 또한 위에서 말소등기청 구권의 대위행사 유형의 기타 판례들을 분석한 관점에 비추어 보면 명 의신탁자가 자신의 권리를 실현하기 위해서는 명의수탁자가 제3자에 대 하여 소유권이전등기말소청구권을 대위행사하는 것이 직접적인 전제를 이루고 있다는 점을 용이하게 알 수 있기 때문이다.[20]

3) 주유소 운영계약상의 권리를 대위행사한 경우[21]

피보전채권이 특정채권인 경우로서 채무자의 무자력을 요하지 않는 판례의 유형은 앞서 본 바와 같이 방해배제청구권의 대위행사와 등기청 구권의 대위행사의 두 가지 유형에 지나지 않았었다. 그런데, 최근 대법 원은 위의 두 가지 권리 외의 다른 권리를 채무자의 무자력을 요하지 않 고도 대위행사하는 것을 허용하였다.

사실관계를 요약하면 다음과 같다.

甲은 정유회사이고, 乙은 휴게소와 주유소의 설치 및 관리 등의 업무 를 맡고 있는 한국도로공사였으며, 丙은 甲과 석유제품 판매대리점 계약 을 맺고 있던 주유소 대리점업자였다. 乙은 甲에게 甲의 석유제품을 새 로 설치하는 주유소에 공급할 권리를 부여한다는 내용의 약정을 하였고, 또한 乙은 고속도로에 주유소를 설치하기 위하여 (甲이 추천하는) 丙과 주유소 운영계약을 체결하면서 이 주유소에 석유제품을 공급할 업체를 乙이 지정하기로 하였다. 乙은 甲을 공급업체로 지정하였으나 丙은 이를

---

20) 한편, 대법원은 명의신탁자의 말소등기청구권의 대위행사를 인정한 것과 달리, 부동산 명의신탁자는 제3자가 법률상 원인 없이 점유함으로 인한 임 료 상당의 부당이득반환청구권에 대해서는 수탁자를 대위하여서도 주장할 수 없다고 판시한 바 있다(大判 1991.10.22, 91다17207(集 39-4, 72)).

21) 大判 2001.5.8, 99다38699(集 49-1, 319).

위반하여 다른 공급업체로부터 석유를 공급받았다. 여기서 甲은 乙에 대하여 위 주유소에 자신의 상표를 표시하고 석유제품을 공급할 권리가 있고, 乙은 丙에 대하여 甲의 상표를 표시하고 甲의 제품 외에 다른 제품을 공급받지 않을 것을 청구할 권리가 있는데, 甲은 자신의 상표표시권 및 석유제품공급권을 보전하기 위하여 乙의 丙에 대한 위 운영계약상의 권리를 대위행사할 수 있다고 한 사건이었다.

이 사건에서의 대법원 판결요지는 다음과 같았다.

> 채권자는 채무자에 대한 채권을 보전하기 위하여 채무자를 대위해서 채무자의 권리를 행사할 수 있는 바, 채권자가 보전하려는 권리와 대위하여 행사하려는 채무자의 권리가 밀접하게 관련되어 있고 채권자가 채무자의 권리를 대위하여 행사하지 않으면 자기 채권의 완전한 만족을 얻을 수 없게 될 위험이 있어 채무자의 권리를 대위하여 행사하는 것이 자기 채권의 현실적 이행을 유효·적실하게 확보하기 위하여 필요한 경우에는 채권자대위권의 행사가 채무자의 자유로운 재산관리행위에 대한 부당한 간섭이 된다는 등의 특별한 사정이 없는 한 채권자는 채무자의 권리를 대위하여 행사할 수 있어야 하고, 피보전채권이 특정채권이라 하여 반드시 순차매도 또는 임대차에 있어 소유권이전등기청구권이나 명도청구권 등의 보전을 위한 경우에만 한하여 채권자대위권이 인정되는 것은 아니다.

위 판례에 대해서도 앞의 대위행사 사례들을 분석했던 관점에서 살펴볼 필요가 있다.

첫째, 정유회사인 甲은 자신이 乙에 대하여 가지는 상표표시권 및 석유제품공급권이 방해받고 있는 상태에 있고, 乙은 위 권리가 甲에게 제대로 귀속되기 위하여 협력해야 할 계약상의 의무가 있는데, 이를 이행하기 위해서는 乙이 丙에게 甲 이외의 다른 상표를 표시하거나 다른 제품을 공급받지 않을 것을 청구해야만 한다. 즉, 乙의 丙에 대한 이와 같은 권리의 행사는 곧 乙의 甲에 대한 채무의 내용의 일부를 구성한다고 볼 수 있다. 그렇다면, 乙이 무자력에 이르지 않은 상태에서 甲이 乙의 위 권리를 대위행사하는 것을 乙에 대한 부당한 간섭이라고 평가할 수는 없다. 위 판결도 "채권자대위권의 행사가 채무자의 자유로운 재산관리행위에 대한 부당한 간섭이 된다는 등의 특별한 사정이 없는 한 채권자는 채무자의 권리를 대위하여 행사할 수 있어야 하고"라고 판시하고 있다.

둘째, 마찬가지로 피보전채권인 甲의 상표표시권 및 석유제품공급권과 대위채권인 乙이 丙에 대하여 甲 이외의 다른 상표를 표시하거나 다른 제품을 공급받지 않을 것을 청구할 수 있는 권리는 밀접한 관계를 이루고 있는데, 즉 후자가 전자를 실현하기 위한 '직접적인' 전제를 이루고 있어서 乙이 위 권리를 행사하지 않는 한 甲이 자신의 상표를 표시하고 석유제품을 공급할 수 있는 길이 막히게 된다. 위 판결도 "채권자가 보전하려는 권리와 대위하여 행사하려는 채무자의 권리가 밀접하게 관련되어 있고 채권자가 채무자의 권리를 대위하여 행사하지 않으면 자기 채권의 완전한 만족을 얻을 수 없게 될 위험이 있어 채무자의 권리를 대위하여 행사하는 것이 자기 채권의 현실적 이행을 유효·적절하게 확보하기 위하여 필요한 경우에는 … 채권자는 채무자의 권리를 대위하여 행사할 수 있어야 하고"라고 판시하고 있다.

4) 수임인의 위임인에 대한 대변제청구권을 보전하기 위한 위임인의 상계권의 대위행사[22)]

최근 대법원은 수임인이 민법 제688조 제2항에 기한 수임인의 위임인에 대한 대변제청구권을 보전하기 위하여 위임인의 권리를 대위행사하는 경우 채무자인 위임인의 무자력을 요하지 않는다고 판시한 바 있었는데, 그 구체적인 내용은 다음과 같다.

甲은 주식회사 乙의 이사였고, 乙을 위하여 공장매수대금을 마련하기 위하여 丙으로부터 자금을 대출받아 乙에게 지급한 바 있었다. 그리고

---

22) 大判 2002.1.25, 2001다52506(集 50-1, 91).

판례에 나타난 사실관계에 비추어 甲과 乙은 모두 丙에 대하여 위 대출
금에 대하여 연대하여 반환채무를 지게 된 것으로 보인다. 한편 乙은 丙
에 대하여 확정판결에 의한 부당이득반환채권을 취득한 바 있었고, 따라
서 乙은 위 부당이득반환채권과 대출금반환채무에 대한 상계권(민법 제
492조)을 행사할 수 있는 입장이었다. 丙이 甲과 乙을 상대로 대출금반
환을 청구하게 되자, 甲이 丙에 대하여 乙의 상계권을 대위행사한 사안
이었다. 동 판례의 판시 내용은 다음과 같다.

> 갑은 주식회사인 을의 이사이므로 그들 사이에는 상법 제382조 제2항에
> 의하여 위임의 규정이 준용되고, 갑이 을의 공장 매수대금 일부를 마련하
> 기 위하여 병으로부터 대출금을 차용하여 을에게 교부함으로써, 갑은 위
> 임사무의 처리에 관하여 대출금 채무를 부담한 것으로 되어, 민법 제688조
> 제2항 전단의 규정에 의하여 을에게 자신에 갈음하여 대출금 채무를 변제
> 할 것을 청구할 권리가 있다 할 것이고, 이 대변제청구권을 보전하기 위하
> 여 을의 병에 대한 확정판결상의 부당이득반환채권과 위 대출금 채무를
> 대등액에서 상계할 권리를 대위행사할 수 있다 … **수임인이 가지는 민법**
> **제688조 제2항 전단 소정의 대변제청구권은 통상의 금전채권과는 다른 목**
> **적을 갖는 것이므로, 수임인이 이 대변제청구권을 보전하기 위하여 채무**
> **자인 위임인의 채권을 대위행사하는 경우에는 채무자의 무자력을 요건으**
> **로 하지 아니한다.**

이 사안에서 채권자인 甲의 피보전채권은 상법 제382조 제2항, 민법
제688조 제2항 등에 근거한 대변제청구권이고, 대위채권은 乙의 상계권
이다. 그런데, 乙의 상계권은 위 대출금반환채무를 반대채권으로 하고
있는 까닭에 乙의 상계권이 행사되면 위 대출금 채무가 변제되는 효과
가 발생하여 甲의 피보전채권인 대변제청구권의 목적이 달성된다는 특
징이 있다. 즉, 이 사안은 앞에서 살펴본 大判 2001.5.8, 99다38699(集
49-1, 319)에서 설시하고 있는 '채권자가 보전하려는 권리와 대위하여 행
사하려는 채무자의 권리가 밀접하게 관련되어 있고 … 채무자의 권리를
대위하여 행사하는 것이 자기 채권의 현실적 이행을 유효·적절하게 확

보하기 위하여 필요한 경우'에 해당한다고 볼 수 있다. 따라서, 사안과 같은 경우 乙의 상계권과 甲의 대변제청구권이 동일한 내용 내지는 목적을 지니고 있기 때문에 채무자 乙의 무자력을 요구할 필요가 없었다고 생각한다.

이 사안은 앞에서 살펴보았던 건물인도청구권의 대위행사 유형의 사례, 등기청구권이 대위행사 유형의 사례들보다 피보전채권과 대위채권 간의 관계가 더 밀착되어 있다. 건물인도청구권이나 등기청구권을 대위행사하는 경우, 대위채권이 피보전채권을 실현하기 위한 직접적인 '전제'를 이루고 있었다고만 할 수 있는 반면, 사안에서의 피보전채권인 대변제청구권과 대위채권인 상계권은 동일한 내용 내지는 목적을 지니고 있다고 볼 수 있기 때문이다. 양자가 이처럼 더 강하게 밀착되어 있다면, 채무자의 무자력을 요구할 필요성이 더욱 줄어든다고 볼 수 있다.

이와 같이 乙의 무자력이 요구되지 않는 이유는 피보전채권인 甲의 대변제청구권과 대위채권인 乙의 상계권 간의 관련성에서 찾는 것이 타당하다고 생각한다. 그러나, 대법원은 "수임인이 가지는 민법 제688조 제2항 전단 소정의 대변제청구권은 통상의 금전채권과는 다른 목적을 갖는 것이므로, 수임인이 이 대변제청구권을 보전하기 위하여 채무자인 위임인의 채권을 대위행사하는 경우에는 채무자의 무자력을 요건으로 하지 아니한다"라고 하여 피보전채권인 대변제청구권 자체의 특성만을 근거로 제시하고 있을 뿐, 피보전채권인 대변제청구권과 대위채권인 상계권과의 관련성에 대해서는 언급하고 있지 않고 있다. 판례의 논지대로라면, 수임인이 대변제청구권을 보전하기 위하여 위임인의 권리를 대위행사하는 경우, 대변제청구권의 특수한 성질로 인하여 위임인의 권리는 그 내용을 불문하고 위임인이 무자력일 필요도 없이 대위행사될 수 있다는 말이 되는데, 이는 채무자에 대한 부당한 간섭을 방지하고자 하는 채권자대위권 요건들의 취지와는 부합하지 않는 해석이라고 생각한다.

5) 기 타

그밖에 대법원은 특정물에 관한 채권자는 채권을 보전하기 위하여 채무자의 제3채무자에 대한 그 특정물에 관한 권리만을 대위행사할 수 있다고 판시[23]한 바가 있었는데, 이를 이해하기 위해서는 판례의 사안을 구체적으로 살펴볼 필요가 있다.

사안에서 乙은 丙에게 상가 건물을 이전하기로 하고 丙은 乙에게 여관 건물을 이전하기로 하는 교환계약을 체결하였다. 을은 병에게, 병은 을에게 각각 상가 건물과 여관 건물을 인도하였고, 어떠한 사정에 의하여 을이 먼저 병에게 상가 건물에 대한 소유권이전등기를 하여주었다. 그리고 甲은 乙로부터 여관 건물을 매수하여 이를 점유하고 있었다. 그런데, 이러저러한 사정으로 인하여(丙측의 사정이 아님) 丙이 위 상가 건물을 인도받을 수 없는 상황이 발생하사 丙은 乙과의 교환계약을 해제하고 자신의 소유였던 여관 건물의 인도를 청구하였다. 이에 대하여 甲은 乙과의 매매계약상의 채권자로서 여관 건물에 관한 소유권이전등기청구권을 보전하기 위하여 乙의 丙에 대한 상가 건물에 관한 소유권이전등기의 말소등기청구권의 대위행사를 주장하였다. 이에 대하여 원심은 乙의 상가 부분에 대한 소유권이전등기말소청구권과 丙의 여관 건물 인도청구권 간에는 동시이행의 관계가 있다는 이유로 甲의 대위권 행사를 인용하였다. 그러나 대법원은 다음과 같이 판시하고 있다.

> 채권자대위권은 채무자의 채권을 대위행사함으로써 채권자의 채권이 보전되는 관계가 존재하는 경우에 한하여 이를 행사할 수 있으므로 특정물에 관한 채권자는 채권을 보전하기 위하여 채무자의 제3채무자에 대한 그 특정물에 관한 권리만을 대위행사할 수 있다 할 것인데, 이 사건에 있어서 보전하려고 하는 甲의 채권은 乙과의 매매계약으로 인한 이 사건 여관건물에 관한 소유권이전등기청구권임에 반하여 甲이 대위행사하는 乙

---

23) 大判 1993.4.23, 93다289(공보 947, 1532).

의 권리는 이 사건 교환계약의 해제로 인한 乙의 丙에 대한 이 사건 상가
부분에 관한 丙 명의의 소유권이전등기의 말소등기청구권이어서 甲이 이
사건 상가부분에 관한 위 청구권을 동시이행의 항변으로 대위행사하여 이
사건 상가부분에 관한 원고들의 소유권이전등기가 말소되어 乙 명의로 회
복된다 하더라도 甲의 乙에 대한 이 사건 여관에 관한 소유권이전등기청
구권이 보전될 리는 없다 할 것이므로 甲의 위 채권자대위권은 허용될 수
없다할 것이다.

　대법원은 甲의 대위권 행사를 허용하지 않는 근거로서 "채권자대위권
은 채무자의 채권을 대위행사함으로써 채권자의 채권이 보전되는 관계
가 존재하는 경우에 한하여 이를 행사할 수 있으므로 특정물에 관한 채
권자는 채권을 보전하기 위하여 채무자의 제3채무자에 대한 그 특정물
에 관한 권리만을 대위행사할 수 있다"는 논리를 제시하고 있는데, 필자
는 위의 사안을 다음과 같이 이해하고자 한다.

　사안에서 채권자 甲이 대위권을 행사함에 있어서 채무자 乙의 무자력
을 요하지 않았다면, 피보전채권인 여관 건물에 관한 소유권이전등기청
구권과 대위채권인 상가 건물에 관한 소유권이전등기 말소청구권 간에
어떠한 관련성이 인정되어야 한다. 그런데 甲의 乙에 대한 여관 건물에
관한 소유권이전등기청구권은 乙과 丙 간의 교환계약이 유효할 것을 전
제로 하지만, 乙의 丙에 대한 상가 부분에 대한 소유권이전등기의 말소
청구권은 乙과 丙 간의 교환계약이 해제되었을 것을 전제로 한다. 그렇
다면 피보전채권와 대위채권 간에 전자는 후자를 전제로 하는 것과 같
은 관련성을 인정하기는 어려우며, 오히려 양자의 존재는 논리적으로 모
순되는 관계에 놓여 있다고 보아야 한다. 이와 같이 채무자 乙이 무자력
이 아닐뿐더러, 피보전채권과 대위채권 간에 어떠한 관련성도 인정될 수
없으므로 甲의 대위권 행사는 허용될 수 없다고 보아야 한다.

2. 피보전채권이 금전채권인 경우

기존의 우리나라 학설은 피보전채권이 특정채권인 경우에 채무자의 무자력을 요하지 않는 것이 판례의 입장이고 다만 예외적으로 피보전채권이 금전채권일지라도 채무자의 무자력을 요하지 않는 경우가 있다고 판례를 분류하면서[24] 다음과 같은 예들을 열거하고 있다.

1) 유실물습득자의 보상금청구권의 대위행사[25]

甲은 乙이 경영하는 유흥업소의 종업원이었다. 손님이었던 丙이 업소 내에서 수표를 분실하였는데, 甲은 이를 습득하여 파출소에 습득물로 제출 신고하였고 丙은 위 수표를 반환받았다. 乙은 법률상 습득자로서 丙에 대하여 보상금청구권이 있는데,[26] 한편 이를 실세로 습득한 甲에게도 보상금의 반액을 받을 권리가 있었다.[27] 이때 丙은 위 수표를 반환받으면서 보상금을 지급하지 않았고 乙도 아직 보상금청구권을 행사하지 않고 있었다. 법원은 이 경우 甲은 자신의 乙에 대한 반액 상당의 보상금

---

24) 郭潤直(註 9), 131면 ; 金相容(註 9), 237면 ; 金曾漢·金學東(註 9), 187면 ; 張庚鶴(註 58) 282면.
25) 大判 1968.6.18, 68다663(總攬 3-1(A), 92-9).
26) 유실물법
   제4조(보상금) 물건의 반환을 받는 자는 물건가액의 100분의 5 내지 100분의 20의 범위 내에서 보상금을 습득자에게 지급하여야 한다. 다만, 국가·지방자치단체 기타 대통령령이 정하는 공공기관은 보상금을 청구할 수 없다.
   제10조(선박, 차량, 건축물등내의 습득) ①관리자가 있는 선박, 차량이나 건축물 기타 공중의 통행을 금지한 구내에서 타인의 물건을 습득한 자는 그 물건을 관리자에게 교부하여야 한다.
   ②전항의 경우에는 선박, 차량이나 건축물 등의 점유자를 습득자로 한다. 자기가 관리하는 장소에서 타인의 물건을 습득한 경우에도 또한 같다
27) ③본조의 경우에 보상금은 전항의 점유자와 실제로 물건을 습득한 자가 절반하여야 한다.

인도청구권을 보전하기 위하여 乙의 丙에 대한 보상금청구권을 대위행사할 수 있다고 판시하였다.

우선, 위와 같은 甲의 대위행사가 乙에 대한 부당한 간섭이 되는가를 살펴보면, 乙이 丙으로부터 보상금액을 받기 전까지는 甲에게 보상금을 인도해야 할 의무는 없다. 즉, 乙이 보상금을 취득한 이후라야 甲에 대한 채무가 구체적으로 발생하고, 丙에 대한 보상금청구권을 행사하지 않은 상태에서는 甲에 대한 구체적인 채무가 발생하지 않고 있는 상태에 있다. 그렇다면 甲의 대위행사는 乙에 대한 부당한 간섭인가?

한편 甲의 입장에서는 乙이 丙에게 보상금청구권을 행사한 이후에 비로소 乙에 대해 그 반액을 인도할 것을 청구할 수 있으므로 대위채권의 행사가 피보전채권을 실현하기 위한 전제를 이루고 있다고 평가할 수 있을 것이다.

그런데, 乙의 丙에 대한 보상금청구권 중 절반 상당액은 乙을 거쳐서 궁극적으로 甲에게 귀속될 것이라는 점에서 반액 상당의 보상금청구권을 甲에게 직접 귀속시키는 것이 간편하고 타당한 해결책이 될 수 있을 것이다. 그러나 유실물법에서는 건축물 등의 점유자를 습득자로 하고 있으므로(甲은 점유보조자에 불과하므로 점유권이 인정되지 않는다; 민법 제195조), 법적으로 甲이 丙에게 직접 보상금을 청구할 수 있는 길이 없을 뿐이다.

그렇다면 보상금 중 일정액은 乙이 보상금청구권을 행사하더라도 어차피 乙에게 귀속될 것이 아니어서 甲이 이를 대위행사하더라도 乙이 보상금청구권을 행사하지 않은 경우와 비교해볼 때 乙에게 특별히 달라지는 것은 없다. 따라서 설사 乙이 무자력이 아닌 상태에서 甲이 이를 대위행사하였다 하더라도 이를 두고 乙에 대한 부당하게 간섭하였다고 보기는 어려울 것이다. 다만, 대위행사의 범위가 피보전채권의 범위를 초과한다면 채무자에 대한 부당한 간섭으로 평가될 수 있는 소지가 남아있다. 이 사안과 같이 대위채권을 채권자에게 직접 귀속시키는 것이 결과면에 있어서 타당한 경우로서 피보전채권과 대위채권이 모두 가분 채권인 때에는 피보전채권의 범위 내로 대위행사의 범위를 한정함이 타 당하다고 생각한다.

2) 의료인의 치료비청구권의 대위행사[28]

의료법상 의료인이 그의 치료비청구권을 보전하기 위하여 채무자인 환자가 국가에 대하여 갖는 국가배상청구권(치료비청구권)을 대위행사 한 사례를 피보전채권이 금전채권임에도 채무자의 무자력을 요하지 않 았던 유형으로 분류하는 경우가 많다.[29]

위 판결은 다음과 같이 판시하고 있다.

압류를 허용하지 않는 권리는 채권자의 일반담보로 할 수 없는 것이어 서 채권자대위권의 목적이 될 수 없다고 할 것이나, 국가배상법 제4조(법 률 제1899호)가 같은 법 제3조의 규정에 의한 국가배상을 받을 권리의 양 도나 압류를 허용하지 않는 것은 배상청구권자를 보호하기 위한 것이고, 특히 그 중 신체의 침해로 인한 치료비청구권의 압류를 금지하는 취지는 이를 금지함으로써 피해자로 하여금 그 상해를 치료하기 위한 치료비 채 권을 확보할 수 있게 하여 피해의 구제에 만전을 기하려는 뜻이라고 할 것 이니 이러한 위 법조의 취지에 비추어 보면 그 상해를 치료한 의료인이 피 해자에 대한 그 치료비청구권에 기하여 피해자의 국가에 대한 같은 치료 비청구권을 압류하는 경우에도 이것이 금지되는 것은 아니라고 풀이하여 야 할 것이고(그렇지 않다면 의료인이 국가에 대한 압류 또는 채권자대위 권 행사에 의하여 치료비채권을 만족시킬 수 있는 길이 막히므로 위 법조 의 본래의 취지와는 달리 오히려 자력 없는 피해자가 상해를 치료받을 수 있는 길을 봉쇄하는 것이 된다), 따라서 이러한 의료인이 이러한 치료비

---

28) 大判 1981.6.23, 80다1351(集 29-2, 101).
29) 郭潤直(註 9), 131면 ; 金相容(註 9), 237면 ; 金曾漢・金學東(註 9), 187면 ; 張庚鶴(註 58), 282면.

청구권에 기하여 국가에 대한 피해자의 같은 치료비청구권을 대위행사하
는 것은 위 법조의 규정에 불구하고 허용된다고 하여야 할 것이다.

위 판결 내용을 살펴보면, 의료인이 환자의 치료비청구권을 대위행사
하기 위해서 채무자인 환자의 무자력이 요구되는지 여부에 대한 판단은
없고, 국가배상청구권인 치료비청구권이 대위채권이 될 수 있는가가 문
제되고 있다. 따라서 위 판결은 압류금지채권은 채권자의 일반담보로 할
수 없는 것이어서 채권자대위권의 목적이 될 수 없다는 일반론에 대한
예외를 인정한 것일 뿐 채무자의 무자력을 요건으로 하지 않는 취지는
아니라고 보는 견해30)도 있다.

그러나 위 사안은 유실물습득자의 보상금청구권 대위행사 사례와 구
조적인 공통점이 있다. 즉, 대위채권인 환자의 국가배상청구권(치료비청
구권)은 채무자인 환자를 거쳐서 궁극적으로 채권자인 의료인에게 귀속
될 것이어서 의료인이 국가에 대하여 직접 치료비청구권을 행사하도록
하는 것이 간편한 해결책이 된다는 점이다. 다만, 의료인은 진료계약의
상대적 효력으로 인하여 환자에 대하여만 치료비청구권을 행사할 수밖
에 없는 위치에 있을 뿐이다. 만일 채무자인 환자가 무자력이 아닌 상태
에서 의료인이 국가배상청구권을 대위행사 하더라도 환자가 이를 행사
하지 않은 경우와 비교해볼 때 환자에게 달라지는 것은 없다(어느 경우
이든 궁극적으로 환자가 채권의 급부를 보유하게 되지는 않기 때문이
다). 그렇다면 이 경우의 채권자대위권의 행사에 대해서도 채무자에 대
한 부당한 간섭이었다고 평가하기는 어렵다. 따라서 이 사례에서 채무자
의 무자력 여부가 문제되었다면 위 유실물습득자의 보상금청구권 대위
행사 사례와 마찬가지로 채무자의 무자력이 요구되지 않았을 유형으로
평가할 수 있을 것이다.

---

30) 民法注解[Ⅸ], 759(金能煥 집필).

3) 임대차보증금반환채권 양수인의
건물인도청구권의 대위행사[31]

甲은 丙으로부터 임대차보증금을 양수하였고 임대인인 乙은 임대차
기간이 만료되었는데도 丙에 대한 건물인도청구를 해태하고 있다. 이때
甲은 보증금반환채무자인 임대인 乙을 대위하여 丙에게 임차목적물을
乙에게 인도할 것을 청구할 수 있으며 이때 乙이 무자력일 것이 요구되
지 않는다고 함이 판례이다. 대법원은 "채권자가 양수한 임차보증금의
이행을 청구하기 위하여 임차인의 가옥명도가 선이행되어야 할 필요가
있어서 그 명도를 구하는 경우에는 그 채권의 보전과 채무자인 임대인
의 자력 유무는 관계가 없는 일이므로 무자력을 요건으로 한다고 할 수
없다"고 하였다.

이 사안은 위에서 살펴보았던 채권사내위권 행사 유형과는 달리 하니
의 계약관계에 속하는 채권채무관계가 두 개로 분리되는 특징이 있다.
보통의 경우 채권자와 채무자 간, 채무자와 제3채무자 간에 각각 별개의
계약관계가 존재하고 있는 것과 대비된다. 위 판례를 분석해보면, 우선,
보증금반환채무자인 임대인 乙은 임대차기간이 종료되었기 때문에 차임
채무, 목적물의 멸실 훼손 등으로 인한 손해배상채무 등 임대차에 따른
임차인(丙)의 모든 채무액을 공제한 나머지 보증금을 채권양수인 甲에게
반환해야 할 의무가 있다. 그러나, 임대차계약 종료시 임차인의 건물인
도의무와 임대인의 보증금반환의무 간에는 동시이행의 관계가 있기 때

---

31) 大判 1989.4.25, 88다카4260(공보 850, 809). 이 사안은 甲의 채권자대위권의
   행사 여부를 문제 삼기 이전에 원임차인인 丙과 임대인인 乙 간에 임대차
   관계가 종료하였다고 볼 수 있는가, 따라서 임차보증금반환채권 자체가 발
   생하였다고 할 수 있는가 하는 점이 문제된다. 이에 관한 자세한 내용은 梁
   彰洙, "賃借保證金返還債權의 讓渡와 賃貸借契約의 默示的 更新-大法院
   1989년 4월 25일 판결 88다카4253사건", 民法硏究 第2卷, 1998, 293면 이하
   참조.

문에32) 乙은 丙으로부터 건물을 반환받지 않는 한 甲에게 보증금을 반환하지 않아도 된다. 乙은 임대차관계가 종료된 이상 특별한 사정이 없는 한 丙에 대한 채무는 없고 甲에 대한 보증금반환채무만이 남게 되는데, 여기서 乙이 甲에게 보증금을 반환해야 할 상황에 처해 있음에도33) 丙에게 건물명도청구 자체를 하지 않고 있다면 이는 곧 甲에 대한 채무불이행의 내용을 이룬다고 평가할 수 있으므로 乙의 무자력을 요하지 않는다고 하더라도 甲이 乙에 대하여 부당한 간섭을 하였다고 보기는 어렵다.

둘째, 위 판결요지에서 나타난 바와 같이 임차인의 건물인도의무와 임대인의 보증금반환의무 간에는 동시이행관계가 있기 때문에 甲의 보증금반환청구권이 실현되기 위해서는 丙이 乙에게 가옥을 인도하는 것이 선이행되어야 한다. 즉, 사안에서 대위채권은 피보전채권을 실현하기 위한 직접적인 전제를 이루고 있어서 乙의 건물인도청구권이 행사되지 않는 한 甲이 보증금을 반환받기가 어렵다.

---

32) 大判 1977.9.28, 77다1241·1242(集 25-3, 121).

33) 동 판결은 乙과 丙 간에 임대차관계가 묵시적 갱신에 의하여 연장되었다 하더라도 甲에 대해서는 효력이 없다고 하였다. 판례는 이에 대하여 별다른 이유를 제시하지 않고 있으나 결론 자체는 타당하다고 생각한다. 왜냐하면 丙은 보증금채권의 양도인으로서 채권양수인에 대하여 조건부권리인 보증금채권이 완전히 실현될 수 있도록 협력할 채무를 부담하고 있는데 甲의 동의 없이 임대차계약이 연장된다면 이는 위와 같은 부수적 의무에 위반하는 것이라고 볼 수 있고(韓騎澤, "賃借保證金返還請求債權을 讓受한 者의 賃貸人의 賃借人에 對한 目的物明渡請求權의 代位行使", 民事判例研究 12집, 1991, 42면 이하 참조), 한편 임대인인 乙은 채권양도의 통지를 받은 이상 임대차관계에 기한 자신의 채무자가 두 사람임을 알게 되었으므로(임차물을 사용수익하게 할 의무의 상대방은 丙, 보증금반환채무의 상대방은 甲) 乙의 입장에서 보더라도 임대차 계약 자체가 연장되려면 적어도 甲의 동의가 있어야 한다고 보는 것이 타당하기 때문이다.

4) 가입전화설비비 반환청구채권을 압류·전부 받은 채권자의 전화가입계약해지권의 대위행사[34]

채권자 甲은 채무자 乙의 전화가입 설비비 반환청구권을 압류·전부 받았다. 전화가입 설비비를 전화관서 丙으로부터 반환받으려면 그 전제로서 乙의 전화가입이 해지되어야 하는데, 압류·전부 명령이 丙에게 송달된 때 甲이 乙을 대위하여 전화가입계약해지권을 행사한 것으로 간주한 사안이었다.

위 판결은 채무자의 무자력이 요구되는지 여부에 대해서는 설시하지 않고 "전화가입계약의 해지권은 일신전속적인 권리가 아니므로 채권자가 채무자의 전화가입 계약의 해지권을 대위행사한 행위는 적법하다"고 판시하고 있다. 즉, 전화가입 계약해지권이 대위채권이 될 수 있는지 여부를 판단한 것이다.

자세한 내용이 설시되어 있지는 않으나, 이 사안 역시 자세히 음미해 볼 필요가 있다.

첫째, 甲이 乙의 전화가입설비비 반환청구권을 압류·전부 받았다면 乙로서는 甲에 대한 채무를 이행하기 위해서 자신의 전화가입계약을 해지해야 하는 입장에 있으므로 乙이 설사 무자력 상태가 아니었다 하더라도 甲의 해지권 대위행사를 乙에 대한 부당한 간섭이라고 볼 수는 없다.

둘째, 대위채권인 乙의 전화가입계약 해지권은 甲이 전화가입 설비비를 반환받기 위한 '직접적인' 전제를 이루고 있어서 해지권이 행사되지 않는 한 甲이 설비비를 반환받을 수 있는 방법이 없다.

따라서 판례에서는 채무자의 무자력 요부의 문제가 설시되고 있지는 않지만, 실제 이를 문제 삼았다 하더라도 채무자의 무자력을 요하지 않았을 유형의 사안이라고 생각된다.[35]

---

34) 大判 1976.2.24, 76다52(集 24-1, 121).

3. 소 결

(1) 지금까지 채무자의 무자력을 요하지 않고도 채권자대위권의 행사를 허용했던 사례들을 분석해보았다. 지금까지의 분석을 정리해보면 위 사례 유형들은 공통점이 있었는데, ① 대위채권이 피보전채권을 실현하기 위한 직접적인 전제를 이루고 있거나, ② 대위채권 자체 또는 대위채권의 목적물에 관한 권리가 궁극적으로 대위채권자에게 귀속될 성질의 것이라는 점이다. 더 나아가 ③ 피보전채권과 대위채권이 동일한 내용 내지는 목적을 지니는 경우도 있었다. 위 유형에 해당할 경우 채무자가 무자력이 아닌 상태에서 채권자대위권을 행사하도록 하더라도 채권자가 채무자에 대한 부당한 간섭을 한다고 볼 수는 없는데, 왜냐하면 ① 대위채권이 피보전채권을 실현하기 위한 직접적인 전제를 이루고 있다면 채무자가 자신의 채권(대위채권)을 행사하지 않는 것이 채권자에 대한 의무 내용의 하나를 위반한 것으로 평가할 수 있거나, 대위채권과 피보전채권이 동일한 내용 내지는 목적을 지니고 있을 경우, 채무자가 자신의 권리를 행사하지 않는 것은 곧 채무자의 채권자에 대한 의무 위반이라고 평가할 수 있기 때문이고, ② 대위채권 자체 또는 대위채권의 목적물에 관한 권리가 궁극적으로 대위채권자에게 귀속될 성질이라면, 채권자가 대위하여 이러한 권리를 행사하든 채무자가 스스로 자신의 권리를 행사하지 않든 간에 그 경제적 이익이 궁극적으로 채무자에게 귀속되는 것은 아니어서 채무자에게 실질적으로 달라지는 것은 없기 때문이다.

채권자대위권의 행사요건들의 취지는 채권자의 채무자에 대한 부당한 간섭을 방지하고자 함에 있고, 민법 제404조 제1항 소정의 '채권보전

---

35) 그밖에 컨트리클럽 입회금반환채권을 압류·전부 받은 채권자의 컨트리클럽회원가입계약해지권의 대위행사(大判 1989.11.10, 88다카 19606(集 37-4, 11)), 담보공탁금반환청구채권을 압류·전부 받은 자의 담보제공자를 대위한 담보취소신청(大決 1969.11.26, 69마1062(集 17-4, 115)) 등도 전화가입계약 해지권의 대위행사의 경우와 동일하게 파악될 수 있다.

원도 '채권자가 보전하려는 권리와 대위하여 행사하려는 채무자의 권리가 밀접하게 관련되어 있고'라고 설시하고 있으나,[39] 이보다는 피보전채권과 대위채권의 관계를 좀 더 구체화할 필요가 있다고 생각한다.

따라서 민법 제404조 제1항 소정의 '채권 보전의 필요성'의 의미는 다음과 같이 파악하는 것이 타당하다고 생각한다. ① 피보전채권과 대위채권 간에 아무런 관련이 없을 경우, 채무자가 무자력일 것이 그 내용이 되고, ② 피보전채권과 대위채권 간에 일정한 관련이 있을 경우, 즉 i) 대위채권이 피보전채권을 실현하기 위한 직접적인 전제를 이루고 있거나 더 나아가 대위채권과 피보전채권이 동일한 내용 내지는 목적을 지니는 경우, ii) 대위채권 자체 또는 대위채권의 목적물에 관한 권리가 궁극적으로 대위채권자에게 귀속될 성질의 것일 때에는 채무자의 무자력이 아니라 이와 같은 내용의 '관련성' 자체가 채권 보전의 필요성의 내용을 이루고 있다고 보아야 한다

Ⅱ. 프랑스법과의 비교

지금부터는 우리 법상 소위 특정채권을 보전하기 위하여 채권자대위권의 행사를 허용한 사안들의 '기능적 역할'에 주목하여 프랑스에서는 이와 유사한 사안들에 대하여 어떻게 대응하고 있는가를 살펴보기로 한다. 우리 판례와 유사한 재판례가 프랑스에도 존재하는가, 존재하지 않는다면 그 이유는 무엇인가 등의 문제의식을 바탕으로 하여 기존 우리나라 판례와 구체적으로 비교해봄으로써 우리 판례의 위치 내지는 타당성 여부를 점검한다.

---

38) 郭潤直(註 9), 132면.
39) 大判 2001.5.8, 99다38699(集 49-1, 319).

1. 주유소 운영계약상의 권리를 대위행사한 경우에 비견되는 사례 ─ 파기원 민사 3부의 1984년 12월 4일 판결[40]

카시스 시(commune de Cassis)는 두 개의 인접한 대지를 하나는 A회사에 임대한 후, 다른 하나를 B회사에 임대하였다. A회사에 대해서는 해수욕업을 할 수 있도록 테라스와 탈의실을 설치하는 것을 허용하였고, B회사에 대하여는 생선과 조개 등을 파는 소매업을 허용하는 내용의 계약을 체결하였다. 그런데, A회사가 테라스와 탈의실을 설치하는 것뿐만 아니라 스낵 바(snack bar)까지 설치하여 영업을 하기 시작하자 A회사와 인접해서 음식을 팔고 있던 B회사는 자신의 영업에 타격을 받게 되었다. 카사스 시가 이에 대하여 이의를 제기하지 않자 B회사는 A회사가 그의 임대차 계약 내용에 규정되지 않은 행위를 하였다며 직접 A회사에게 위와 같은 행위의 금지를 청구한 사건이었다.

사실심 판사가 B회사의 청구를 받아들이자, A회사는 다음과 같은 내용으로 파기원에 상고하였다. 첫째는 위 임대차계약상으로는 B의 영업을 위한 독점 조항(clause d'exclusivité)이 명시적이든 묵시적이든 인정될 수 없는 이상, 원고[B회사]는 간접소권에 의한 권리 행사의 기초가 되는 채권의 존재 자체를 입증할 수 없다는 점이었고, 둘째는 임대인인 카사스 시가 임차인으로 하여금 임차물을 평온하게 용익할 것을 보장할 의무가 있다고 해서 인접한 대지에서 임차인이 경쟁 영업하는 것을 금지해야 할 의무까지 있는 것은 아니라는 점이었다.

파기원은 A회사의 항소이유를 받아들이지 않고 원심 판결을 유지하였다.

첫 번째 항소이유에 대하여, 파기원은 "임대인은 임차인이 임대차 기

---

40) Civ. 3e 4 déc. 1984, *RTD* 1985. 581, obs. J. MESTRE; *Défrénois* 1985. art.33596 n°83, obs. AUBERT.

간 동안 평온하게 용익할 것을 보장할 의무를 규정하고 있는 민법 제
1719조[41]로부터 임차인은 채권자로서 그의 채무자인 임대인의 권리를
행사할 수 있는 자격이 주어진다. 그러므로 독점권과 같은 특정한 채권
을 입증해야 할 필요는 없다"고 하였다.

두 번째 항소 이유에 대하여, 파기원은 처음의 임차인[A회사]의 임대
차계약상 A회사는 탈의실을 설치하는 것만이 허용되는 것인지, 두 번째
임차인[B회사]이 카사스 시의 권리를 행사함으로써 위 A회사의 임대차
계약 내용을 준수할 것을 요구할 수 있는 자격이 있는 것인지 여부는 사
실심 판사의 전권사항이라는 점을 강조하였다.[42]

이 판례에 대하여 오베르(Jean-Luc Aubert)는 두 가지 중요한 점을 지적
하고 있는데, 하나는 간접소권을 행사한 B회사의 채권은 임차물을 평온
하게 사용·수익할 권리였다는 점으로부터 간접소권 행사의 기초가 되
는 채권자의 채권은 금전채권일 필요가 없게 되었다는 점이고, 다른 하
나는, 위 사안에서 채무자의 무자력은 문제되지 않았다는 점에서 동 판

---

41) 프랑스 민법 제1719조 임대인은 특별한 약정이 없는 한, 임대차 계약의 성
   질상 다음과 같은 의무가 있다.
   1° 임차인에게 임차물을 인도할 것. 주거를 주된 목적으로 할 경우에는 적
   절한 주거 환경을 조성할 것
   2° 임차물을 임차 목적에 따라 사용할 수 있는 상태로 유지할 것
   3° 임차인이 임대차 기간 동안 평온하게 사용·수익할 수 있도록 할 것
   4° 시재의 영속 및 질을 (이전과) 동등하게 보장할 것
42) "(프랑스) 민법 제1166조는 채권자에게 채권 발생의 원인을 묻지 않고 채무
   자의 모든 권리를 행사할 수 있도록 하고 있는데, 원심은 (프랑스) 민법 제
   1719조에 의하여 카사스 시는 A회사에 대하여 임차목적물을 평온하게 용익
   하도록 해야 할 의무가 있다고 판단하였으므로 카사스 시가 A회사에 독점
   권을 보장하였는지 여부를 살펴볼 필요는 없었다. 원심이 A회사가 임차지
   에 탈의실만을 설치할 수 있었다고 사실을 확정하고 이러한 사실관계를 바
   탕으로 하여 이 사안에서 B회사가 위 임대차계약 내용을 준수할 것을 청구
   하는 카사스 시의 권리를 행사한 것으로 판단한 것은 정당하다."

결은 기존의 판례와 다른 특성을 지니고 있다는 것이다. 결국 1984년 12월 4일 파기원 민사 3부 판결은 간접소권을 금전채권 이외의 채무를 강제이행시키는 수단이 되게 함으로써 전통적으로 인정되었던 간접소권보다 그 적용범위를 현저하게 확장하였다는 것이다.[43]

위와 같은 파기원 사안과 이에 대한 평석 내용으로부터 우리나라에서 채권자대위권이 특정채권을 보전하기 위하여 허용되어 왔었고 이 경우 채무자의 무자력이 요구되지 않았던 사안들이 프랑스에서도 나타나기 시작하고 있었음을 알 수 있다.

구체적으로 위 사안은 앞서 살펴본 大判 2001.5.8. 99다38699(集 49-1, 319)과 매우 흡사한 구조를 취하고 있다. 석유공급업체인 甲이 乙에 대하여 상호표시권 및 석유제품 공급권이 있었다는 것과 위 B회사가 카사스 시에 대하여 자신의 영업을 방해받지 않을 권리가 있었다는 점, 그런데 제3채무자인 丙(석유대리점업체)이 乙과의 계약을 위반하여 다른 업체로부터 석유를 공급받음으로써 甲의 채권 실현이 방해받고 있었다는 점과 위 A회사가 자신의 임대차계약을 위반하여 스낵 바를 설치함으로써 B의 채권 실현이 방해받고 있었다는 점, 甲의 채권을 실현하기 위해서는 乙의 丙에 대한 행위 중지 청구가 그 전제를 이루고 있고, B회사의 채권을 실현하기 위해서도 카사스 시의 A회사에 대한 행위 중지 청구가 그 전제를 이루고 있다는 점 등이다.

다만 차이점이 있다면, 대법원 사안에서는 甲과 乙 간에 甲에게 상호표시권과 석유공급권을 부여하기로 하는 명시적인 약정이 있었던 반면, B회사와 카사스 시 간 계약에 영업독점권과 같은 내용이 명시되어 있지 않음에도 불구하고 프랑스 법원이 해석에 의하여 프랑스 민법 제1719조로부터 카사스 시의 B회사에 대한 영업보호의무를 도출한 점이다.

결론적으로, 주유소 운영계약상의 권리의 대위행사를 허용한 대법원

---

43) Civ. 3ᵉ 4 déc. 1984, *Défrénois* 1985. art.33596, n°83, obs. AUBERT.

판결과 위 프랑스 파기원 판결은 구체적인 사안에서 채권자의 채권 보전의 필요성이 강하게 대두되고 있었고 동시에 채무자가 무자력이 아닌 상태에서 채권자가 위와 같은 권리를 행사하더라도 채무자에 대한 부당한 간섭으로 평가할 수 없다는 고려가 공통적으로 내재되어 있다고 생각한다. 따라서 특정채권을 보전하기 위한 간접소권 내지는 채권자대위권의 활용과 관련하여 양 국가가 유사성을 지니게 되었다고 평가할 수 있을 것이다.

2. 임차인의 건물인도청구권 대위행사와 관련하여 생각해볼 수 있는 사례 —파기원 민사 3부의 1985년 11월 14일 판결[44]

어떤 건물이 공유자 중 1인이 공유건물 내에 있는 방들 중 일부는 상업용으로, 다른 부분은 주거용으로 한 회사에 임대하였다. 임차인인 회사는 임대인의 허가도, 공유자 조합(syndicat de copropriété)[45]의 허가도 얻지 않은 채 주거용도의 임차부분을 음식점 영업을 위한 주방으로 개조하고 영업을 하였다. 이에 종래 주거용이었던 부분이 상업용으로 바뀌어 소음이 많이 일게 되자 당해 건물의 다른 공유자들의 생활에 지장을 초래하게 되었다. 임대인인 공유자가 임차인의 위와 같은 행위를 중단시키지 않고 있자, 공유자 조합이 위 회사에 대하여 임대차계약의 해지(action en résiliation du bail)와 건물에서의 퇴거(action en expulsion)를 청구하였다.

---

44) Civ.3 14 nov. 1985 *RTD* 1986. 600, obs. J. MESTRE; D. 1986. 368, note AUBERT.

45) 'Syndicat de copropriétaire'를 통상 '공유자 조합'으로 번역한다. 공유자 조합은 공유관계를 규율하기 위한 조직이며, 공유관계가 설정되면 법에 의하여 당연히 조직된다. 공유자 조합의 법적 성질이 무엇이냐에 관하여 논란이 있었으나, 현재는 법률에 의하여 인격이 부여되어 있다. 자세한 내용은 MARTY, RAYNAUD, et JOURDAIN, *Les Biens*, Dalloz, 1995, p.313 et ss.

원심법원은 이를 받아들였고, 파기원 역시 원심 판결을 유지하였다. 파기원의 판시내용을 살펴보면 다음과 같다.

> [프랑스] 민법 제1166조의 문언에 따르면, 채권자는 채무자의 일신에 전속한 권리를 제외하고 채무자의 모든 권리를 행사할 수 있다. 위 회사가 자신의 임대차계약상의 의무를 위반하였고, 그의 행위가 다른 공유자들에게 손해를 주었을 뿐만 아니라 더 나아가 공유자들끼리 약정한 규정(여기에는 각 공유자는 자신의 임차인의 유책한 행위에 대하여 책임이 있다고 규정하고 있었다)에도 배치된다. 따라서 원심이 공유자인 M이 자신의 권리 행사(임차인의 행위 중지)를 태만히 하였으므로 … 공유자 조합이 임차권의 해지권을 행사할 권리가 있다고 한 것은 타당하다.

즉 채권자인 공유자 조합은 채무자 공유자에 대한 위 약정 내용상의 청구권을 보전하기 위하여 채무자인 공유자가 제3채무자인 임차인 회사에 대하여 가지는 임대차 계약 해지권과 퇴거청구권을 행사하였고, 파기원은 공유자조합의 이와 같은 권리 행사를 받아들인 것이다.

위 판결에 대해서는 프랑스에서 평석이 많이 나와 있으며 여러 가지 중요한 특징들이 제시되고 있는데, 그 내용들을 정리해 보면 다음과 같다.

1) 간접소권의 임대차 영역에의 적용

임대차에서 발생하는 권리가 간접소권에 의하여 행사될 수 있는가 하는 문제는 프랑스에서 오래 전부터 논의되고 있었다.[46] 위의 파기원 판결과 비교해볼 만한 사안들은 다음과 같다.

(1) 1900년 12월 13일의 파리 항소법원 판결[47]

우선, 임대차계약은 당사자 간의 신뢰를 전제로 하는 계속적 계약임

---

46) Paris 13 déc. 1900, S. 1904 II 78, note 참조.
47) Paris 13 déc. 1900, S. 1904 II 78.

에 비추어 앞의 파기원 판결 사안에서 채무자의 권리인 임대차 계약 해지권은 채무자의 일신에 전속한 것으로서 간접소권의 행사대상에서 제외되는 것이 아닌가 하는 점이 문제될 수 있다. 과거에 파리 항소법원은 다음과 같은 사안에서 임대차계약 해지권을 일신전속권이라고 판단하여 간접소권의 행사대상에서 제외한 바 있었다.

B는 C로부터 부동산을 임차하고 있었다. 그런데, 임대차 기간 도중에 임차인 B가 자신의 거소를 밝히지 않은 채 나타나지 않고 있었고, 그 와중에 A가 위 부동산에 설치되어 있는 설비들을 B로부터 양수받았음을 주장하면서, 위 설비들의 소유자이자 B의 채권자로서 임대인 C에게 임차료 750 프랑을 제공하고 임대차계약을 해지함으로써 위 임차 부동산에 설치된 설비들을 철거하겠다고 통지하였다. 여기서 문제되었던 점들 중의 하나가 A는 B의 채권자로서 임대인 C에 대하여 B를 대신하여 임대차계약을 해지할 수 있는가 하는 점이었다.

위 사안에서 파리 항소법원은 "임대차계약해지권은 임차인의 일신에 전속한 권리이므로, 임차인의 채권자에 의하여 행사될 수 없다"고 판시함으로써 A의 주장을 받아들이지 않았었다.

그런데, 앞의 1985년 11월 14일 파기원 민사3부 판결에서는 임대차계약 해지권의 대위행사를 인정함으로써 간접소권의 행사 범위를 넓히고 있다. 메스트르(Jasmin Mestre)는 이 판례의 가장 큰 특징으로서 간접소권이 임대차 영역에서도 적용되기 시작하였다는 점을 들고 있다.[48] 간접소권의 행사 대상의 예외로서 프랑스 민법 제1166조 소정의 '일신전속성'의 판단기준 및 그 구체적인 내용에 대하여는 제4장 이후에서 살펴볼 것이다. 다만, 위 판시 내용으로부터 프랑스 판례가 과거에는 채무자의 일신에 전속한 것으로 보아 간접소권의 행사대상에서 제외시키던 것들을 채권자에게 간접소권 행사 대상으로 포함시키는 경향이 있음을 감지할 수 있다.

---

48) Civ.3, 14 nov. 1985, *RTD* 1986. 600, obs. J. MESTRE.

(2) 1950년 12월 19일의 센느 소심법원 판결[49]

A는 B로부터 부동산을 임차하고 있었다. 그런데, 임차 도중 제2차 세계대전이 발생하여 A가 임차지를 떠나 있었는데, 그러던 중(A의 임차기간이 종료하기 전에) 위 임차물의 소유자였던 B는 C에게 이를 다시 임대하였다. 이후 A가 위 부동산에 돌아와 보니 C가 이를 점유하고 있는 상태였고, A는 이를 회복하기 위하여 다음과 같이 주장하였다.

> A는 민법 제1166조에 규정된 원칙이 적용됨에 따라서 소유자인 B를 대신하여 현점유자인 C가 지닌 1948년 9월 1일 법률 제4조 소정의 계속주거권(droit de se maintenir dans les lieux)에 대하여 이의를 제기할 수 있다. 왜냐하면, C는 위 임차지에서 상업 활동을 함으로써 그의 임대차계약 내용에 부합하지 않는 행위를 하였기 때문이다.

이 사안에서 C와 B는 주거 목적의 임대차계약을 체결하였을 뿐이었는데, C가 그곳에서 상업 활동을 하고 있었다.

위 사안을 이해하기 위해서는 우선 1948년 9월 1일 법률의 내용을 알아야 한다. 이 법률은 주거나 직장을 위한 임차지에 있어서 임대인과 임차인 또는 임대인과 점유자 간의 관계와 주거 수당을 규율하는 법률[50]이었다. 동법 제4조는, "제1항[51]에 규정되어 있는 임차물의 선의의 점유자는 별도의 형식을 거칠 것 없이 당연히 원 계약의 규정과 조건이 이 법률에 반하지 않는 한 그 계약 내용에 따른 계속주거권을 지닌다. 그들이 임차물에 입주한 시기는 상관이 없다"[52]고 규정하고 있다. 우리나라

---

49) Trib. civ. Seine(loyers) 19 déc. 1950, *Gaz. Pal.* 1951. 1. 143.

50) Loi n° 48-1360 du 1 septembre 1948 (Loi portant modification et codification de la législation relative aux rapports des bailleurs et locataires ou occupants de locaux d'habitations ou à usage professionnel et instituant des allocations de logement)

51) 동법 제1항에서는 파리시 내에서 동법이 적용되는 지역의 크기, 주민의 수 등에 대하여 규정하고 있다.

52) Les occupants de bonne foi des locaux définis à l'article 1ᵉʳ bénéficient de plein droit et sans l'accomplissement d'aucune formalité, du maintien dans les lieux loués, aux

에서 민법에 임대차 규정을 두고 있는 것과 별도로 주택임대차보호법,
상가건물임대차보호법 등이 실시되고 있는 것과 같이 프랑스에서도 임
대차 관계를 규율하기 위한 특별법들이 많이 마련되어 있고, 이 법률도
그러한 것들 중의 하나였다. 프랑스에서도 특히 주거 목적의 임대차에
대해서는 임차인을 보호하고 있는데, 동법 제4조도 이러한 취지에서 마
련된 것이었다. 따라서 사안에서 이 규정에 따라 위 부동산의 현점유자
인 C는 소유자이자 임대인인 B에게 계속 주거권을 주장할 수 있는 지위
에 있었다. 그런데, 이와 같은 계속 주거권은 C가 B와 체결한 임대차계
약 규정에 따라서 임차하고 있을 때만 주장할 수 있는 것이었다. C와 B
는 주거 목적의 임대차계약을 체결하였을 뿐이었는데, C가 그곳에서 상
업 활동을 하고 있었으므로 B는 C의 계속 주거권이 없음을 주장할 수
있었다. 이에 원임차인 A는 임대인 B의 채권자로서 B를 대신하여 C가
그곳에서 계속 주거할 수 없음을 주장하였던 것이다. A의 주장에 대하여
센느 소심법원은 다음과 같이 판시하였다.

A는 소유자 B와의 임대차의 … 채권자로서 B를 대신하여 C가 계쟁 임
차물을 점유하고 있는 상황에 대하여 이의를 제기하고 자신을 위하여
1948년 9월 1일 법률 제4조를 적용할 것을 구하기 위하여 민법 제1166조를
원용할 수 없다.
사실상 그와 같은 예외적인 규정에 기한 청구는 임대차 법원(juge des
loyers)[53]의 특별관할에 속하는 것으로서 이 사건의 경우 소유자인 B에게만
속한 것이다. 여기서 [A에게] 민법 제1166조 소정의 채권자의 지위를 인
정한다 하더라도, 민법 자체가 일신에 전속한 권리를 간접소권의 적용에
서 제외시키고 있음을 상기해야 한다. 특히 채무자 자신의 의사에 따를 수
밖에 없는, 그리고 그 스스로에 의해서만 행사될 수 있는 재산관리권한에
있어서는 채권자가 채무자를 대신할 수 없다. 임차인이 지닌 1926년 8월
1일 법률 소정의 임대차 기한 연장의 이익에 이의를 제기할 수 있는 권한

---

clauses et conditions du contrat primitif non contraires aux dispositions de la présente
loi, quelle que soit la date de leur entrée dans les lieux.
53) 임대차 사건을 관할하는 법원을 통칭하는 표현. G. CORNU, *op.cit.*, p.490.

도 이에 속한다(cass. 26 janvier 1928, D. hebd. 1928. 216 참조). 마찬가지로 1948년 9월 1일 법률의 적용에 있어서도 동일한 해결책이 인정되어야 한다.

더 나아가 A는 상기의 법률 규정을 적용하여 C를 퇴거시키고 위 부동산을 점유할 목적으로, B를 대신하여 C에게 임대차계약을 해지할 수 없다.

만일 B가 이의를 제기하지 않고 있는 것이 악의적으로 보이고 A의 적법한 이익을 침해하고 있다면, A는 필요한 경우 관할 법원에 자신이 입은 손해의 배상을 청구할 권리가 있다.

위 판시 내용은 중요한 점들을 시사하고 있다.

첫째, 위 판결에서 A의 간접소권 행사를 배척하고 있는 이유는 두 가지로 요약될 수 있다. 하나는 위 1948년 9월 1일 법률 제4항 소정의 권리에 관한 문제는 임대차 법원의 관할이라는 점, 그리고 다른 하나는 임차인의 계속주거권에 대한 이의 제기는 소유자인 B의 일신에 전속한 권리라는 점이다. 판시이유에서 제시되고 있는 관할 위반의 문제에 대해서는 간접소권은 관련 법원 관할 규정에 의하여 제한되지 않기 때문에 타당하지 않다는 지적이 있다.[54] 소유자가 임차인의 계속주거권에 대하여 이의를 제기할 수 있는 권리를 그의 일신에 전속한 권리이므로 간접소권의 행사대상이 될 수 없다는 취지는 앞서 살펴 본 1900년 12월 13일의 파리 항소법원 판결과 유사한 취지이며, 앞의 파기원 1985년 11월 14일 판결과는 대비가 되고 있다. 센느 소심법원은 "더 나아가 A는 … B를 대신하여 C에게 임대차계약을 해지할 수 없다"고 판시하고 있어 이와 같은 취지를 더 명확하게 나타내고 있다.

둘째, A는 위와 같은 수단을 통해서 현점유자인 C를 퇴거시킬 수 있는 길은 없고, 다만 손해배상을 구할 수 있을 뿐이라고 판시하고 있다.

셋째, 그런데, 위 판례에 대한 평석에서는 판례의 결론을 수긍하지 않고 있었다. 평석의 내용을 살펴보면,

---

54) RAYNAUD, AUBERT, et BARATON-HOEFFINGER, *Encyclopédie Dalloz, Répertoire de Droit Civil*, t. Ⅰ, 2ᵉ éd., 1993, 'Action Oblique', n°34(p.4).

센느 소심법원이 민법 제1166조에 의하여 임차지를 떠나 있는 임차인이 행한 청구를 기각한 이유에 대해서는 수긍할 수 없는 것 같다.

채무자에게 일신에 전속한 권리는 사실상 세 가지 부류가 있다. 1° 비재산적 권리, 즉 신분을 보장하는 권리. 2° 채무자의 재산적 권리이기는 하나 압류할 수 없는 권리 등과 같이 채권자의 담보가 되지 않는 것. 3° 마지막으로 정신적 이익(intérêt moral)에 대한 평가를 전제로 하는 권리(부부간 재산분할청구권, 증여의 취소권, 모욕에 대한 손해배상청구권, 신체 상해에 대한 손해배상청구권 등). 그러나, 센느 법원에 제소된 위 사안의 경우, 이와 같은 성질이 없다 … **임차지를 떠나 있는 임차인에게 민법 제1166조에 의하여 소유자를 대신할 수 있는 권리를 부인한다면, 이는 곧 임대인이 임의로 제3자에게 재차 임대하였을 때 임차인이 임차물을 회복할 수 있는 기대를 임차인으로부터 빼앗는 것이 아니겠는가?**[55]

위 평석으로부터 프랑스에서도 임차인이 자신의 임차물을 제3자가 점유하고 있을 때, 그 점유를 회복할 수 있는 방안으로서 간접소권의 적용 여부가 문제되어 왔고, 판례와 달리 채권자인 임차인의 보호를 위하여 간접소권의 행사를 허용할 것을 주장하는 견해들이 있었음을 알 수 있다. 이는 우리나라에서 임차인이 임대인의 건물인도청구권을 대위행사 하는 사안들과 구조적으로 매우 유사하다고 할 수 있다. 프랑스에서 특정채권을 보전하기 위한 간접소권의 행사를 허용하기 시작한 것은 1980년대 이후이고, 위 판례 및 평석은 1950년 초반에 나온 것임을 감안할 때, 프랑스에서 현재와 같은 판례가 형성되기까지 오랜 시간 고민과 논의가 있어 왔음을 알 수 있다.

(3) 1935년 7월 25일의 루앙 항소법원 판결[56]

한편, 지금까지 파기원 민사 3부의 1985년 11월 14일 판결과의 비교 사례로 살펴보았던 1900년 12월 13일의 파리 항소법원 판결, 1950년 12월 19일의 센느 소심법원 판결 등과는 달리, 임대차관계에서 발생하는

---

55) Trib. civ. Seine(loyers) 19 déc. 1950, *Gaz. Pal.* 1951.1. 143. note 참조.
56) Rouen 25 juill. 1935, *Gaz. Pal.* 1935.2. 642.

권리에 대하여 간접소권의 행사를 인정한 판결이 있다.

사안에서 A는 B의 채권자였고, B의 영업재산 전체에 대하여 2개의 비점유영업재산담보권(nantissement)[57]을 보유하고 있었다. B는 제3자와 상사임대차계약을 체결하여 부동산을 임차하고 있는 상태였다. 그러던 중위 임대차 기간이 종료하였다. 이에 임차인 B는 1926년 6월 30일 법률에근거하여 임대인인 제3자에 대하여 상사임대차 갱신(renouvellement du bail)을 청구할 수 있었고, 임대인이 이를 거절할 경우에는 그가 입게 될손해에 대한 배상금을 청구할 수 있었다. A는 채무자인 B가 이를 행사하지 않자, B의 채권자로서 간접소권에 의하여 위 권리들을 행사한 사안이었다. 루앙 항소법원은 다음과 같이 판시하면서 A의 주장을 받아들였다.

> A는 … 민법 제1166조를 원용하여 채무자가 행사하지 않고 있는 채무자의 권리를 채무자의 이름으로 행사할 수 있는 자격이 있다. 채권자에게 허용된 이러한 권리들 중에는 1926년 6월 30일 법률이 상사임대차에 있어서임차인에게 부여한 임대차 갱신을 청구할 수 있는 권리와 갱신이 거절된경우 임차인이 입은 손해 상당액의 배상을 청구할 수 있는 권리가 포함됨은 분명하다. 이러한 권리는 상인[채무자인 B]의 영업재산의 중요한 요소의 일부를 보호하기 위한 목적이 있다. 영업재산의 양도성은 임대차 갱신청구권의 양도성을 포함하고 있으므로, 임대차의 갱신을 구하는 권리는일신에 전속한 것이라고 볼 수 없다. 그러므로 위 권리는 민법 제1166조의적용 영역에 속한다. [위와 같은] 채권자의 권리 행사를 거절하기 위한 근거로서 채무자가 그의 의사와 무관하게 쌍무계약에 연루되어 채무를 부담하게 된다는 주장을 할 수 없는 것은 아니다. 그러나, 본 사안은 그와 같은주장의 대상이 되지 않는다. 왜냐하면 이미 영업재산의 매각이 명해진 상태여서 채무자가 직접 임대차를 이행할 수가 없게 되었고, 따라서 … 채무자의 자산의 유지를 확보하는 문제만이 남아 있기 때문이다.

---

57) Nantissement de fonds de commerce. 상인이 채권자에게 자신의 채무를 보장하기 위하여 영업재산의 점유를 잃지 않은 상태에서 당해 영업재산에 대하여담보를 설정하는 계약이며, 채권자에게는 영업재산의 매각대금에 대하여우선변제권이 인정된다. G. CORNU, *op.cit.*, p.567.

이 사안의 경우, 상사임대차 갱신청구권을 일신에 전속한 권리로 보지 않고 간접소권에 의하여 행사될 수 있다고 하였다. 그러나 여기서 법원이 A가 B의 상사임대차갱신청구권을 대신 행사한 것을 허용한 것은 위 사안 자체의 특수한 사정이 기인한 것이지 상사임대차 갱신청구권 자체를 일신전속권이 아니라고 평가했기 때문이라고 보기는 어렵다.

우선, 채권자인 A가 채무자 B의 '영업 재산 전체'에 대하여 담보권을 가지고 있었고, 따라서 A는 자신의 담보 가치를 유지해야 할 이유가 있었다. 여기서 법원은 영업재산에 양도성이 인정되는 이상 이 영업재산의 구성요소를 이루고 있는 상사임대차 갱신청구권에도 양도성이 인정되어야 한다는 취지로 판시하고 있다. 즉, 채권자 A가 채무자의 영업재산 전체에 대하여 담보권을 취득하였다는 구체적 특수성에 기하여 채무자의 상사임대차갱신청구권의 일신전속성을 부인하고 있다.

다음으로, 일단 B의 영업재산이 매각절차에 들어간 이상 사안에서 B가 그의 의사와 무관하게 임대차관계를 지속하게 될 상황이 발생할 염려는 없었다는 사정도 고려하고 있다.

임대차관계에서 발생하는 권리가 간접소권의 행사 대상이 될 수 있는가 하는 문제는 임대차계약 자체의 특성상 프랑스 민법 제1166조 소정의 채무자의 일신에 전속한 권리로 볼 수 있는 여지가 있기 때문에 발생하는 문제이다. 그러나, 위 루앙 항소법원의 판결은 동일한 내용의 권리라 할지라도 개별적·구체적인 사정에 따라서 채무자의 일신에 전속한 것으로 판단될 수도 있고, 그렇지 않을 수도 있음을 시사하고 있다.

(4) 1986년 3월 20일 엑상프로방스 항소법원 판결[58]

한편 위 1985년 11월 14일 파기원 민사 3부 판결이 나온 이후, 이 판결과 마찬가지로 간접소권의 적용영역이 확대된 것으로 프랑스 문헌에서 자주 인용되는 엑상프로방스 항소법원 판결이 있다.

---

58) Aix 20 mars 1986, *RTD* 1987. 321, obs. MESTRE.

사안에서 B는 C회사와 상사임대차 계약을 체결하였다(B는 임대인, C
는 임차인). A회사는 B의 저당채권자로서 위 임차물을 압류하였고 C의
차임지급에 대하여 지급정지 조치를 취하였다. 여기서 A회사는 프랑스
민법 제1166조가 적용되는 한 자신의 채무인인 B를 대신하여 그의 권리
를 대신 행사할 수 있다고 하면서 1953년 9월 30일 데크레[59] 제26조 및
제27조에 기하여 상사임차료의 증액(révision du loyer commercial)[60]을 요청
하였다. 제1심 법원은 상사임차료 증감청구권은 일신에 전속한 성질을
가지므로 간접소권에 의하여 행사될 수 없다고 하여 A회사의 청구를 거
절하였는데, 엑상프로방스 항소법원은 다음과 같이 판시하여 1심 법원
을 파기하였다.

> 임차료 증감 여부는 [임대인인] 소유자의 의사에 따른다는 점을 고려해
> 볼 때, 임대한 부동산의 소유자가 상사 임차료를 증감할 것을 청구하는 것
> 은 부동산을 관리하는 자기 자신의 [일신에 전속한] 권리로 볼 수 있다.
> 그러나, 사안에서는 계쟁 부동산이 압류의 목적이 되어 있고 차임이 지급
> 정지되어 있는 … 상태이므로 이와 달리 보아야 한다. 이 경우 부동산 소
> 유자인 임대인이 임대부동산의 차임을 관리하고 이를 수령하며 차임의 증
> 감을 청구할 수 있는 권리는 그의 일신에 전속한 것이 아니라 부동산 자체
> 에 관련된 권리일 뿐인데, 왜냐하면 그 매각대금과 차임은 우선특권을 가
> 진 채권자들과 저당권을 가진 채권자들의 우선순위에 따라서 분배될 것이
> 기 때문이다. 그러므로 [부동산과] 직접적인 이해관계가 있는 채권자는
> … 간접소권에 의하여 상사임차료의 증감을 청구할 수 있다.

---

59) Décret n°53-960 du 30 septembre 1953.
   상업, 공업 수공업 등의 목적을 위한 건물이나 토지의 차임 갱신에 관하여
   임대인과 임차인 간의 관계를 규율하는 데크레(Décret réglant les rapports
   entre bailleurs et locataires en ce qui concerne le renouvellement des baux à loyer
   d'immeubles ou de locaux à usage commercial, industriel ou artisanal)
60) 원래 'révision'은 증감을 포함하는 말이지만, 본 사안에서는 문맥상 증액으
   로 풀이된다.

이 판례에 대하여 메스트르는 법원이 채권자의 적법한 권리를 보호하기 위하여 간접소권의 적용을 주저하지 않고 확대하게 되었다고 평가하고 있다.61) 그러나 위 판시내용으로부터 알 수 있듯이 엑상프로방스 항소법원이 상사임차료증액청구권을 간접소권의 행사대상으로 인정한 것은 목적 부동산이 압류되어 있고 차임이 지급정지되었다는 사안 자체의 '구체적 사정'에 기인한 것이었음에 유념할 필요가 있다.

(5) 검 토

지금까지 임차인의 계약해지권을 간접소권의 행사대상으로 인정하였던 파기원 민사 3부의 1985년 11월 14일 판결 입장과 비교·대비되는 프랑스 재판례들을 살펴보았다. 위 판결들의 판시 내용으로부터 간접소권의 행사대상으로서 대위채권의 일신전속성 여부에 관한 판례의 변화를 알 수 있었다. 여기의 비교판결들은 간접소권을 행사함에 있어서 채무자의 무자력이 요구되는가에 대해서는 언급하지 않고 있고, 다만 채무자의 채권이 채무자에게 일신에 전속한 권리라는 근거로 채권자의 간접소권 행사를 허용하지 않았었다. 그러나, 이와 같은 비교판결들에 나타나 있는 구체적인 상황은 우리나라에서 특정채권을 보전하기 위한 채권자대위권의 행사를 허용하였던 상황과 구조적으로 매우 유사하였다는 점에서 살펴볼 만한 가치가 큰 판결들이었다고 생각한다.

2) 간접소권 행사요건 해석의 변화

위 파기원 판결에 대해서도 앞의 1.파기원 민사 3부의 1984년 12월 4일 판결과 같이 ① 민법 제1166조를 적용함에 있어서 채권자의 채권이 금전채권일 필요가 없게 되었고, ② 간접소권은 항상 채무자의 무자력을 전제로 하지 않게 되었다는 점이 지적되고 있다.

---

61) Aix 20 mars 1986, *RTD* 1987. 321, obs. MESTRE.

①에 대한 평석 내용을 살펴보면, "통상 간접소권은 채무자가 금전채권을 행사하지 않는 경우에 채권자가 자신의 금전채권을 보호하기 위하여 행사되었는데, 이와 같이 간접소권을 금전채권에 한정하는 것은 매우 협소한 생각이다. 민법 제1166조는 매우 일반적인 규정 형식을 취하고 있을 뿐만 아니라, 이와 같은 제한을 두고 있지 않고 있다. 따라서 **간접소권은 모든 채권의 소지자에게 주어진 훨씬 넓은 범위의 것으로서, 채무자가 그의 권리를 행사하지 않음으로써 채권자의 채권의 실효성을 훼손시킬 때 채무자를 제재할 수 있는 수단**일 것임이 분명하다"[62]고 하고 있다. ②와 관련하여서 "채권자의 채권이 금전채권이 아닐 경우에는, 채무자의 권리 불행사가 채권자의 채권을 위험에 빠뜨리게 되기 때문"이라고 판례를 해설하고 있다.[63] 또한 오베르(Jean-Luc Aubert) 역시 앞의 1984년 12월 4일 파기원 민사3부 판결을 해설하면서 "**간접소권의 행사 요건으로서의 채무자의 무자력은 채권자가 입게 될 손해를 표지하는 것으로서 좀 더 광범위하게 이해되어어 할 필요가 있다. 따라서 채권자의 손해가 즉각적으로 발생할 것임이 나타날 경우에는 채무자의 무자력 요건은 불필요하다고 보아야 한다**"고 하여[64] 그 내용을 좀 더 구체적으로 보여주고 있다.

이와 같은 평석 내용에 비추어 현재 프랑스 법원도 특정 채권을 보전하기 위하여 채권자대위권을 행사할 경우 채무자의 무자력을 요구하지 않았던 우리나라 판례와 유사한 입장을 취하게 되었다고 볼 수 있다. 특히 위의 평석 내용에서 '간접소권은 … 채무자가 그의 권리를 행사하지 않음으로써 채권자의 채권의 실효성을 훼손시킬 때 채무자를 제재할 수 있는 수단'이라고 한 부분은 우리나라 대법원이 판시하고 있는 '채권자가 채무자의 권리를 대위하여 행사하지 않으면 자기 채권의 완전한 만족을 얻을 수 없게 될 위험이 있어 채무자의 권리를 대위하여 행사하는

---

62) Civ. 3, 14 nov. 1985, D.1986. 369, note AUBERT 참조.
63) Civ. 3, 14 nov. 1985, *RTD* 1986. 600, obs. J. MESTRE 참조.
64) Civ. 3ᵉ 4 déc. 1984, Defrénois 1985. art.33596 n°83, obs. AUBERT.

것이 자기 채권의 현실적 이행을 유효·적절하게 확보하기 위하여 필요한 경우'65)에 상응하는 내용이기 때문이다.

3) 비금전채권을 보전하기 위한
간접소권 행사의 실질적인 효과

더 나아가 위 판결에 대한 평석에서 채권자인 공유자조합이 간접소권을 행사함으로써 누리게 되는 실질적인 효과에 대하여 언급한 부분이 있어서 흥미롭다.

> 간접소권을 위와 같이 넓게 관념하게 되면 자칫 채권자가 채무자에게 부당하게 간섭하는 것을 허용하게 되므로 신중을 기할 필요가 있다. 따라서 채권자가 우선적으로 변제받지 않도록 하는 범위 내에서 간접소권을 허용해야 한다 … [위 판결로 인하여] 사실상 공유자조합은 [임차인에게] 공유에 관한 규정을 준수할 것을 요구하지 않는 임대인 공유자에 대하여 권리를 가지는 것에서 더 나아가 그 스스로가 공유자의 임차인을 상대로 [다른 공유자들의 생활을] 방해하지 않을 것을 **직접 청구**할 수 있는 것이 된다 … 그러므로 위 사안에서 간접소권이 행사될 여지는 없으며, 파기원 민사3부는 간접소권을 지나치게 확장 해석하였다고 생각한다.66)

이로부터 채무자의 무자력을 요구하지 않고도 간접소권의 행사를 허용하는 사안들이 비판 받는 이유 내지는 현실적으로 이와 같은 사안들이 많이 나타나고 있는 이유를 알 수 있다.

우선, 사안에서 채권자 공유자 조합은 채무자인 임대인 공유자의 권리를 대신 행사하는 것이고 그 효과도 '이론적으로는' 임대인에게 귀속하는 것이나, 실질적으로는 공유자 조합이 임차인에게 직접 임대인의 권리를 행사하여 자신의 권리를 만족시키는 것과 같은 효과를 누리게 된다.67) 그러나 이러한 측면은 간접소권은 프랑스 민법 제2092조 및 제

---

65) 大判 2001. 5. 8, 99다38699(集 49-1, 319).
66) Civ. 3, 14 nov. 1985, D.1986. 369, note AUBERT. 참조.

2093조에 근거한 것이어서 간접소권의 행사의 효과는 모든 채권자들의 공동담보가 되어야 한다는 기존의 관념에 배치되는 것이었고, 따라서 위 평석자도 대상판결의 결론에 대하여 비판적인 입장을 취하고 있다.

반면, 앞서 제1장에서 프랑스에서 실제 간접소권이 별로 활용되지 못하고 있었는데, 그 이유는 간접소권 행사의 효과가 모든 채권자들의 공동담보가 되기 때문이라고 언급한 바 있다. 그런데, 여기 파기원 민사3부 판결과 같이 채무자의 무자력을 요구하지 않고도 간접소권의 행사를 허용하고 있는 사안들은 대부분 채권자가 제3채무자에게 직접 청구한 것과 같은 효과를 '사실상(de facto)' 누리게 되는데, 이러한 점은 채권자에게 간접소권 제도를 이용하고자 하는 유인을 제공하게 된다. 실제 위 파기원 판결이 나온 이후 동일한 내용의 재판례들이 계속 나오고 있어서[68] 채권자들의 간접소권 제도의 이용도가 높아지고 있는 것으로 보인다.

4) 계약의 상대적 효력 원칙의 예외

위와 같은 판결에 의하여 간접소권은 계약의 상대적 효력 원칙의 예외로 작동하게 되었다는 점이 지적되고 있다. 이와 같은 해석은 프랑스 민법 규정의 구조에 따른 것인데, 간접소권을 규정하고 있는 민법 제1166조가 계약의 상대적 효력 원칙을 규정하고 있는 제1165조 다음에

---

67) 마르티와 레이노(Marty et Raynaud)의 채권법 교과서에도 다음과 같이 서술되어 있다. "만일 하자 있는 건물의 임차인이 건축업자를 상대로 간접소권 [소유자인 임대인의 하자보수청구권]을 행사하여 인용되었다면, 그는 사실상 하자가 보수되는 효과를 누리는 주 당사자가 된다. 따라서 금전의 지급을 직접적인 목적으로 하지 않는 권리도 간접소권의 적용영역을 구성하고 있다." MARTY, RAYNAUD et JESTAZ, op.cit., n°155(p.139).

68) Dijon 23 mars 1994, JCP 1994. Ⅳ. 1699; Civ. 3ᵉ 20 déc. 1994, D. 1997, somm. 245, obs. P. Capoulade 등 참조. 이 재판례들은 1985년 11월 14일의 파기원 민사3부 판결과 판결요지가 동일하고 이에 관한 평석의 내용들도 이미 언급한 것들을 반복하고 있기 때문에 별도로 소개하지 않았다.

규정되면서 제1166조의 문두에 '그러나(néanmoins)'라는 어구로 시작하고 있기 때문이다.[69] 위 사안에서 제3채무자인 임차인은 사실심 판사가 공유자조합의 간접소권의 행사를 허용한 것에 대하여 프랑스 민법 제1165조에 근거하여 공유자조합과 임차인 자신 사이에는 어떠한 법률관계도 존재하지 않는다는 점을 들어 상소하였는데 파기원이 이를 기각하였다는 점에서 프랑스 법원 역시 이와 같은 입장을 분명히 한 것이라고 한다.[70]

이와 같은 해석은 채무자가 무자력이 아닌 상태에서 채권자가 간접소권을 행사할 수 있는 경우 채권자가 누리게 되는 '실질적인' 효과, 즉 다른 채권자들에 우선하여 직접 변제받는 효과가 간접소권의 근거규정의 하나로 파악되던 프랑스 민법 제2093조와 일치하지 않기 때문에 나타나게 된 프랑스 자체의 해석방식이었다고 생각된다.

3. 우리 법상 등기청구권의 대위행사와 관련한 문제

1) 문제의 제기

우리나라 판례에는 채권자대위권과 관련하여 등기청구권의 대위행사 유형의 사례들이 많이 등장하고 있다. 그러나 프랑스에서는 간접소권과 관련하여 우리 법상 등기청구권의 대위행사에 비견되는 재판례들이 나타나지 않고 있다. 그렇다면 그 이유는 무엇인가, 우리 법상 등기청구권의 대위행사 사례에서 나타나는 문제들은 프랑스에서는 어떻게 해결하고 있는가 등을 간략하게나마 알아볼 필요가 있다. 결론부터 말하면 이는 프랑스법이 법률행위에 의한 물권변동에 관하여 우리나라와 다른 입법태도를 취하고 있고, 또한 등기절차가 우리 법과 확연히 다른 구조를

---

69) Civ. 1re 9 oct. 1991, D. 1992. 423, note BARRET 참조.
70) Civ. 3, 14 nov. 1985, *RTD* 1986. 600, obs. J. MESTRE 참조.

취하고 있기 때문에 나타나는 현상이라고 할 수 있다.

이하에서는 우리나라에서 등장하고 있는 등기청구권의 대위행사 사례들이 프랑스에서 등장하지 않는 이유는 무엇인가를 이해하는 범위 내에서 법률행위에 의한 물권변동에 관한 프랑스 민법의 내용과 프랑스 부동산등기법의 내용을 우리 법과 비교하여 간략히 살펴보고, 등기청구권의 대위행사가 나타나고 있는 우리나라의 상황과 유사한 상황에 대하여 프랑스는 어떠한 해결책을 강구하고 있는지를 알아보도록 한다.

2) 법률행위에 의한 물권변동에 관한 프랑스 민법의 입장

법률행위에 의한 물권변동에 관한 입법주의에는 크게 대항요건주의(의사주의)와 성립요건주의(형식주의)가 있음은 익히 알려진 바이다. 전자의 경우 당사자의 의사표시만으로 물권변동이 일어나지만 후자의 경우 공시방법(부동산의 경우 등기, 동산의 경우 인도)을 갖추어야만 비로소 물권변동이 일어나며,[71] 우리 민법의 경우 독일법을 본받아 성립요건주의를 취하고 있기 때문에(민법 제186조, 제188조 제1항 참조), 예컨대 앞서 살펴본 이전등기청구권의 대위행사 유형의 사례의 경우 최종 매수인은 자신 명의의 등기를 갖추지 않는 한 부동산의 소유권을 취득할 수 있는 길이 없다.

한편 프랑스는 대항요건주의를 취하고 있어서[72] 당사자 간에 있어서

---

71) 民法注解[IV] 27~30면(金滉植 집필) 참조.
72) 물권변동에 관한 의사주의의 근거가 되는 프랑스 민법의 규정은 다음과 같다. 우선 프랑스 민법은 소유권 취득방법 일반(Des Différentes Manières Don't On Acquiert La Propriété-DIspositions Générales)에 관한 장에서 다음과 같은 규정을 두고 있다. 제711조는 '물건에 대한 소유권은 상속, 생전증여, 유증, 그리고 채권의 효력에 의하여 취득되고 이전된다(La propriété des biens s'acquiert et se transmet par succession, par donation entre vifs ou testamentaire, et par l'effet des obligations)'고 규정하고 있고, 제1138조 제1항은 '주는 채무는 계약 당사자

는 합의만으로(*solo consensu*) 소유권이 이전되지만, 부동산 취득자가 자신의 소유권을 제3자에게 대항하기 위해서는 등기를 갖추어야만 한다. 따라서 만일 부동산 소유자가 동일한 부동산을 A와 B에게 이중으로 양도한 경우, 비록 A가 먼저 매매계약을 체결했을지라도 등기를 먼저 갖춘 자가 B라면 A가 아니라 B가 소유권자가 된다.[73] 이렇게 볼 때 프랑스에서 거래 당사자 간에는 등기가 이루어지지 않더라도 양수인이 부동산의 소유권을 취득함에는 아무런 지장이 없다. 그러나, 양수인은 제3자에게 대항하기 위하여, '보다 안전하게' 소유권을 보유하기 위하여 등기를 갖추어야 할 필요성이 존재하고 있다. 즉 그 필요성의 구체적인 내용이 어떻든 간에 부동산 취득자의 입장에서 '등기의 필요성'은 성립요건주의를 취하는 우리와 마찬가지로 존재하고 있는 것이다. 그렇다면 프랑스에서는 부동산 등기가 어떠한 절차를 통해서 이루어지고 있는 것일까?

3) 프랑스법상의 등기신청 설자의 특징

우선 프랑스에서의 등기는 '등기'라 하더라도 우리나라의 등기와 현저히 다르다는 점을 유념해야 할 필요가 있다. 우리나라에서는 등기가

의 합의만으로 완성된다(L'obligation de livrer la chose est parfaite par le seul consentement des parties contractantes)'고, 그리고 제1140조는 부동산 이전 내지 인도채무의 효력은 매매 편과 우선특권 및 저당권 편에 의하여 규율된다(Les effets de l'obligation de donner ou de livrer un immeuble son réglés au titre De la Vente et au titre Des Privilèges et Hypothèques)고 규정하고 있다. 그리고 매매 편에 규정되어 있는 제1583조는 '목적물의 가격에 관하여 합의가 이루어지면 비록 그 목적물이 인도되지 않거나 매매대금이 지급되지 않았을지라도 당사자 간에 매매는 완성되며 매수인이 매도인에 대하여 당연히 소유권을 취득한다(Elle est parfaite entre les parties, et la propriété et la propriété est acquise de droit à l'acheteur à l'égard du vendeur, dès qu'on est convenu de la chose et du prix, quoique la chose n'ait pas encore été livrée ni le prix payé)'고 규정하고 있다.

73) CHEVALLIER et BACH, *Droit civil*, t. I, 12e éd., Sirey, 1995, p.401.

등기부에의 등재에 의하여 이루어지는 반면, 프랑스에서의 등기는 당사
자가 제출한 물권변동의 원인인 계약서(acte)의 원본이나 초본, 또는 판
결의 원본이나 등본, 저당권의 경우는 명세서(bordereau)라고 부르는 설정
증서의 초본으로 등기소에서 판매하는 일정한 용지에 기입한 것을 등기
공무원이 받아서 접수부(régistre des dépôts)에 기입하여 그 순위를 확정하
고, 이어서 이 용지를 물권변동의 종류별로 세 가지의 다른 종류의 장부
에 접수순으로 편철할 뿐이라는 점이다.74)

  그리고 프랑스 부동산등기절차가 우리나라 부동산등기절차와 큰 차
이점을 보이고 있는 것은 우선, 공정증서의 작성을 등기의 요건으로 하
고 있다는 점과 등기신청자가 공증인 등이라는 점이다.

  현재 프랑스에서 부동산 등기를 규율하고 있는 법은 1955년 1월 4일
제55-22호 데크레(Décret n°55-22 du 4 janvier 1955 ; Décret portant réforme
de la publicité foncière)를 기본으로 하여 이를 개정·보완한 기타 여러 데
크레들이다.75) 동 데크레 제4조에서는 "등기소에 공시되어야 하는 모든
서류는 공정증서의 형태로 작성하여야 한다(Tout acte sujet à publicité dans
un bureau des hypothèques doit être dressé en la forme authentique)"고 규정함
으로써 공정증서의 작성을 등기의 요건으로 하고 있다.76) 그리고 동 데

---

74) 星野英一, 民法論集 第二卷, 1970, 110~111면.
75) 1804년 나폴레옹 민법 제정 이후 프랑스 학계와 실무계는 모두 부동산 공시
    제도를 정비해야 할 필요성을 강하게 주장하였고 이에 따라 부동산 공시에
    관한 기본법인 1855년 3월 23일 법률(loi du 23 mars 1855)을 마련하였다. 이
    후 이 법률의 미비한 점이 수차례의 데크레에 의하여 보완되다가(décret-loi
    du 30 octobre 1935, déret-loi du 17 juin 1938 등), 1855년 3월 23일 법률은 1955
    년 1월 4일 데크레에 대체되었고, 동 데크레는 현재까지 프랑스 부동산 등
    기의 기본법을 이루고 있다. H. L. et J. MAZEAUD, Leçons de droit civil, t. Ⅲ,
    1ʳᵉ v., Sûretés Publicité foncière, par Yves Picod, 7ᵉ éd., Monchrestien, 1999, p.537 et ss.
76) Philippe Malaurie, Les Biens-Les Publicité Foncière, 5ᵉ éd., CUJAS, 2002, n°1205
    (p.378) ; 따라서 프랑스에서는 공정증서의 작성이 부동산 거래의 관행이 되
    어 부동산 거래 계약은 요식계약(contrat solennel)이 된 것이 거래의 현실이고
    프랑스 민법상의 의사주의는 이러한 현실과 부합하지 않는다고 한다.

크레 제32조는 "공증인, 대소사(代訴士),[77] 집행관, 법원 서기, 회사정리 계획안 집행인, [담당]행정관 등은 당사자들의 의사와 무관하게 이 법 제33조에 규정된 기간 내에 그들이 작성한 혹은 그들의 협조로 작성된, 이 법 제28조 제1호, 제2호, 및 제4호 내지 제9호의 권리[78]와 관련된 서류 혹은 법원의 판결을 공시해야 할 의무가 있다(Les notaires, avoués, huissiers, greffiers, commissaires à l'exécution du plan et autorités administratives[79] sont tenus de faire publier, dans les délais fixés à l'article 28, 1°, 2° et 4° à 9° dressés par eux ou avec leur concours)"고 규정함으로써 공증인 등에게 '의무적으로' 등기를 신청할 것을 요구하고 있다.[80] 이 규정에 근거하여 프랑스에서는 공증인 등이 등기신청자가 된다.[81]

GROSS et BIHR, *Contrats, Ventes civiles et commerciales, baux d'habitation, baux commerciaux*, P.U.F. 2002, n°246(p.158). 여기서 contrat solennel은 일반적인 요식 세약(contrat formel) 중에서도 기깅 엄격힌 것, 즉 그 성립에 공정증서의 자 성을 요하는 것을 말한다고 한다. 山口俊夫[編](註 81), 125면.

77) 1971년 이전에 대심법원(tribunal de grande instance)과 항소법원에서 당사자를 대리하는 역할을 하였던 법원공무원. 1971년 12월 31일 법률에 의하여 폐지 되었다. G. CORNU, *op.cit.*, p.98.

78) 동 데크레 제28조 제1호에서는 의무적으로 공시해야 하는 부동산 권리를 열거하고 있으며, 제1호(1° a)에서 우선특권과 저당권을 제외한 부동산 물권 의 양도 및 설정시 이를 공시해야 한다고 규정하고 있으므로 부동산 소유 권도 의무적 공시대상이 되는 권리에 해당한다.

79) 이 법에서 등기의무자로 열거되고 있는 공증인, 집행관, 법원서기, 회사정리 계획안 집행인, 행정관 등은 부동산 물권변동이 일어나는 구체적인 절차에 따라 등기신청자가 다르기 때문에 열거되고 있는 것이다. 통상적인 거래의 경우 공정증서를 작성한 공증인이 등기신청자가 되지만, 법원의 판결이나 집행절차를 통해서 물권변동이 일어날 경우에는 집행관 등이 등기신청자가 되고, 회사정리절차에서는 정리계획안 집행인, 그밖에 행정상 공용수용 등 에 의한 물권변동의 경우에는 행정관이 등기신청자가 된다.

80) 법률행위에 의한 물권변동에 관하여 의사주의(concensualism)를 취하고 있는 프랑스가 성립요건주의를 취하고 있는 우리나라보다 부동산 등기의무를 더 엄격히 요구하고 있다는 점이 흥미롭다.

81) Juris Classeur Annexe, Publicité Foncière, 1993, n°85-86(p.18 et s.).

우리나라에서 등기청구권의 대위행사 사례들이 나타날 수 있는 것은 근본적으로 부동산등기법 제28조[82])에서 당사자공동신청주의를 취하고 있기 때문이다. 등기신청을 거래당사자들이 공동으로 해야 하는 결과, 당사자가 상대방을 향해 등기에 협력할 것을 청구하는 내용의 권리가 등장하게 된다. 반면, 프랑스는 당사자공동신청주의를 취하고 있는 우리의 부동산등기법과는 달리 공증인이 등기신청자이므로 거래당사자들이 직접 나서서 상대방에게 등기를 청구하는 상황 자체가 발생할 수가 없는 구조를 이루고 있음을 알 수 있다. 따라서 프랑스에서 우리 법상 등기청구권의 대위행사 유형에 해당하는 간접소권 관련 판례가 나타나지 않고 있는 것은 위와 같은 양 국가의 등기절차의 차이에 기인하는 것으로서 우리 법상 등기청구권의 대위행사의 문제는 이러한 차이점을 고려하여 재평가해야 할 필요가 있을 것이다.

4) 물권변동과정의 공시
― 이전등기청구권의 대위행사와 관련하여

이전등기청구권의 대위행사 유형과 관련하여 우리나라 판례는 채권자의 권리를 실현시켜주고자 하는 측면뿐만 아니라 물권변동의 과정도 공시하고자 하는 의도를 관철시키고 있다.[83]) 그렇다면 프랑스에서도 우리나라와 같이 물권변동의 과정을 공시하려는 체제를 마련하고 있는 것일까?

1955년 1월 4일 데크레(Décret n°55-22) 제3조 및 이를 수정한 1955년 10월 14일 데크레(Décret n°55-1350) 제32조 제1항 제1호는 "… 처분자 혹

---

82) 부동산등기법 제28조 등기는 등기권리자와 등기의무자 또는 대리인이 등기소에 출석하여 이를 신청하여야 한다. 다만, 대리인이 변호사 또는 법무사(법무법인 또는 법무사합동법인을 포함한다)인 경우에는 대법원 규칙이 정하는 사무원을 등기소에 출석하게 하여 이를 신청할 수 있다.
83) 郭潤直(註 9), 132면 참조.

은 前主의 권리를 확인하는 서류, 법원의 판결, 사망에 의한 상속 확인서 등이 [등기신청에] 선행하여 혹은 [등기신청과] 동시에 공시되지 않는 한 어떠한 공시도 등기소에서 행해질 수 없다"[84]고 규정하고 있고, 이어서 동조 동항 제2호에서는 "여기서 처분자 혹은 전주라 함은 … 그의 의사에 의하여 혹은 그의 의사와 무관하게 등기부의 등재(formalité)에 의하여 자신의 권리가 이전되거나 수정되거나 확인되거나 담보가 설정되거나 소멸하는, 혹은 그렇게 될 가능성이 있는 사람을 의미한다"[85]고 규정하고 있다. 즉, 자신의 전주의 권리가 등기되어 있지 않는 한 어느 누구도 자신의 권리를 등기할 수 없다는 것이며, 프랑스에서는 이와 같은 규정 내용을 등기의 상대적 효력(Effet relatif de la publicité)으로 부르고 있다. 그리고 이러한 규정을 둔 취지에 대해서 다음과 같이 설명하고 있다.[86]

첫째, 부동산 등기의 연속성을 보장하여 부동산 거래의 과정을 추적할 수 있도록 하기 위함에 있나고 한다. 이를 통해서 등기 내용의 신뢰성을 높일 수 있다는 것이다. 둘째, 공시의 의무성을 강화하고자 함에 있다고 한다. 1955년 1월 4일 데크레 제32조 제1항과 이를 수정한 1994년 10월 21일 데크레(Décret n°94-910) 제131조에서는 등기업무 관련자들에게 등기신청의무를 부과하고 있으나, 만일 거래당사자들이 등기업무 관련자들에게 거래사실을 알리지 않거나 이들에게 알렸더라도 거래당사자

---

84) Art. 32 Sous réserve des dispositions de l'article 35 ci-après, aucune formalité ne peut être opérée dans un bureau des hypothéques à defaut de publicité préalable ou simultanée de l'acte, de la décision judiciaire ou de l'attestation de transmission par décès constatant le droit du disposant ou dernier titulaire.

85) Le disposant ou dernier titulaire, au sens de l'article 3 du décret 4 janvier 1955 et de la présente section, s'entend de la personne don't le droit se trouve transféré, modifié, confirmé, grevé ou éteint-ou est susceptible de l'être-avec ou sans consentement par la formalité don't la publicité est requise.

86) Juris Classeur Civil Annexe, Publicité Foncière Fasc. 5(Fontionnement) 1993, n°32-33(p.8).

들이 이들로 하여금 등기를 할 수 없는 상황을 만든다면(탈세 등을 위해서 당사자들이 등기를 꺼리는 경우는 얼마든지 있을 수 있다) 위 등기신청의무는 지켜지기가 어렵기 때문이라고 한다. 이에 따라 위 데크레에서 등기의 연속성을 보장하기 위한 구체적인 절차를 마련하고 있다.

현재로서는 필자가 프랑스에서 등기절차가 구체적으로 어떻게 진행되고 있는가를 완전히 파악하기는 어려우며, 이에 관한 자세한 내용은 본 논문의 범위를 넘어선다고 생각한다. 다만, 위 프랑스 부동산등기법 규정만으로도 프랑스에서 우리나라와 같은 등기청구권의 대위행사 유형의 판례가 나타나지 않는 이유를 이해할 수 있다. 또한 우리나라에서는 부동산등기의 물권변동 과정의 공시기능이 이전등기청구권의 대위행사를 통해서 이루어지고 있는데, 프랑스에서는 부동산등기관련법령에서 부동산 등기가 이와 같은 기능을 수행할 수 있도록 별도의 법체제를 마련하고 있다는 점에서 양 국가 간에는 '기능적' 유사성이 있다고 보아야 할 것이다.

5) 말소등기청구의 대위행사 사례와 관련하여

우리나라 판례상 다수 등장하고 있는 말소등기청구권의 대위행사 사례들도 프랑스의 간접소권과 관련해서는 등장하지 않고 있다. 그 이유는 대체적으로 다음과 같이 요약할 수 있다고 생각한다.

우선, 이는 프랑스에서는 우리나라와 같은 '등기청구권'이라는 내용의 권리가 등장할 수 없기 때문이라는 점은 이전등기청권의 대위행사 사례들이 프랑스에서 나타나지 않는 이유와 같을 것이다.

이에 더하여 프랑스 등기상 등기를 '말소'한다는 개념이 등장하지 않고 있다[87]는 점도 그 이유가 된다. 왜냐하면 우리나라에서는 등기를 '등

---

87) 다만, 저당권 등기부(inscription hypothécaire)와 관련해서는 '말소(radiation)'라는 개념이 등장하고 있다. G. CORNU, *op.cit.*, p.708 참조.

기부에 기재'하는 형식을 행하고 있음에 반하여, 프랑스에서는 '등기서
류를 편철'하는 방식으로 등기가 행해지고 있기 때문이다.[88]

그러므로 우리나라의 말소등기청구권의 대위행사 사례들이 프랑스에
서 등장하지 않는 것은 위와 같이 간접소권 외의 기타 여러 법체제가 우
리나라와 그 구조를 달리하기 때문이라고 요약할 수 있을 것이다.

한편 우리 법상 말소등기청구권의 대위행사 사례들을 프랑스와 '기능
적인 관점'에서 비교해볼 필요도 있다고 생각한다. 그 일례로서 프랑스
에서는 부동산 이중양도에 대하여 어떠한 해결책을 강구하고 있는가를
간략하게 살펴보기로 한다.

프랑스법상으로도 소유자가 자신의 부동산을 이중으로 양도한 경우,
제2양수인일지라도 먼저 등기를 갖추었다면 그 자가 우선하게 된다(부
동산물권변동에 관한 앞의 의사주의 내용 참조). 그러나, 제2양수인이 먼
저 등기를 갖추기는 하였으나 당해 부동산이 이미 매도된 사실을 알았
을 경우에도 동일하게 규율되어야 하는 문제가 제기되고 있다. 이에 대
하여 적극적인 입장은 부동산 공시제도는 당사자들의 심리를 고려하지
않고 기계적으로 작동해야 한다는 원칙을 강조한다. 반면 이에 대하여
소극적인 입장은 악의인 자를 보호해서는 안 된다는 점을 강조한다.[89]

프랑스 법원은 이와 같은 어려움에 직면하여 처음에는 다음과 같이
판시하였었다. "이미 제3자에게 매도된 사실을 알고서 부동산을 취득한
후 등기를 먼저 갖춘 자는 어떠한 사행행위를 범한 것도 아니며, 법이
가장 부지런한 자에게 부여하는 이익을 누리는 것일 뿐이다." 그러나,
프랑스 법원은 양도인과 제2양수인 간에 공모가 있는 경우를 유보함으
로써 비윤리적 행위에 대한 제어장치를 마련한 바 있었다. 이후 이러한

---

88) 星野英一(註 240), 110~111면.
89) CAPITANT, TERRÉ et LEQUETTE, *Les grands arrêts de la jurisprudence civile*, t. Ⅱ,
    11ᵉ éd., Dalloz, 2000, p.176. 이하의 프랑스 판결들 내용의 요약도 이를 참고
    로 한 것이다.

예외를 확장하는 방향으로 판례의 법리가 발전하게 된다. 처음에는 제1
양도를 해하려는 공모행위가 제1매도행위와 같은 시기에 행해졌을 경우
에만 예외가 인정되었는데, 이후 그와 같은 공모행위가 제1양도행위 이
후에 이루어진 경우까지 확장되었다. 이어서 매도인과 제2양수인 간에
공모가 있을 것을 요구하지 않고 제2양수인의 사해의사만으로도 족하다
고 보았다. 더 나아가 사해의사와 단순한 악의가 구분하기가 어렵다는
점으로 인하여 현재 다음과 같은 입장을 취하고 있다. 즉, 당해 부동산
이 이미 양도된 사실을 알고서 취득한 자는 불법행위책임을 발생시키는
과책(faute)을 구성한다. 그리고 제1양수인에게 발생한 손해는 현물로(en
nature) 배상되어야 하고 제2양수인이 원용하는 부동산 등기는 효력이 없
다.[90]

---

90) 부동산 이중매매가 문제되었던 대표적인 파기원 판결을 소개하면 다음과
   같다. (Civ. 3^e 30 janv. 1974)
   C가 B로부터 부동산을 취득하여 적법하게 등기까지 갖추었다. 그런데, 매
   도인 B는 C에게 매도하기 전에 A에게 당해 부동산을 매도하기로 약정하였
   으나 A는 이를 등기하지 않은 상태였다. 항소심은 제1 매수행위는 먼저 등
   기를 갖춘 자에게 대항할 수 없는데, 왜냐하면 제2매수인에게 사해의사가
   인정되지 않는 한 여기에서 선의냐 악의냐 하는 문제가 제기될 여지가 없
   기 때문이라고 판시하였다. 여기에 대하여 A가 파기원에 상고하였고, 파기
   원은 다음과 같이 판시하였다.
   "제3자에게 당해 부동산이 이미 양도된 사실을 알면서 부동산을 취득하는
   것은 민법 제1382조에 따른 과책(faute)을 구성하며, 제2매수인은 자기 자신
   을 위하여 부동산 공시의 원칙을 원용할 수 없다. 항소심 판시 내용을 살펴
   보면, 공증인 D에 의한 증서에 의하여 B는 C에게 주거용 부동산을 매도하
   였고 당해 부동산이 적법하게 등기되었으며, A는 위 부동산의 임차인이었
   는데 B가 C에게 매각하기 전에 이미 A에게 매도하기로 약정하였음을 알 수
   있다. A는 B와 B의 사망으로 인한 상속인 B1을 소환하여 위 [제2] 양도가
   자신의 권리를 해하는 것으로 무효라고 선언하고 자신에게 매도하기로 약
   정을 이행할 것을 명하고 B1과 C가 자신에게 손해를 배상해주도록 할 것을
   청구하였다. 1심 법원은 위 [A에 대한] 매도 약정이 유효하며 심문과 당사
   자들의 법정출두를 명한 뒤 A의 청구를 인정하였다. 항소심법원은 제2매수
   인에게 사해의사가 인정되지 않는 한 여기에서 선의냐 악의냐 하는 문제가

부동산 이중양도 사안에 관한 위와 같은 프랑스 판례의 입장은 궁극적으로 제1양수인을 보호하여 그가 부동산 소유권을 취득할 수 있도록 보호하고 있다는 점에서 결론에 있어서는 우리나라와 같은 입장인 것으로 보인다. 그러나 문제는 제1양수인을 어떠한 방식으로 보호하는가 하는 점이다. 제1양수인의 보호방식과 관련하여 프랑스는 우리나라와 비교하여 다음과 같은 특징을 가지고 있음을 알 수 있다.

프랑스 판례는 제2양수인에게 프랑스 민법 제1382조[91] 소정의 불법행위책임이 성립하는 것으로 구성하고, 제2양수인은 당해 손해배상을 '현물로' 배상해야 한다고 판시하고 있다. 즉, 제1양수인으로서는 프랑스 민법상의 불법행위책임 규정에 근거하여 제2양수인에게 직접 부동산의 소유권을 이전할 것을 청구할 수 있다는 것이다.

4. 금전채권을 피보전채권으로 하는 경우와 관련하여

1) 금전채권에 대한 집행방법

앞서 살펴본 바와 같이 우리나라 판례에는 채권자가 채권자대위권을

제기될 여지가 없고 C로서는 그가 이미 부동산에 대한 매도 약정이 존재한다는 점을 알았을지라도 자신의 권리를 먼저 등기하였으므로 … 어떠한 과책을 범한 것도 아니라고 함으로써 1심 판결을 파기하였다. 항소심 법원이 이와 같이 판시한 것은 위 규정[프랑스 민법 제1382조]에 위배되는 것이다. 이와 같은 이유로 파기한다." CAPITANT, TERRÉ et LEQUETTE, *op.cit.*, p.175 et s.

[91] 제1382조 타인에게 손해를 발생시킨 자는, 당해 손해 발생에 과책이 있을 경우 이를 배상할 의무가 있다(Tout fait quelconque de l'homme, qui cause à autrui un dommage, oblige celui par la faute duquel il est arrivé, à réparer). 여기서 '과책(faute)'이라는 것은 기능적으로 보았을 때 우리 민법 제750조 소정의 고의·과실과 위법성이 통합된 개념으로 이해할 수 있다. 자세한 내용은 李相旭, "프랑스 민법상의 faute", 社會科學硏究 20집 2권, 嶺南大學校 社會科學硏究所, 2001년 2月, 1면 이하 참조.

행사함에 있어서 특정채권을 피보전채권으로 하는 경우뿐만 아니라 피
보전채권이 금전채권인 경우에도 채무자의 무자력이 요구되지 않는 경
우가 다수 나타나고 있다. 그러나 프랑스의 경우 간접소권과 관련하여
피보전채권이 금전채권인 경우로서 채무자의 무자력을 요구하지 않는
판결은 등장하지 않고 있다. 그렇다면 그 이유는 무엇일까?

  이는 프랑스에서의 금전채권에 대한 집행방법과 관련이 있다고 생각
한다. 프랑스에서의 금전채권에 대한 집행방법은 1991년 프랑스 민사소
송법 개정 이전에는 압류·금지(saisie-arrêt)였고, 개정 이후에는 압류·귀
속(saisie-attribution)이다. 양자는 그 행사요건에 있어서 집행권원을 요하
는가 여부의 차이는 있으나 그 효과에 있어서 압류채권자가 제3채무자
로부터 직접 변제받을 수 있다는 점에 있어서는 변함이 없다. 즉, 금전채
권자는 이를 통하여 다른 채권자에 우선하여 자신의 채권을 변제받을
수 있었던 것이다.

  한편 우리나라 대법원 판례에서 금전채권을 피보전채권으로 하는 경
우로서 채무자의 무자력을 요구하지 않았던 대표적인 사례가 유실물을
실제로 습득한 자가 법률상의 습득자를 대위하여 유실물보상금청구권을
대위행사하는 사안이었다. 이 사안은 피보전채권인 유실물보상금 자체
가 제3채무자로부터 채무자를 거쳐서 궁극적으로 채권자에게 귀속되어
야 하는 경우로서 채무자인 법률상의 습득자는 자신이 취득한 유실물보
상금을 어차피 채권자에게 인도하여야 하기 때문에 비록 그가 무자력이
아닌 상태에서 채권자인 실제로 습득한 자의 대위행사를 인정하더라도
채무자에 대한 부당한 간섭이라고 볼 수 없다고 앞에서 분석한 바 있다.
대법원 판례는 금전채권을 피보전채권으로 하는 경우, 그 금전채권이 대
위채권과 어떠한 관련성을 갖는 경우에 한정하여 채권자대위권을 행사
하는 채권자가 사실상 다른 채권자보다 우선하여 자신의 채권을 만족시
킬 수 있는 길을 마련한 것이라고 할 수 있다.

  따라서 우리나라 대법원 판례상의 유실물보상금청구권의 대위행사에

상응하는 판례들이 간접소권과 관련하여 나타나지 않고 있는 것은 금전
채권에 대한 집행방법에 대하여 프랑스와 우리나라가 다른 입장을 취하
고 있기 때문일 것이다.

2) 프랑스에서의 임차보증금(dépôt de garantie)에 대한 규율

다음으로 임차인으로부터 임차보증금채권을 양수한 자가 자신의 임
차보증금반환채권을 보전하기 위하여 임대인을 대위하여 임차인에게 임
차건물의 인도를 청구한 사안[92]을 살펴보기로 한다. 대법원은 이 사안에
서 다음과 같이 판시하였다.

> 채권자가 자기채권을 보전하기 위하여 채무자의 권리를 행사하려면 채
> 무자의 무자력을 요건으로 하는 것이 통상이지만, 이 사건의 경우와 같이
> 채권자가 양수한 임차보증금의 이행을 청구하기 위하여 임차인의 가옥명
> 도가 선이행되어야 할 필요가 있어서 그 명도를 구하는 경우에는 그 채권
> 의 보전과 채무자인 임대인의 자력 유무는 관계가 없는 일이므로 무자력
> 을 요건으로 한다고 할 수 없다.

여기서 임차보증금의 이행을 청구하기 위하여 임차인의 가옥명도가
선이행되어야 하는 이유는 우리 판례상 임차보증금반환의무와 건물인도
의무 간에 동시이행관계가 인정[93]되고 있기 때문이었다. 그렇다면, 프랑
스에서도 본 대법원 사안과 같은 사례가 발생할 여지가 없는가를 살펴
보기 위하여 프랑스에서는 임차보증금에 대하여 어떻게 규율하고 있는
가를 간략하게나마 살펴볼 필요가 있을 것이다.[94]

---

92) 大判 1989.4.25, 88다카4260(공보 850, 809).

93) 大判 1977.9.28, 77다1241·1242(공보 570, 10295).

94) 이하의 내용에 대해서는 GROSS et BIHR, *op.cit.*, n°659(p.487 et s.) et n°758
(p.562) 참조.

프랑스에서도 임대차계약을 체결할 때 임차인에 대하여 보증금을 지급할 것을 요구할 수 있다. 1989년 7월 6일 법률 제22조[95])에서는 임차보증금 계약이 허용됨을 명확히 하고 있고 실제 임차인들은 임대인에게 임차보증금을 제출하는 것이 일반적이다. 그러나 동 조항에서는 임차보증금에 대하여 몇 가지 규제를 하고 있는데, 그 내용을 살펴보면 다음과 같다.

우선, 임차인의 채무 이행을 담보하기 위한 보증금액은 원칙적으로 2월분의 차임을 초과할 수 없다. 이는 임차인에게 과중한 부담을 주는 것을 피하기 위함이다. 만일 당사자들이 임차료를 한꺼번에 미리 지급하기로 약정하였는데 그 금액이 2월분의 임차료를 초과할 경우, 별도의 임차보증금 약정을 할 수 없다. 이와 같이 임차인이 임차료를 한꺼번에 미리 지급하였더라도, 임차인은 임대인에게 임대차 기간 도중에 매월 차임을 내는 것으로 차임 지급 방식을 변경할 수 있고 이때에는 임대인이 임차인에게 법정한도액의 임차보증금의 지급을 요구할 수 있다.

또한 동조 제4항에서는 임대차계약이 갱신될 경우라도 보증금은 증감할 수 없으며, 보증금은 임대차기간 중에는 임차인에게 이자를 발생시킬 수 없다고 규정하고 있다.

마지막으로 제3항과 제5항에서는 임대차 종료시 임차인에게 보증금을 반환하는 방법에 관하여 규율하고 있다. 임대인은 임차인으로부터 열쇠를 받은 날로부터[건물의 인도를 받은 날로부터] 최장 2월 내에 임차인의 잔여 채무를 공제한 보증금을 반환해야 한다. 만일 임대인이 이 기간 내에 보증금을 반환하지 않을 경우, 위 보증금에 대하여 결산시로부터 법정 이자가 발생한다.

이상의 내용으로부터 프랑스는 우리나라와 임차보증금에 대하여 규

---

95) 임대차관계를 개선하고 1989년 7월 6일 법률을 개정하기 위한 법률(Loi tendant à améliorer les rapports locatifs et portant modification de la loi n°89-462 du 6 juillet 1989)

제를 달리하고 있음을 알 수 있다. 우리나라의 경우 임대차계약이 종료되었을 때 임차보증금 반환의무와 건물인도의무 사이에 동시이행관계가 인정되는 반면, 프랑스에서는 임대인이 임차인으로부터 건물을 인도받은 날로부터 2월 내에 임차보증금을 반환하면 된다. 이는 프랑스에서는 임차보증금이 2월분의 임차료를 넘지 않는 범위 내에서만 허용되는 반면, 우리나라의 경우 이보다는 훨씬 높은 금액의 임차보증금이 임대인에게 지급되기 때문이라고 생각한다.

우리나라에서는 임차보증금액이 높게 설정되고 있는 것이 거래의 현실이고, 이로 인하여 임차인을 보호해야 할 필요성이 더욱 커지게 되어 임차보증금반환의무와 건물인도의무 사이에 동시이행관계가 인정되기에 이르게 된 것이고, 따라서 임차보증금채권 양수인의 건물인도청구 대위행사 사안은 이와 같은 우리나라의 특수한 사정 하에서 나타나는, 구체적 타당성 있는 결론이었다고 생각한다.

5. 검 토

지금까지 종래 우리나라 판례에서 채무자의 무자력을 요하지 않고도 채권자대위권의 행사를 허용했던 사안들을 분석한 후, 이와 유사한 형태의 판례가 프랑스의 간접소권과 관련하여 등장하는지, 등장하지 않는다면 그 이유가 무엇인지를 구체적으로 살펴보았다.

우선 임차인이 제3자에 대한 임대인의 건물인도청구권을 대위행사하는 유형의 판례나 주유소 운영계약상의 권리의 대위행사를 인정했던 최근 대법원 판례와 구조를 같이하는 프랑스 판결들을 살펴보았다. 이와 같은 간접소권과 관련된 프랑스 판결들에서도 금전채권을 피보전채권으로 하지 않았다는 점, 그리고 채무자의 무자력을 문제삼지 않았다는 점에서 소위 '전용형'으로 불려왔던 우리나라 판례와 동일한 논리구조를 취하고 있음을 알 수 있었다.

다음으로 우리나라 판례에서 다수 나타나고 있는 등기청구권의 대위행사 유형의 판례가 프랑스에서 나타나지 않고 있는 것은 프랑스와 우리나라가 물권변동에 관한 입법주의를 달리할 뿐만 아니라 등기절차를 달리하고 있기 때문이었다. 우리나라에서의 이전등기청구권의 대위행사는 물권변동과정의 공시기능의 역할을 수행하고 있는데, 프랑스에서는 등기가 이와 같은 기능을 수행할 수 있도록 별도의 법체제를 구축하고 있었고, 말소등기청구권의 대위행사 사례와 관련하여서는 프랑스에서는 우리와 같이 '등기의 말소'라는 개념이 등장하지 않는다는 것과 우리의 말소등기청구권의 대위행사의 대표적 사례인 부동산 이중양도가 프랑스에서 어떻게 규율되고 있는가 등을 살펴봄으로써 프랑스에서 간접소권과 관련하여 말소등기청구권의 대위행사 유형의 판례가 등장하지 않는 이유를 알아보았다.

한편 프랑스에서는 피보전채권이 금전채권인 경우에는 채무자의 무자력을 요구하지 않고도 간접소권의 행사를 인정하는 판결이 등장하지 않고 있었는데, 이는 프랑스는 우리나라와 금전채권에 관한 집행방법을 달리하고 있기 때문이었다.

이상의 내용으로부터 우리나라에서는 채무자의 무자력을 요하지 않고도 채권자대위권의 행사를 허용하는 사안들이 프랑스보다 다양하고 넓게 나타나고 있음을 알 수 있다. 이는 채권자대위권이 우리나라 법질서 전체 속에서 유기적으로 기능하고 있으며 우리나라의 법질서의 총체가 프랑스의 그것과 같을 수가 없다는 점에서 나타나는 자연스러운 현상이라고 생각한다. 위 판례들을 비교·검토함에 있어서도 채권자대위권과 간접소권뿐만 아니라, 양 국가의 물권법, 부동산등기관련법률, 강제집행법, 임대차 관련 법률 등도 함께 검토할 수밖에 없었던 것도 바로 이러한 이유에서였다.

그렇다면 우리나라 판례의 논리를 프랑스와 동일하게 정리할 수는 없다고 생각한다. 현재 프랑스 학설은 '채무자의 채권을 행사할 이익(intérê àt agir)'의 내용을 채권자의 채권이 금전채권일 경우에는 채무자의 무자력일 것으로, 비금전채권일 경우에는 채무자의 권리불행사가 채권자의 권리실현을 방해할 때(채무자의 무자력일 필요가 없는 때)로 분류하여 이해하고 있다.[96] 프랑스에서는 채권자의 채권이 금전채권인 경우에는 채무자의 무자력 여부와 관계 없이 제3채무자로부터 직접 변제를 받을 수 있는 제도가 민사소송법에 마련되어 있기 때문에 위와 같이 간편한 판례의 분류가 가능하다. 그러나 우리나라 판례에는 채무자가 무자력일 필요가 없는 경우로서 피보전채권이 금전채권인 경우도 다수 나타나고 있고 그 취지가 프랑스 민법상의 간접소권 운영의 논리와 반드시 같은 것은 아니기 때문에 우리는 독자적으로 판례의 논리를 추출할 필요가 있다고 생각한다.

Ⅲ. 우리 학설의 입장

1. 문제의 제기

일정한 경우 채무자의 무자력을 요하지 않고도 채권자대위권의 행사를 허용하는 대법원 판례에 대해서 우리 학계에서는 다양한 입장을 표명해왔다. 앞에서 살펴본 바와 같은 구체적 사안들에서 채권자는 채무자의 권리를 대위행사하지 않고는 자신의 채권을 실현시킬 수 있는 방법이 없었고 또 그와 같은 경우 채무자의 무자력을 요구하지 않더라도 채권자가 채무자의 권리를 대위하여 행사하는 것이 채무자에 대한 부당한 간섭이라고 보기는 어렵다는 점에서 대법원은 구체적 타당성 있는 결론을 도출한 것으로 볼 수 있다. 이상과 같은 대법원 판례에 대한 우리나라 학계의 평가를 보면, 구체적인 사안에서의 채권자의 권리 구제의 필

---

96) Civ.3 14 nov. 1985, D.1986.369, note AUBERT 참조.

요성에 대해서는 대체적으로 공감하고 있는 것으로 보였으나, 채권자대위권을 통해서 그와 같은 결론을 도출하는 판례의 논리에 대해서는 비판적인 견해들도 제시되고 있었다. 이와 관련하여 특히 프랑스법상의 직접소권(action directe)을 언급하는 견해들이 있는데, 과연 이러한 견해들이 타당한 것인지를 알아보기 위해서 우리 법에서 채무자의 무자력을 요하지 않고도 채권자대위권의 행사를 허용했던 구체적 사안들이 실제로 프랑스에서 직접소권으로 해결하고 있는 것인지, 프랑스법상 직접소권의 개념과 그 기능은 무엇인지 등을 간략히 살펴볼 필요가 있다.

　이하에서는 채무자의 무자력을 요하지 않고도 채권자대위권의 행사를 허용하는 대법원 판례에 대한 우리 학설의 평가 내용들을 살펴본 이후, 프랑스법상 직접소권에 관한 내용을 본 주제의 이해를 돕는 범위 내에서 살펴보고, 마지막으로 기존 학설의 입장에 대하여 필자의 입장을 정리한다.

2. 대법원 판례에 대한 학설의 평가

1) 긍정적인 입장

　피보전채권이 특정채권인 경우, 등기청구권의 대위행사를 통해서 등기부의 기재를 실체적 권리관계와 일치케 하는 작용을 하게 되고, 임차인의 방해배제청구권의 대위행사의 경우에는 부동산임차권에 기한 방해배제청구권을 인정할 것이냐는 아직도 해결하지 않는 어려운 문제이므로 우리의 민법이론으로서는 채권자대위권에 의하여서만 방해배제를 청구할 수 있을 뿐이라고 새겨야 할 경우(임차물을 점유하고 있지 않은 임차인의 경우)가 있기 때문에 판례이론은 타당하다는 견해가 있다. 이와 같은 사례의 경우 제3자에게 부당한 손해를 줄 염려가 없고, 민법상 합리적인 효과를 거둘 수 있다는 점을 강조하고 있다. 또한 피보전채권이 금전채권인 경우에는 민법상의 직접청구권(민법 제630조 제1항)을 인정하는 것과 같은 결과를 가져오는 것이 타당하다는 데서 예외를 인정한 특수한 경우로 이해해야 한다고 한다.[97] 채권자대위권의 새로운 기능에 주목하여 채권자대위권의 법적 성질을 포괄담보권으로 파악하려는 견해도 대법원 판례의 논리에는 수긍하고 있는 것으로 보인다.[98]

2) 부정적인 입장

반면 특정채권의 보전을 위하여 채권자대위권을 행사하는 채권자의 권리 구제의 필요성 자체는 인정하되, 판례가 이를 채권자대위권의 행사라는 논리에 의하여 해결하는 것은 부당하다는 견해들도 제시되고 있다. 즉, 이들은 채권자대위권 제도가 비정상적으로 비대하게 된 경우로서 직접청구권의 문제로 보아야 할 문제를 채권자대위권의 틀에서 해결하고자 한 오류가 있다는 견해,[99] 임차인의 방해배제청구권의 대위행사 유형의 경우에는 임차인은 자신의 채무자인 임대인에 대해서 권리를 수상하는 것으로 임차인의 권리 보호에 소홀하지 않으므로 대위행사 자체를 허용하지 말고, 등기청구권의 대위행사 유형의 경우 최종양수인의 원매도인에 대한 직접청구를 허용해야 하고, 주유소 운영계약상의 권리의 대위행사를 허용한 최근 대법원 판례에 대하여 가급적 채권자대위권의 전용 현상을 줄여야 하는데 그에 반한 판결이었다고 부정적으로 보는 견해[100] 등이 제시되고 있다.

---

97) 郭潤直(註 9), 132면.
98) 金亨培(註 9), 360면.
99) 명순구, "프랑스 민법 연구의 성과 및 향후의 전망 – 채권자대위제도의 운용을 중심으로 –", 比較私法 12권 1호(통권 28호), 韓國比較私法學會, 2005.3, 70면 이하.
100) 康奉碩, "債權者代位權에 있어서 債權保全의 必要性", 民事判例研究 24집, 2002, 196~198면.

3) 검 토

대법원 판례의 논리를 수긍하지 않으면서 위 사안들에 있어서는 직접 청구권에 의하여 해결해야 한다는 견해는 다음과 같은 점에서 수긍할 수 없다.

첫째, 이 견해는 우리나라 판례가 특정채권을 보전하기 위한 채권자대위권의 행사를 허용하는 것을 채권자대위권이 '비정상적'으로 운영된 것으로 평가하고 있는데, 모법인 프랑스법 하에서도 1980년대 이후 채무자의 무자력을 요하지 않고도 비금전채권 보전을 위한 간접소권의 행사가 프랑스 판례에 의하여 허용된 만큼 현재 우리나라 판례를 두고 채권자대위권이 '비정상적으로' 운영되고 있다고 평가할 수는 없다고 생각한다.

둘째, 채무자의 무자력을 요하지 않고도 채권자대위권의 행사를 허용했던 구체적 사안들에 있어서 과연 프랑스가 직접소권에 의하여 문제를 해결하고 있는가 하는 점이다. 앞에서 살펴본 바와 같이 우리 법상 임차인의 건물인도청구권의 대위행사 유형과 유사한 사례에 있어서 프랑스 판례는 채권자가 간접소권에 의하여 위법한 거류자에 대한 퇴거청구권을 행사할 수 있도록 하고 있고, 주유소 운영계약상의 권리를 대위행사한 최근 대법원 판결과 유사한 프랑스의 간접소권과 관련한 판결이 있었다. 또한 법률행위에 의한 물권변동에 관하여 의사주의를 취하고 있는 프랑스도 부동산 등기에 있어서 물권변동의 과정을 충실히 반영시키고자 하는 체제를 구축하고 있음은 앞에서 살펴본 바와 같다. 따라서 대법원 판례가 채무자의 무자력을 요하지 않고도 채권자대위권의 행사를 허용한 사안들에 대해서 프랑스가 직접소권에 의하여 해결하고 있다고 평가할 수는 없다.

셋째, 임차인의 건물인도청구권의 대위행사 유형에 있어서 임차인은 자신의 채무자인 임대인에 대하여 그의 권리를 행사하는 것으로 족하므

로 대위행사를 허용할 필요가 없다는 견해 역시 수긍할 수 없다. 특정채
권을 보전하기 위한 채권자대위권의 대위행사를 허용하게 된 계기가
'채무자가 자신의 권리를 행사하지 않고 있고' '이로 인하여 채권자는
자신의 채권을 실현시킬 수 있는 방책이 없는' 상황인데, 아무런 조치를
취하고 있지 않는 채무자에게 채권자가 자신의 권리를 계속 주장하기만
하는 것으로 임차인의 권리가 제대로 보호될 수는 없기 때문이다.

　판례가 인정해왔던 특정채권을 보전하기 위한 채권자대위권 행사의
사례들은 '채권자의 권리 보호의 필요성'을 전체적인 취지로 삼고 있지
만, 개별적인 경우에 있어서 채권자대위권이 담당하는 기능은 다른 측면
이 있다. 예를 들어서 최종매수인의 원매도인에 대한 직접적인 등기청구
를 허용하지 않고 대위행사만을 허용하는 것은 '물권변동의 과정을 충
실하게 공시'하고자 함에 있다. 직접적인 등기청구를 인정해야 한다는
견해들은 적어도 등기청구권의 대위행사를 통한 등기의 '물권변동의 과
정 공시' 측면에 대하여 면민한 검토를 거쳤어야 한다고 생각한다.

　그러나, 특정채권을 보전하기 위한 채권자대위권 행사의 기능적 측면
을 고려하여 판례의 논리에 찬성하면서도 피보전채권이 금전채권인 경
우에 대하여 민법상의 직접청구권을 인정하는 것과 같은 결과를 가져오
는 것이 타당하다는 데서 예외를 인정한 특수한 경우로 평가하는 견해
역시 문제가 없는 것은 아니다. 여기서 '민법상의 직접청구권을 인정하
는 것과 같은 결과를 가져오는 것이 타당'하다는 것은 필자가 앞서 대법
원 판례를 분석하면서 '대위채권이 채무자를 거쳐서 궁극적으로 채권자
에게 귀속될 때'라고 표현한 것과 유사한 의미를 담고 있는 것으로 보인
다. 그러나, 임대차보증금의 양수인이 자신의 채권을 보전하기 위하여
임대인의 건물인도청구권을 대위행사하는 것을 허용한 사안[101]은 피보
전채권이 금전채권이기는 하지만, 대위채권인 건물인도청구권 자체를
채권자에게 귀속시키는 것으로 궁극적인 해결이 되지 못한다.

---

101) 大判 1989.4.25, 88다카4253,4260(공보 850, 809).

채무자의 무자력을 요하지 않고도 채권자대위권의 행사를 허용했던 대법원 판례의 논리에 대해서 긍정적인 시각을 보이는 견해와 부정적인 견해를 보이는 견해 모두 판례 사안들에 대하여 프랑스법상의 직접소권과의 연관성을 언급하고 있다. 그러나 채무자의 무자력을 요하지 않는 경우로서 피보전채권이 특정채권인 경우, 이와 유사한 사안에 대해 프랑스에서도 간접소권으로 해결하고 있거나 우리나라와 동일한 기능을 담당하는 다른 법체제를 구축하고 있었으므로 프랑스법상의 직접소권과는 무관하다고 보아야 한다. 그렇다면 피보전채권이 금전채권인 경우에는 프랑스법상의 직접소권과 관련이 있는가? 이하에서는 본 논문의 이해를 돕는 범위 내에서 직접소권의 의의 및 내용을 간략히 살펴보기로 한다.

3. 프랑스법상 직접소권(action directe)

1) 직접소권의 의의

채권자가 자신의 채무자의 채무자, 즉 제3채무자에 대하여 '자신의 이름으로(en son propre nom)', 그리고 '자기 자신의 계산으로(pour son propre compte)' 채무의 이행을 구할 수 있는 권리를 말한다. 간접소권이 모든 채권자에게 부여되는 일반적 권리임에 비하여, 직접소권을 행사하는 채권자 입장에서는 자신의 채무자 외에 제3채무자를 청구의 대상으로 추가할 수 있다는 점에서 법정 인적 담보(sûreté personnelle légale)를 취득하는 특별한 권리를 누리기 때문에 채권자는 명문의 규정이 없는 한 직접소권을 행사할 수는 없다. 이러한 직접소권은 프랑스 민법을 비롯한 여러 규정에 산재해 있으며, 본래는 프랑스 판례에 의해 인정되던 것들이 법에 규정된 것이다.[102]

---

102) TERRÉ, SIMLER et LEQUETTE, *op.cit.*, n°1187(p.1103).

2) 프랑스법상 직접소권의 예

프랑스법상 직접소권(직접청구권)이 인정되는 예는 다음과 같다.

① 부동산 임대인이 전차인에 대하여 전대차의 차임을 한도로 차임을 직접 청구하고 기타 전차인의 채무 이행을 청구할 수 있는 권리(프랑스 민법 제1753조)

② 건축업에 고용된 피용자가, 자신의 고용주와 계약을 체결한 건물 소유주에 대하여 임금의 지급을 직접 청구할 수 있는 권리(프랑스 민법 제1798조 및 프랑스 노동법(Code du travail) 제143-8조)

③ 위임인이 복수임인에 대하여 직접 권리를 행사할 수 있는 것(프랑스 민법 제1994조 제2항)

④ 피해자가 책임보험자를 상대로 직접 손해배상을 청구할 수 있는 권리(프랑스 보험법 제124-3조)

⑤ 부양료 채권자가 자신의 채무자의 채무자인 제3채무자에게 (그 제3채무자의 채무가 금전채무이고 기한이 도래한 경우) 자신에게로 직접 금전을 지급할 것을 청구할 수 있는 권리(1973년 1월 2일 제73-5호 법률 제1항)

⑥ 하수급인이 도급인을 상대로 직접 급료를 청구할 수 있는 권리(1975년 12월 31일 법률 제11조)

⑦ 변호사나 소송대리인이 유책판결을 받은 당사자에 대하여 자신이 미리 지급한 비용의 상환을 요구하는 권리(프랑스 신민사소송법 제699조)

⑧ 해상 운송에 있어서 선박 소유주가 재용선자에 대하여 용선료의 지급을 직접 청구할 수 있는 권리(1966년 6월 18일 제66-420호 법률 제14조)

⑦ 보험 목적물에 대하여 저당권, 질권, 우선특권 등의 물적 담보를 갖고 있는 자가 보험회사에 대하여 보험금을 직접 청구할 수 있는 권리(프랑스 보험법 제121-13조)

⑧ 파견근무한 근로자가, 자신을 파견한 회사가 파산한 경우, 파견근

무했던 회사에 대하여 직접 임금을 청구할 수 있는 권리(Article R124-8) 등등 여러 가지이다.

3) 직접소권의 근거

위의 직접소권들은 형평(équité)과 배분적 정의(justice commutative)가 요구되는 경우, 계약의 상대적 효력의 원칙과 채권자평등원칙의 예외를 둘 필요가 있다는 점에서 마련된 것들이다. 그러나, 위와 같은 규정들을 두게 된 구체적인 근거는 개별 규정마다 다르다. 예를 들어, 위 ②, ⑥의 경우에는 채권자의 채권과 제3채무자의 채무 사이에 긴밀한 연관성(connexité)이 인정되고 제3채무자의 재산이 [대가를 지급함이 없이] 증식되었다는 사고에 바탕을 두고 있다고 하고, ④의 경우에는 피해자에 대한 보상을 보장할 필요가 있다는 점에 근거를 두고 있으며, ⑤의 경우 부양료 지급을 보장할 필요가 있기 때문이라고 한다.[103]

4) 우리 법상 프랑스법의 직접소권에 해당하는 규정들

그러나, 프랑스뿐만 아니라 우리 법에도 채무자가 제3채무자를 상대로 직접 채무의 이행을 청구하는 권리들이 인정되고 있다. 우리 민법 제630조 제1항에서는 임차인이 임대인의 동의를 얻어 임차물을 전대한 경우, 전차인은 직접 임대인에 대하여 의무를 부담하는 것으로 하고 있는데, 이 규정은 앞서 본 프랑스 민법 제1753조로부터 유래된 것이다. 그리고, 우리 민법 제682조 제2항은 동법 제123조 제2항을 준용하고 있어서 복수임인은 위임인에 대하여 수임인과 동일한 권리의무가 있으므로 위 ③과 같은 취지가 관철되어 있다고 할 수 있다. 한편 상법 제724조 제2항은 책임보험에 있어서 피해자가 보험자에 대하여 보험금의 한도 내에

---

103) TERRÉ, SIMLER et LEQUETTE, *op.cit.*, n°1192(p.1110 et s.).

서 보험자에게 직접 보험금을 청구할 수 있는 권리를 인정하고 있으며 이는 앞서 본 ④에 해당하는 내용이다. 하도급거래공정화에 관한 법률 제14조에서는 도급인이 일정한 경우 하도급인에게 하도급비용을 직접 지급하도록 규정하고 있고, 이는 위 ⑥의 내용과 유사하다. 그리고 상법 제812조의 5 제3항에서는 정기용선에 있어서 선박소유자가 정기용선자에 대한 용선료 등의 정기용선계약상의 채권을 담보하기 위하여 정기용선자가 적하이해관계인에 대하여 가지는 용선료 또는 운임의 채권을 목적으로 질권을 설정한 것으로 간주하고 있다. 즉, 우리 법상 선박소유자는 재용선자의 용선료에 대하여 법정질권을 취득하게 되므로 선박소유자는 재용선자에 대하여 재용선료의 지급을 직접 청구할 수 있게 된다 (민법 제345조 및 제353조 제1항). 이는 프랑스에서 선박소유자에게 재용선료에 대한 직접소권을 인정하는 것(위 ⑧)과 별반 다르지 않다.

5) 소 결

지금까지 프랑스법상 직접소권의 내용과 이에 상응하는 우리나라 법률 규정들을 간략히 살펴본 바에 따라 다음과 같이 정리할 수 있다.

우선, 직접소권은 프랑스에만 존재하는 것이 아니라는 점이다. 프랑스 민법이 간접소권처럼 직접소권에 관한 일반적 규정을 두고 있는 것은 아니고, 직접소권에 해당하는 규정들은 프랑스 민법을 비롯한 여러 프랑스 법령들에 산재해 있다. 그런데 프랑스법상의 직접소권과 유사한 취지를 담고 있는 법 규정들이 우리나라에도 존재하고 있음은 앞서 살펴보았다.

둘째, 직접소권 내지 직접청구권은 그때그때의 '구체적 필요'에 따라 인정되어 온 것이다. 따라서 당해 사안에 대하여 채권자의 제3채무자에 대한 직접 청구를 인정하는 명문의 규정이 없는 한 (계약의 상대적 효력 원칙상) 함부로 인정할 수 없는 것이다. 비록 '형평성'이라든가, 혹은 '배분적 정의'라는 요구에 의하여 계약의 상대적 효력 원칙에 대한 예외를 인정해야 할 필요가 당해 사안과 관련하여 발생한다 하더라도 그러하다. 그런데 프랑스에서 직접소권이 인정되는 구체적인 경우들을 보면, 우리 법상 피보전채권이 금전채권인 경우로서 채무자의 무자력을 요하지 않았던 판례 사안들과는 (비록 그 취지의 유사성을 찾을 수 있다 하더라도) 그 구체적인 내용을 달리하고 있음을 알 수 있다. 따라서 피보전채권이 금전채권인 경우로서 채무자의 무자력을 요하지 않았던 대법원 판례 사안에 해당하는 사례에 대하여 프랑스에서는 직접소권에 의하여 이를 해결하고 있다고 보아서는 안 될 것이다. 계약의 상대적 효력 원칙의 예외를 인정해야 할 만큼 직접청구권을 보장할 것인가 여부에 대한 판단은 개별적 사안별로 판단해야 할 문제이며, 또 각 국가나 사회의 가치관에 따라 달라질 수 있는 문제라고 생각한다.

Ⅳ. 검 토

지금까지 우리 민법 제404조 소정의 채권자대위권에 관한 요건과 프랑스 민법 제1166조의 간접소권에 관한 [프랑스 판례상의] 요건 일반을 검토하였고, 이를 토대로 채무자의 무자력을 요하지 않고도 채권자대위권의 행사를 허용하였던 대법원 판례의 내용들을 분석한 이후 이와 유사한 프랑스 판례 및 프랑스법의 내용들을 살펴보았다.

종래에는 민법 제404조 제1항 소정의 '채권 보전의 필요성'의 내용을 피보전채권이 금전채권인 경우에는 채무자의 무자력일 것이 그 내용이 되고, 피보전채권이 특정채권인 경우에는 피보전채권의 현실적 이행을 확보하기 위하여 채무자의 권리를 행사할 필요가 있는 때임을 뜻한다고 파악하고, 전자는 본래형, 후자는 전용형이라고 하였다. 그러나, 채권자대위권의 '채권보전의 필요성'과 관련하여 이와 같이 파악했던 것들은 다음과 같이 수정될 필요가 있다고 생각한다.

첫째, 여기서 '전용형'이라는 호칭은 우리나라 판례가 모법인 프랑스와는 달리 '채권보전의 필요성'의 내용으로서 채무자의 무자력을 요하지 않으면서도 채권자대위권의 행사를 허용했기 때문에 부여된 것이었다. 그러나 앞서 살펴본 바와 같이 프랑스에서도 1980년대 이후 채무자의 무자력 여부를 문제삼지 않고 간접소권의 행사를 허용하는 경우들이 나타나고 있는 이상, 우리나라에서도 채무자의 무자력 여부를 문제삼지 않는 판례 유형들을 '전용형'으로 명명하기는 어렵다고 생각한다.

둘째, '채권보전의 필요성'의 내용을 파악함에 있어서 피보전채권의 성질을 기준으로 삼는 것은 타당하지 않다. 그 이유는 앞서 살펴본 바와 같이 이론적으로 피보전채권이 금전채권에 한정되어야 할 근거가 없었기 때문이다. 피보전채권이 특정채권일지라도 채무자의 무자력 요건을 충족한다면 채권자대위권의 행사를 허용하지 않을 이유가 없음에도 불구하고 기존의 분류 형식은 마치 피보전채권이 금전채권인 것이 원칙인 것과 같은 인상을 주고 있다. 과거 프랑스 판례가 피보전채권이 금전채권인 경우에만 간접소권의 행사를 허용하였기 때문에 모법과의 비교법적 측면에서 그러한 분류기준이 의미가 있었다고 평가할 수도 있으나, 프랑스도 피보전채권이 비금전채권인 경우 간접소권의 행사를 허용하고 있는 현재에 있어서는 위와 같은 분류 기준은 변경되어야 할 필요가 있다.

셋째, 따라서 '채권보전의 필요성'은 대법원 판례의 취지에 비추어 다음과 같이 파악하는 것이 타당하다. ① 피보전채권과 대위채권 간에 아무런 관련이 없을 경우, 채무자가 무자력일 것이 그 내용이 되고, ② 피보전채권과 대위채권 간에 일정한 관련이 있을 경우, 즉 ⅰ) 대위채권이 피보전채권을 실현하기 위한 직접적인 전제를 이루고 있거나 피보전채권과 대위채권이 동일한 내용이나 목적을 가지고 있을 때, ⅱ) 대위채권 자체 또는 대위채권의 목적물에 관한 권리가 궁극적으로 대위채권자에게 귀속될 성질의 것일 때에는 채무자의 무자력이 아니라 이와 같은 내용의 '관련성' 자체가 채권 보전의 필요성의 내용을 이루고 있다고 보아야 한다.

넷째, 채무자의 무자력을 요하지 않고 채권자대위권의 행사를 허용했던 대법원 판례 사안들에 관하여 프랑스법상 직접소권과 관련시키는 것은 현재로서는 타당하지 않다고 생각한다. 앞서 살펴본 바와 같이 채무자의 무자력을 요하지 않고도 채권자대위권의 행사를 허용했던 대법원 판례 사안들 중 피보전채권이 특정채권인 경우, 프랑스에서도 유사한 상황에 대하여 간접소권으로 대응하고 있거나 이를 해결하기 위한 다른 법체제를 구축하고 있었으므로 직접소권과 관련이 없다. 그리고, 프랑스법상 직접소권에 해당하는 규정들을 살펴보면 피보전채권이 금전채권인 경우로서 채무자의 무자력을 요하지 않고 채권자대위권의 행사를 허용했던 판례 사안들과는 구체적인 내용을 달리하고 있으므로 위 대법원 판례들과 유사한 상항에 대하여 프랑스에서는 직접소권에 의하여 해결하고 있다는 판단을 성급하게 내려서는 안 된다고 생각한다.

제4절 채권자대위권 행사의 객체

I. 서

채권자가 대위할 수 있는 대위채권에는 어떠한 것들이 있는가? 즉, 대위채권의 범위는 어디까지인가? 채권자는 민법 제404조 제1항 본문에 의하여 채무자의 '모든' 권리를 대위행사할 수 있음이 원칙이다. 프랑스 민법 제1166조도 이를 명시하고 있다. 그러나 이와 같은 원칙에도 예외가 있는데, 동 조항들은 모두 채무자의 일신에 전속한 권리를 대위채권의 범위에서 명문으로 제외시키고 있는 것이 그러한 예외의 한 예이다. 프랑스 문헌들을 살펴보면 간접소권의 행사대상에서 제외되는 권리인지 여부를 판단하고 분류하는 기준들이 우리나라보다 상세하게 나타나고 있고 이와 관련한 재판례들도 많은 편이다. 따라서 이하에서는 대위채권의 범위에 관한 프랑스법상의 판단기준 일반론과 간접소권의 행사대상으로서 허용될 것인지 여부에 대해서 논란이 많았던 주요 프랑스 판결들을 먼저 살펴보기로 하겠다. 그리고 우리 법상의 내용을 살펴보면서 그 내용들을 비교해보도록 한다.[1]

II. 프랑스에서의 대위채권의 범위

1. 일반론

채권자는 채무자의 '모든' 권리를 대위행사할 수 있음이 원칙이다. 그

---

1) 다만, 프랑스와 우리나라의 (민법을 포함한) 법질서의 내용이 다르기 때문에 프랑스법상에서 대위행사되는 권리의 구체적 내용은 우리에게 생소한 것들이 많다. 이러한 부분에 대해서는 이해를 돕는 범위에서 해당 부분에서 그 권리의 내용들을 간략하게 소개하였다.

러나, 프랑스 민법 제1166조 명문 규정상, 그리고 간접소권의 성질상 다음과 같은 것들은 대위채권의 범위에서 제외된다.

1) 권능(faculté)과 선택권(option)

권능(faculté)이란, 당사자가 자신의 의사에 의하여 그 본질적 요소가 이미 실현되어 있는 법적 상황이 아닌 새로운 법적 상황을 창출할 수 있는 능력으로서, 권리(droit)와는 구별되는 개념이다. 채무자에게 이와 같은 권능이 부여되어 있을 경우, 채무자 자신의 의사를 중시해야 하므로 채권자에 의한 간접소권의 행사대상에서 제외된다는 것이다. 예를 들어, 매매, 교환, 증여 등의 청약을 수락하는 것, 예술작품 등의 창작물을 공개하는 것, 부재자 재산의 점유를 부여(envoi en possession)[2]해줄 것을 요구하는 것 등을 들고 있다.[3] 이러한 권능은 프랑스 민법 제1166조에 규정되어 있는 '일신에 전속한 권리'에 해당하므로 권능(faculté)과 권리(droit)를 굳이 구별할 필요가 없다고 주장하는 학자들[4]도 있었다고 하나, 위와 같이 구별하는 것이 프랑스 민법 제1166조로부터 진정한 의미의 권리와 구별되는 권한(prérogative)[5]을 배제하는 원칙을 제시한다는 측면에서 그 실익이 있다고 함이 일반적이다.[6][7]

---

2) 법원의 결정을 얻어서 일정한 재산을 점유할 수 있는 제도. 예를 들어, 프랑스 민법 제1008조에서는 포괄수증자는 유류분 권리자가 존재하지 않을 경우 법원의 허가를 얻어서 유언자의 상속재산을 점유할 수 있는 것으로 규정하고 있다. 자세한 내용은 TERRÉ et LEQUETTE, *op.cit.*, n°696 et ss.(p.580 et ss.).

3) PLANIOL et RIPERT, *op.cit.*, n°901(p.232 et ss,).

4) G. Baudry-Lacantinerie et L. Barde, *Précis de droit civil*, 13ᵉ éd., t. Ⅱ, 1925, n°204 ; Juris Classeur 1996, Art. 1166 n°27(p.8)에서 재인용.

5) 권리의 속성 ; 권리를 보유한 자가 배타적으로 누리게 되는 권능으로서 당해 권리의 내용을 구성한다. 예를 들어 처분, 사용, 수익 등은 소유권을 이루는 권한들이다. G. CORNU, *op.cit.*, p.662.

6) Juris Classeur Civil 1996, Art. 1166, n°27(p.8).

7) 권능(faculté)과 권리(droit)는 후자의 경우, 청구의 대상으로서 제3자를 전제로

반면 선택권(option)이 간접소권의 대상이 되는가에 대해서는 논란이
있다.

우선 여기서 '선택권(option)'이란 무엇을 의미하는가를 알아야 하는데,
이는 일정한 기간 내에 수 개의 대상 중 하나를 선택할 수 있는 권능을
말하며, 법률, 당사자의 의사, 유언 등에 의하여 부여된다고 한다. 프랑
스 민법 제744조 이하에 의하여 상속인은 상속의 승인, 상속의 한정승
인, 상속의 포기 중 하나를 선택할 수 있는 것(option successorale; 상속선
택권), 당사자 합의에 의하여 매매의 일방예약권 행사 여부를 결정할
경우 등이 이에 해당한다.8) 구체적으로 간접소권의 행사대상이 될 수
있는가 여부의 논의 대상이 되는 선택권에는 유증, 상속 등을 승인할 것
인지 여부, 환매권을 행사할 것인지 여부(réméré), 공동상속인의 환수권
행사 여부(retrait successoral)9), 혼인해소시 처의 환수권 행사 여부(retrait
d'indivision)10) 등이 거론되고 있다고 한다.11)

하여 그 제3자에게 어떠한 의무를 강제할 수 있다는 점에서 전자와 구별된
다고 한다. 예를 들어, 어떤 건물의 소유자는 자신의 건물을 '임대할 권리'
가 있다. 그러나, 이는 엄밀한 의미에서 '권리'가 아니라 '권능'이다. 왜냐하
면, 그는 어느 누구에게도 자신의 건물을 임차할 것을 강요할 수는 없기 때
문이다. 반면 누군가와 임대차관계가 설정된 후에 임차인이 임차건물을 훼
손하였다면, 그에게 일정한 권리(droit)[손해배상청구권 등]를 가지게 된다.
Juris Classeur Civil 1996, Art. 1166, n°28(p.8).

8) G. CORNU, op.cit., p.597 et s. 상속선택권(option successorale)의 개념에 대한 자
세한 내용은 TERRÉ et LEQUETTE, op.cit., n°643 et s.(p.533 et s.)

9) 구 프랑스 민법 제841조에 의히여 수인의 상속인 중 1인이 자신의 상속지분
을 제3자에게 매각했을 경우, 다른 상속인들이 제3자에게 매수대금과 비용
을 지급하고 그 지분을 환수함으로써 제3자를 상속재산분할관계에서 배제
할 수 있었던 권리. G. CORNU, op.cit., p.777. 우리 민법 제1011조에 상응하는
내용으로 보인다.

10) 혼인기간 중 남편이 부인의 재산을 유상으로 취득한 바가 있었는데, 이후
이혼을 하게 될 경우 부인이 그 비용을 지급하고 자신의 재산을 찾아올 수
있는 권리. 이 권리는 1965년 7월 13일 법에 의하여 폐지되었다. G. CORNU,
op.cit., p.777.

2) 압류할 수 없는 권리

프랑스 민법 제1166조에서는 이를 규정하고 있지 않으나, 채권자가 간접소권을 행사하는 것은 궁극적으로 채무자의 재산을 압류하기 위함에 있으므로 압류할 수 없는 권리는 간접소권에 의하여 행사하게 할 필요가 없다는 것이다(*pas d'intérêt, pas d'action*).[12] 이러한 권리에는 부양료청구권, 퇴직연금청구권, 산재사고로 인한 보상금청구권 등이 있고, 프랑스 판례도 압류할 수 없는 권리에 대하여는 간접소권의 행사를 허용하지 않았다고 한다.[13]

그러나, 이와 같이 단정하는 것은 단순논리에 지나지 않는다는 견해도 제시되고 있다. 즉, 어떤 권리가 압류할 수 없는 성질을 갖는 것은 그 권리가 특정된 때에 한한다는 것이다. 예를 들어, 임금채권은 일반적으로 압류가 금지되는 것이지만, 채무자[임금채권자]가 이미 이를 수령하여 일반 재산에 혼입되었을 때에는 압류할 수 있는 상태가 된다. 게다가 만일 채무자가 임금이나 부양료 등을 청구하였다면 위 권리들이 일반재산에 혼입됨으로써 채권자가 간접소권을 행사할 수 있는 상태가 될 것인데, 채무자가 위 권리들을 청구하지 않는다면 채무자는 채권자가 간접소권을 행사할 수 있는 상태를 회피하는 것이 된다. 따라서 압류할 수 없는 권리는 간접소권의 행사대상에서 제외할 필요가 없고, 채무자의 일신에 전속한 권리만 제외하는 것으로 족하다는 것이다.[14]

---

11) PLANIOL et RIPERT, *op.cit.*, n°901(p.233 et s.).; RAYNAUD, AUBERT et BARATON-HOEFFINGER, *op.cit.*, n°24(p.3).
12) RAYNAUD, AUBERT et BARATON-HOEFFINGER, *op.cit.*, n°27(p.3).
13) STARCK, ROLAND et BOYER, *op.cit.*, n°541(p.307 et s.).
14) H. L. et J. MAZEAUD, *supra note 11*, n°964(p.1044); STARCK, ROLAND et BOYER, *op.cit.*, n°541(p.307).

3) 비재산적 권리

비재산적 권리가 간접소권의 행사대상에서 제외되는 이유는, 이와 같은 권리는 그 행사 여부가 채무자의 독자적인 의사에 의하여 결정되어야 하는 것으로서[15] 일신전속성의 특성이 강하기[16] 때문이다. 예를 들어, 이혼청구권, 별거청구권, 상대적 혼인무효소권, 친생부인권, 친권으로부터 도출되는 권리 등 기타 신분에 관한 권리가 이에 해당한다.[17] 채권자가 이러한 권리들에 대하여 금전적 이해관계가 있더라도 권리 귀속자인 채무자 자신의 의사가 중시되어야 하는 이상 간접소권의 행사대상이 되지 않는다. 예를 들어, 일방 배우자의 채권자는, 타방 배우자에 의하여 채무자의 재산이 탕진되고 있을 때 이혼청구권을 행사할 금전적인 이해관계를 가지고 있을 수 있다. 또한 자신의 채무자가 막대한 양의 재산을 상속할 권리가 있을 경우 채권자는 채무자의 친자관계를 확인할 금전적 이해관계를 가지고 있을 수 있다. 그러나, 그렇다 할지라도 채권자는 간접소권에 의하여 채무자의 신분상의 권리를 행사할 수 없다.[18]

4) 채무자의 일신에 전속하는 재산적 권리

이러한 권리들이 간접소권의 행사대상에서 제외되는 것은 프랑스 민법 제1166조의 명문 규정상 당연하다. 이러한 권리들에는 채무자 개인의 정신적 판단(appréciation d'ordre moral)이 포함되어 있기 때문이다. 예를 들어, 명예훼손을 이유로 하는 손해배상을 청구하는 경우, 수증자의 망은행위를 이유로 증여를 취소하거나 배우자 간의 증여를 취소하는 경우, 배우자 간 재산분리를 청구하는 경우 등이 이에 해당한다.[19]

---

15) H. L. et J. MAZEAUD, *supra note 11*, n°963(p.1044).
16) RAYNAUD, AUBERT et BARATON-HOEFFINGER, *op.cit.*, n°28(p.3).
17) STARCK, ROLAND et BOYER, *op.cit.*, n°539(p.306).
18) H. L. et J. MAZEAUD, *supra note 11*, n°963(p.1043).

손해배상청구권에 있어서는 재산적 손해와 비재산적 손해에 따라 다르다.

정신적 손해의 전보를 목적으로 하는 손해배상청구권(가족의 사망으로 인한 고통, 명예훼손으로 인한 피해 등)은 피해자 자신에 전속한 권리이다. 반면, 채무자의 재산에 가해진 손해에 대한 배상청구권은 간접소권에 의하여 행사될 수 있다. 또한 채무자의 신체적 완전성에 가해진 손해에 대한 배상청구권도 마찬가지로 간접소권의 행사 대상이 된다. 예를 들어, 피해자의 노동능력 감소로 인한 손해 등이 그것이다. 이러한 권리에는 정신적 판단이 포함되어 있지 않기 때문이다.[20] 그러나 프랑스 판례는 아직까지 명확한 판단을 내리지 못한 채 흔들리고 있다고 하는데, 이에 대해서는 이후에 자세히 살펴보도록 한다.

5) 검 토

이상의 내용들은 간접소권의 적용범위와 관련하여 프랑스 문헌에서 소개되고 있는 분류에 따라서 소개한 것이다. 이들 중에서 '압류할 수 없는 권리'는 간접소권이 집행절차의 준비단계로서의 성격을 지니고 있다는 것으로부터 도출된 것이고, 그밖의 것들, 즉 권능(faculté)과 선택권(option), 비재산적 권리, 채무자의 일신에 전속하는 재산적 권리 등은 프랑스 민법 제1166조 소정의 '일신전속권'의 내용을 강학적으로 분류한 것에 지나지 않는다고 생각한다. 실제 프랑스 판례는 위 강학상의 권능(faculté)이나 선택권(option)에 해당하는 권리들을 간접소권의 행사대상에서 제외시키면서 이들이 권능이기 때문에, 혹은 선택권이기 때문이라는 이유를 제시하는 것이 아니라, 채무자의 일신전속권에 해당하기 때문이라고 설시하고 있다.[21] 따라서 프랑스법상 간접소권의 행사대상에서 제

---

19) STARCK, ROLAND et BOYER, *op.cit.*, n°540(p.307).

20) H. L. et J. MAZEAUD, *supra note 11*, n°963(p.1044).

21) RAYNAUD, AUBERT et BARATON-HOEFFINGER, *op.cit.*, n°25(p.3).

외되는 권리에는 크게는 프랑스 민법 제1166조 소정의 채무자의 일신에 전속한 권리와 압류할 수 없는 권리로 요약할 수 있을 것이다.

한편 위에서 예시된 권리들이 간접소권의 행사대상에서 제외되는지 여부에 대해서는 실제 프랑스 학자들 간에도 논란이 많고 프랑스 판례도 일관된 입장을 보이지 않는 경우가 많다. 그리고 시간의 경과에 따라 프랑스 법원의 입장도 많이 변화하고 있다. 제3장에서 비금전채권을 보전하기 위하여 임대차계약 해지권의 대위행사를 인정하기까지 프랑스 판례의 변화를 살펴본 것도 이러한 예의 하나이다. 이하에서는 프랑스 판례상 간접소권의 행사대상으로서 인정되는 권리인지 여부가 많이 문제되었던 대표적인 사안들을 살펴보기로 하겠다.

2. 구체적인 예

1) 신체 상해로 인한 손해배상청구권

채권자가 간접소권에 의하여 채무자의 신체상해로 인한 손해배상청구권을 행사할 수 있는지 여부는 프랑스에서 오래 전부터 다투어져 왔다. 1900년대 전반기에 프랑스 법원은 "채권자가 민법 제1166조에 의하여 채무자의 이름으로 채무자의 재산적 손해에 대한 배상청구권을 행사할 수 있다 하더라도 육체적 능력을 감소시킨 손해에 대한 배상청구권은 채무자의 일신에 전속한 권리이므로 이와는 다르다"고 판시함으로써 부정적인 입장이었다.[22] 툴루즈 항소법원(Cour d'appel de Toulouse)의 이와 같은 입장은 당시 판례의 주류적 입장이었고,[23] 다만 학계에서는 이 문제에 대하여 찬반 논의가 활발하게 진행 중이었다.[24]

---

22) Toulouse 4 mars 1938, S. 1938.2.168.
23) Toulouse 4 mars 1938, D.C.1941.J.28, note 참조.
24) Toulouse 4 mars 1938, *Gaz. Pal*.1938.1.855.

이후 1960년대에 이르러 프랑스 법원은 다음과 같이 판시하여 과거와는 다른 입장을 취하고 있음을 알 수 있다.25)

> 채무자의 재산은 채권자의 일반담보를 구성하므로 채권자는 채무자의 일신에 전속한 권리를 제외하고는 채무자의 권리를 행사할 수 있다. 신체에 가해진 손해의 배상을 청구하는 경우, 피해자만이 손해에 대해서 판단할 수 있다는 이유로 일신에 전속한 것이라고 볼 수 없는데, 왜냐하면 피해자는 통상 *pretium doloris*(위자료)라는 용어에 담겨 있는, 그가 경험한 육체적·정신적 고통에 대하여는 그 자신만이 판단의 주체가 될 수 있지만, 다른 형태의 손해, 특히 신체의 완전성을 침해한 결과로서의 일시적 혹은 영구적 노동능력의 상실은 피해자의 판단과는 무관하기 때문이다.

이 판례에 대하여 보리깡(Borricand)은 "19세기에는 신체의 완전성을 침해한 것에 근거한 권리는 일신에 전속한 것으로 보아 채권자가 행사할 수 없는 것으로 보았으나, 이러한 극단적인 입장은 오늘날에 폐기되었다"고 하고 있고, 한편 "현재 판례의 입장이 확고한 것으로 보이지는 않는다"고 하고 있어26) 당시에는 프랑스 판례의 입장이 변동되는 과도기였음을 알 수 있다. 이와 같은 프랑스 판례의 변동은 학계의 비판에 영향을 받은 것으로서, 예를 들어 마조(Mazeaud)/텅크(Tunc)는 다음과 같은 입장을 표명하고 있었다. "상해로 인하여 노동능력이 감소되거나 혹은 사망으로 인하여 노동능력을 상실한 경우 발생하는 채권은 피해자의 일신에 전속한 권리가 전혀 아니다. 자신의 노동으로 살아가다가 사고를 당해서 어쩔 수 없게 쉬게 된 사람은 부동산 소유자가 화재로 인하여 자신의 부동산이 화재로 소실되어 더 이상 차임을 받을 수 없게 된 것과 동일한 입장이다. 전자의 경우에는 신체에 손해가 가해졌고, 후자의 경우에는 재산에 손해가 가해진 것일 뿐, 피해자의 입장에서는 손해라는 점에서 동일하다."27)

---

25) Aix-en-provence 19 déc. 1963, D.1964.296.
26) Aix-en-provence 19 déc. 1963, D.1964.296, note J. BORRICAND.

이후 1983년에 채무자가 파산하였을 때 파산관재인이 채무자의 신체 상해로 인한 손해배상청구권을 행사할 수 있는가가 문제된 사안에서 프랑스 파기원 연합부(聯合部, Assemblée plénière)에서 법률에 다른 규정이 없는 한 신체상해로 인한 손해배상청구권도 채무자의 일반담보가 될 수 있다고 판시하여 긍정적인 입장을 취하게 되었다.[28] 이와 같은 판시로 인하여 신체상해로 인한 손해배상청구권이 간접소권의 행사 대상으로 인정되었다고 보는 견해가 많다.[29]

2) 정신적 손해(dommage moral)에 대한 배상청구권

명예훼손,[30] 모욕, 사생활의 침해, 초상권 기타 인격권에 대한 침해로 인한 손해배상청구권은 피해자의 일신에 전속한 것으로서 비록 이로 인하여 간접적으로 채권자가 금전적 손해를 입었을지라도 피해자의 채권자에 의하여 행사될 수 없다고 보고 있다. 가족이나 친지 등의 사망으로 인하여 위자료를 청구할 수 있는 권리도 이와 같다.[31]

한편, 정신적 손해에 대한 배상청구권일지라도 그 배상액이 이미 확정된 경우 피해자의 일신에 전속한 것으로 볼 수 없다고 판시한 것이 있다.[32] 사안에서 교통사고의 피해자가 보험회사에 손해배상청구권을 행사함으로써 일정액의 보험금을 수령할 수 있는 상태가 되었다. 그런데, 피해자가 보험회사로부터 보험금을 수령하기 전에 피해자의 채권자가

---

27) Mazeaud et Tunc, *Traité de la responsabilité civile*, t. II, n°1915.; Aix-en-provence 19 déc. 1963, D.1964.298. note J. BORRICAND에서 재인용.

28) Cass. Ass. pl. 15 avril 1983, *Gaz. Pal*.1983.473.

29) Cass. Ass. pl. 15 avril 1983, *Gaz. Pal*.1983.473, note DUPICHOT 참조. 그밖에 동 판례에 대한 상세한 평석으로는 D.1983.461, concl. DONTENWILLE, note DERRIDA; JCP 1984. II. 20216, note CHARTIER 등.

30) Civ. 1re 12 janv. 1988, D.1989.2.

31) Juris Clsseur Civil 1996, Art. 1166, n°124(p.22 et s.).

32) Civ.2, 23 nov. 1983, *Gaz. Pal*. 1984. 1. 158.

보험회사가 피해자에게 지급할 보험금액에 대하여 압류(saisie-arrêt)를 하였는데, 위 보험금에는 신체 상해로 인한 손해배상과 재산적 손해배상뿐만 아니라 정신적 손해에 대한 배상도 포함되어 있는 것이었다. 사안에서 문제되었던 것은 정신적 손해에 대한 배상청구권은 피해자의 일신에 전속한 권리이므로 압류의 대상이 될 수 없는 것 아닌가 하는 점이었는데, 파기원은 "민법 제1166조에 규정되어 있는 일신에 전속한 권리가 이미 채무자에 의하여 행사되어 채무자의 재산에 혼입된 후에 채권자가 이를 압류하는 것이 민법 제2092-2조 기타 어떠한 법률 규정에 의해서도 금지되지 않는다"고 판시하였다. 이 판시의 논지에 따른다면 피해자인 채무자가 가해자에게 손해배상청구권을 행사한 후에는[33] 비록 정신적 손해에 대한 손해배상일지라도 채무자의 다른 재산에 혼입되어 채권자의 일반담보를 구성하게 되므로 당해 권리가 채무자의 일신전속권인지 여부를 살펴볼 필요가 없다는 것이다.[34]

3) 업무상 비밀준수의무가 있는 자에 대한 자료열람청구권

제3채무자가 채무자에 대하여 업무상 비밀준수의무가 있을 경우, 채권자가 간접소권에 의하여 채무자를 대신하여 그 제3자에 대하여 자료의 열람을 청구할 수 있는가 하는 문제이다. 파기원은 이를 긍정한 바 있는데, 이 판례는 일반적으로 비판을 받고 있다고 한다.[35] 여기서 채권자가 간접소권을 통하여 채무자에 대하여 업무상 비밀준수의무가 있는 자에 대하여 자료의 열람을 자유롭게 청구할 수 있다면 채무자의 사생활에 대한 지나친 혹은 부당한 간섭이 되는 것이 아닌가, 그렇다면, 프랑

---

33) 위자료액수가 확정됨으로써 재산권적 성질이 명확해진 후를 의미하는 것으로 볼 수 있을 것이다.

34) Civ.2, 23 nov. 1983, Gaz. Pal. 1984. 1. 158, note M. VÉRON.

35) Juris Classeur Civil 1996, Art. 1166, n°39(p.9).

스 파기원은 왜 이를 긍정하였을까 하는 의문이 제기된다. 따라서 문제
되었던 파기원 판결 사안을 구체적으로 살펴볼 필요가 있다.36)

B회사는 H의 채권자였고, B회사는 채권자로서 F라는 자의 재산에 압
류(saisie-arrêt)를 한 상태였다. 그런데 공증인 X의 사무실에 제출된 계약
서 사본에 따르면, H는 계약서 작성일로부터 1년 내에 F로부터 6천만 프
랑에 별장을 구입하되 이 중 2천만 프랑은 이미 지급한 것으로 되어 있
었고, 만일 H가 잔액을 지급하지 못할 경우 선불금이었던 2천만 프랑 중
에서 6백만 프랑을 위약금으로 지급하는 것으로 되어 있었다. H가 위 기
간이 경과하도록 잔액을 지급하고 별장을 구입할 것인지 아니면 위약금
을 물고 말 것인지를 결정하지 않자, F로서는 자신이 받은 2천 만 프랑
중 6백만 프랑을 제외한 1천 4백만 프랑을 돌려주어야 하는 입장이었다.
이에 B회사는 우선 공증인 X에게 위 부동산 거래와 관련하여 어떠한 서
류를 가지고 있는지, 이 거래가 실현되었는지 여부(이로써 H가 F에게 채
권을 가지고 있는지 여부가 밝혀지므로) 등을 알려줄 것과 필요한 경
우 X가 가지고 있는 모든 서류들의 원본을 제출할 것을 요청하였다. 이
에 대해 공증인 X는 자신에게는 업무상 비밀준수의무(secret professionnel)
가 있기 때문에 이 거래와 관련하여 어떠한 것도 알려줄 수 없다고 항
변하였다. 파기원은 B회사의 청구를 받아들이면서 다음과 같이 판시하
였다.

> B회사기 H의 채권자라는 점에는 다툼이 없고, B회사는 민법 제1166조
> 에 기하여, 그리고 자신의 적법한 이익을 보전하기 위하여 채무자를 대신
> 하여 권리를 행사할 수 있고, 공증인은 이를 거절할 수 없다. 사실상 업무
> 상 비밀준수의무를 이유로, 계약의 파기 혹은 불이행으로 손해를 입게 된
> 당사자가 타방 당사자와 동일한 권리를 갖는 관련 문서를 조사하는 것을
> 막을 수는 없다.

---

36) Civ. 1re 10 nov. 1959, D.1960. 755.

위 판시내용 및 이에 대한 평석을 살펴보면, 동 판례는 업무상 비밀준수의무 뿐만이 아니라 프랑스 민사소송법상의 규정 및 기존 판례와의 조화를 고려하여 위와 같이 판단하였음을 알 수 있다. 예를 들어, 구 프랑스 민사소송법 제559조[37])에 따르면, 압류를 당한 제3자는 집행관에게 압류물을 신고해야 할 의무가 있었다. 이에 센느(Seine) 급속심리법원(juge des référés)은 피압류자로서 이와 같은 신고를 해야 하는 은행은 업무상 비밀준수의무로써 대항할 수 없다고 판시한 바가 있었다고 하고, 릴르 (Lille) 급속심리법원도 자신의 고객에게 압류가 행해진 공증인은 업무상 비밀준수의무를 근거로 집행관에게 관련 서류를 제공하는 것을 거절할 수 없다고 판시한 바 있었다고 한다. 이와 같이 공증인이 압류가 행해질 수 있도록 집행관의 요구에 응해야 한다면, 마찬가지로 파기원으로서는 구 프랑스 민사소송법 제559조를 유추하여 공증인으로 하여금 간접소권을 행사하는 채권자의 요구에 답하도록 했을 것이라는 점이 지적되고 있다(앞에 언급한 바와 같이 채권자 B회사는 F의 재산을 이미 압류한 상태였다).[38])

위 프랑스 판례의 논지에 대하여 찬성하는 견해도 일부 있으나 비판적인 견해가 많다는 점은 앞서 언급하였다. 다만 위 사안 자체의 구체적 사정을 고려하지 않고 프랑스 파기원이 채권자가 간접소권을 통하여 업무상 비밀준수의무를 부담하는 자에 대하여 자료열람을 청구하는 것을 허용하는 것이 일반적이라고 이해하여서는 안 된다고 생각한다.

---

37) 제559조 (L. n°55-1475 du 12 nov. 1955) 피압류자인 제3자는 압류·금지의 영장이 통지되었을 때 집행관에게 그 영장을 작성하기에 유용한 모든 서류와 정보, 특히 압류물의 현상을 집행관에게 알리고 또한 이미 그의 수중에 있는 동안 집행되어 그 효력이 지속되고 있는 압류물을 집행관에게 신고해야 할 의무가 있다.

38) Civ. 1re 10 nov. 1959, D.1960. 756 et s., note P.CHAPLET.

4) 부양료를 삭감하거나 지급을 거절할 수 있는 권리

친인척 관계, 혼인관계에 기하여 부양료를 청구할 수 있는 권리(droit de demander une pension alimentaire)에 대해서는 채권자가 프랑스 민법 제1166조에 기하여 간접소권을 행사할 수 없다는 점이 일반적으로 인정되고 있다. 그 이유는 이러한 권리들은 압류할 수가 없기 때문에[39] 채권자들로서는 간접소권을 행사할 실익이 없기 때문이다. 또한 이러한 권리를 행사함에 있어서는 정신적 그리고 가족적 사항들이 고려되어야 하는데, 채권자들은 이와 같은 점들을 판단할 수 있는 위치에 있지 않기 때문이다.[40]

프랑스 법원은 부양료청구권과 마찬가지로 부양료를 삭감하거나 지급을 거절할 수 있는 권리(action en suppression ou réduction de pension alimentaire)에 대하여도 간접소권의 행사대상이 될 수 없다고 보고 있다.[41] 사안에서는 어떤 부부가 별거 상태(séparation de corps)[42]에 있었고, 남편은 부인에게 부양료를 지급하고 있었다. 그런데 남편의 채권자가 프랑스 민법 제1166조에 의하여 남편을 대신하여 부인에 대하여 부양료의 지급을 거절하겠다고 청구하였다. 이러한 청구에 대하여 파기원은 다음과 같은 이유로 기각하였다.

본 사안에서와 같이 별거 판결로 인하여 민법 제212조[43]에 기하여 처와

---

39) 프랑스 민법 제2092-2조 참조. 동 조항은 1991년 7월 9일 법률(loi n°91-650)에 의하여 프랑스 민법에서 삭제되었다.

40) Req. 26 mai 1941, D.A. 1941. 133, note 참조.

41) Req. 26 mai 1941, D.A. 1941. 133.

42) 프랑스 민법 제296조의 적용으로 부부 일방의 청구에 의하여 법원에 의하여 별거 판결이라는 것이 내려진다. 이혼과 동일한 조건 하에, 그리고 주로 동거의무가 면제된 상태의 부부관계를 말한다. 자세한 내용은 TERRÉ et SIMLER, *Droit civil, Les régimes matrimoniaux*, 3e éd., Dalloz, 2001, n°581 et s. (p.461 et s.)

자녀에게 부여된 부양료를 삭감하거나 지급을 거절할 수 있는 권리는 양
도하거나 압류할 수 없는 것으로서 정신적 이해관계에 그 근간을 두고 있
으므로 권리자에게 전속한 것으로 보아야 할 것이며, 따라서 민법 제1166
조에 의하여 채무자의 채권자에 의하여 행사될 수 없다.

그러나, 프랑스 학자들은 부양료를 삭감하거나 지급을 거절할 수 있
는 권리는 부양료청구권과 달리 보아야 한다고 하면서 판례의 입장에
반대하고 있다. 그 근거를 살펴보면, 우선, 부양료채무자인 일방 배우자
의 채권자가 채무자를 대신하여 부양료를 삭감하거나 지급을 거절할 수
있게 되면 정상적인 가정생활보다 별거인 가정생활에 이점을 부여하게
되기 때문이라고 한다. 왜냐하면, 별거를 하지 않는 가정의 경우 부부 중
일방은 타방에 대하여 원칙적으로 부양료채권자가 아니기 때문이다.[44]
다음으로, 이러한 권리가 과연 압류할 수 없는 권리인가 하는 의문을 제
기하고 있다. 왜냐하면 부양료를 삭감하거나 지급을 거절할 수 있는 권
리 자체를 압류하는 것은 아니기 때문이다. 그리고 이와 같은 권리를 행
사하는 데에 정신적 이해(intérêt moral)가 작용하는 것인지도 의문이라고
한다. 만일 부양료채무자인 배우자가 부양료와 관련하여 정신적인 이해
가 고려되는 것이 있다면 배우자에게 자의로 지급할 것인가 아니면 배
우자가 법원에 청구하도록 내버려둘 것인가 하는 문제가 남아있을 때이
다. 그러나 법원의 판결에 의하여 이미 지급이 명해진 부양료일 경우, 부
양료채무자인 배우자로서는 그의 채권자가 부양료지급판결을 재고해줄
것을 법원에 청구하는 것에 의하여 어떠한 피해를 입을 수는 없다는 것
이다.[45][46]

---

43) 제212조 부부는 상호간에 충실의무, 구조의무, 협력의무를 부담한다.
44) 프랑스 민법 제303조는 부부가 별거판결을 받은 이후에도 부양의무를 존속
   시키고 있다. 따라서 본문에서의 부양료채권자란 별거판결로 인하여 구체
   적인 부양료채권을 취득한 부부 일방을 의미하는 것으로 보인다.
45) Req. 26 mai 1941, D.A. 1941. 133 et s., note 참조.
46) 동일한 취지의 판결에는 Civ. 29 juin 1948, D.1949.129.1^{re} esp., note A. POSNARD.

5) 남편의 부인에 대한 보수(報酬, rémunération) 청구권의 행사

보수청구권은 간접소권의 행사대상에 관한 일반론에서는 언급되어 있지 않으나, 간접소권과 관련한 프랑스 문헌에서 자주 등장하고 있는 구체적 사안이 있어서 이를 소개하기로 한다.

부인인 C는 호화 호텔의 소유주로서 런던에서 호텔을 경영하고 있었고, 남편 B는 원래 이 호텔의 급사였다. 그런데 B와 C가 혼인을 하게 되었고, 재산관계에 있어서는 C와 B는 부부별산제(séparation de biens)[47])에 따르고 있었다. 그리고 C는 남편 B를 이 호텔의 경영직에 앉히고 이를 수행하게 하였다. B는 부부별산제를 이용하여 부인 C의 돈을 마음대로 쓸 수 있었고 이 와중에 제3자인 A에 대하여 불법행위를 저질렀는데, 피해자인 채권자 A가 B에게 손해배상을 청구하려고 보니 B는 무자력 상태였다. 이에 더하여 부부별산제로 인하여 부인인 C에게 손해배상을 청구하지도 못하는 상황이었다. 구제책을 강구하던 채권자 A는 간접소권을 이용하여 남편 B를 대신하여 부인 C에 대하여 그 동안 호텔 경영직을 수행한 것에 대한 보수를 청구하게 되었다. 남편 B가 호텔직을 경영하여 왔지만, 형식적으로는 C가 B에게 보수를 지급한 바가 없었기 때문이었다.

뽀 항소법원(Cour d'appel de Pau)은 다음과 같이 판시하여 A의 청구를 받아들였다.[48]

> 런던에 있는 대규모 호텔의 경영자로서의 업무는 법이 혼인에 대하여 부여한 단순한 상호부조의무를 넘어선다. 이와 같은 사실로 인하여 … 채권자 A가 부부의 사적인 관계에 부당하게 간섭한다고 볼 수 없다. [위 부부간에] 노동계약의 종속관계와 같은 것을 입증하지 않았더라도 부인이

이 판결에 대한 평석자 뽀스나르(Posnard)도 판례의 결론에 찬성하지 않고 있다.

47) 프랑스 민법 제1536조 이하 참조.

48) Pau 13 avr. 1961, D.1961.763.

남편에게 경영을 위임하였고 이와 같은 위임은 부부간의 상호부조의무를 넘어섬으로써 남편에게 보수가 발생한다는 사실로부터 알 수 있으므로 1심 판결을 그대로 받아들일 수 없다 … 피항소인은 남편 B의 급부의 가치를 정하기 위하여 법원이 명한 감정을 포기하고 B의 업무는 월 2000 프랑(NF)으로 정해줄 것을 구하였다. 이러한 평가는 형평에 맞고 호화 호텔의 경영자 업무에 적합하다.

채권자 A의 간접소권 행사 허용 여부와 관련하여 문제된 점은 다음의 세 가지였다.

우선, 이 사안에서 남편 B와 부인 C는 호텔 경영과 관련하여 어떤 관계인가 하는 점이다. 이들 간에는 명시적인 계약관계가 존재하지 않았기 때문이다.

평석자 라망(Lamand)에 따르면,[49] 프랑스 법원이 부부관계에 있어서는 종속성을 특징으로 하는 고용관계는 잘 인정하지 않는다는 점에 비추어 B와 C 간에 고용관계를 인정하기는 어려웠을 것이라고 보고 있다. 반면, 사무관리(gestion d'affaires)로 보기도 어렵다. 왜냐하면 사무관리자는 자발적으로 그리고 본인의 동의를 얻지 않은 채 본인의 이익을 위하여 행위하는데, 본 사안에서는 B가 C의 동의를 얻어서 경영직을 수행하였기 때문이다. 사안에서 부인 C는 재산을 분리해놓고 실질적으로 호텔 경영을 B에게 맡기고 있었으므로 이들 간에는 묵시적인 위임 약정이 체결된 것으로 볼 수 있다. 위 뽀 항소법원도 이들 간에 위임 약정이 있는 것으로 판단하고 있다.

다음으로, B가 C에게 사실상 보수청구권을 가질 수 있는가 하는 점이다. 왜냐하면 부부의 일방은 상대방에 대하여 프랑스 민법 제212조[50]에 기하여 부양료청구권을 가지므로 A가 청구한 보수청구권 중 부양료에 상당하는 금액은 사실상 보수에 해당한다고 할 수 없기 때문이다. 부양료청구권은 앞에서 살펴본 바와 같이 권리자의 일신에 전속한 것이므로

---

49) Pau 13 avr. 1961, D.1961.765, note LAMAND.
50) 註) 312 참조.

채권자 A가 대신 행사한 B의 권리가 '실질적으로' 부양료청구권에 불과
하다면 A의 간접소권 행사는 받아들여질 수 없는 입장이었다. 위 항소법
원은 호텔경영자의 업무는 부부간의 단순한 상호부조의무를 넘어서는
것이라고 하여 B는 C에 대하여 실질적으로 보수청구권을 가질 수 있음
을 인정하고 있다.

마지막으로, 남편 B의 부인 C에 대한 보수청구권은 B의 일신에 전속
한 것이므로 A가 B를 대신하여 행사할 수 없는 것이 아닌가 하는 점이
었다. 이에 대하여 뽀 항소법원은 B와 C간에 단순한 상호부조의무를 넘
어서는 업무가 계속된 이상 A가 이들에게 부당한 간섭을 하였다고 볼
수 없다고 하여 A의 간접소권 행사를 허용하고 있다. 이에 대하여 라망
(Lamand)은 B의 C에 대한 보수청구권은 B의 의사에 따라야만 하는 것으
로서 일신에 전속한 것으로 보아야 한다고 보고 있다.[31]

위와 같은 뽀 항소법원의 판결에 대하여 파기원은 다음과 같이 판시
하여 이를 파기하였다.[52]

> 민법 제1166조를 살피건대, 채권자는 개인의 정신적 혹은 가족적 사항
> 을 고려하여 판단해야 하는 권리에 대하여는 채무자를 대신할 수 없다. B
> 와 C 간에는 재산의 분리가 선고되어 있었고 남편 B의 채권자는 부인이
> 소유주로 있는 호텔 경영자로서의 B의 보수액을 산정해 줄 것을 요청하였
> 다. 원심은 이러한 청구를 받아들여서 부인은 남편에게 유상 위임에 대한
> 보수로서 3,664 프랑의 채무가 있고 월 2,000 프랑의 보수를 지급해야 함을
> 확정하였다. 원심판결은, 명시적인 약정이 없을 경우 채권자가 어떠한 조
> 건 하에서 부부관계에 개입할 수 있는가에 대한 설명을 하지 않았고 혼인
> 관계에 기한 의무를 초과하는 약정인지 여부에 대해서는 남편만이 주장할
> 수 있는 것이므로, 그 판단에 있어 적법한 근거를 제시하지 않았다.

즉, 위와 같은 보수청구권은 남편의 일신에 전속한 권리이므로 간접

---

51) Pau 13 avr. 1961, D.1961.767, note LAMAND.
52) Civ. 1re 8 juin 1963, *JCP* 1965. Ⅱ. 14087, note R. SAVATIER; D.1964.713, note
   LAMAND.

소권의 행사대상이 되지 않는다는 취지이다.

특정한 권리가 채무자의 일신에 전속한 권리인지 여부에 대하여 항소법원과 파기원이 상반된 입장을 보이고 있는 이 사건으로부터 알 수 있는 것과 같이, 구체적인 권리가 일신전속권인지 여부에 대하여는 프랑스에서도 항상 논의가 분분한 문제이고, 프랑스 학자들도 이에 대하여 프랑스 민법 제1166조가 추상적 규정 형식을 취했기 때문에 어쩔 수 없이 나타나는 결과라고 지적하고 있다.53)

또한 간접소권을 행사하는 채권자에게 행사대상이 된 권리의 근거를 제공하기 위하여 사실관계의 해석에 의하여 채무자와 제3채무자인 부부관계 간에 묵시적 위임약정이 설정된 것으로 보았다는 점도 기억할 만하다고 생각된다. 비금전채권을 보전하기 위한 간접소권의 행사와 관련하여 앞에서 살펴본 1984년 12월 4일 파기원 민사3부 판결54)에서 채무자와 제3채무자 간에 영업에 관한 독점조항을 명시하지 않았으나 프랑스 민법 제1719조로부터 대위채권의 존재를 도출하였던 것도 이와 관련하여 다시 한번 상기해볼 필요가 있다고 생각한다.

6) 상속과 관련한 권리

채무자의 권리 중 상속과 관련된 것은 채무자의 신분과 관계된 것이기도 하고 채무자 자신의 의사가 중시되어야 한다는 점에서 채무자의 일신에 전속한 것으로서 채권자는 간접소권에 의하여 이를 행사할 수 없다고 볼 여지가 있다. 그러나 프랑스 법원은 상속의 재산권적 성격을 중시하여 간접소권 행사의 대상이 될 수 있다고 보는 것이 대체적인 입장인 것으로 보인다.

---

53) Pau 13 avril 1961, D. 1961, 764 note LAMAND; Trib. grande inst. Cherbourg 13 fév. 1974, D. 1975, 32, note VOUIN; Cass. Ass. plén. 15 avril 1983, D. 1983. 461, concl. DOTENWILLE.

54) Civ.3e 4 déc. 1984, *RTD* 1985. 581.

우선 프랑스 법원은 채권자가 간접소권에 의하여 채무자의 상속분할
청구권(action en partage de la succesion)을 행사할 수 있다는 취지의 판시
를 한 바 있다.[55] 또한 상속권을 양수한 자의 채권자는 상속분할이 불공
평함을 이유로 상속분할의 취소를 청구(action en rescision pour cause de
lésion[56])할 수 있다고 판시하였다.[57] 그밖에 친족회의 의결과 관련한 다
음의 사안[58]도 우리에게 참고가 될 수 있으리라고 생각된다.

B는 오토바이를 몰고 가다가 A에게 상해를 입혔다. 사고가 발생한 얼
마 뒤 B는 사망을 하였고 이러한 사고에 대하여 B에게 책임이 있음이
밝혀졌다. B의 상속인으로는 그의 조카 C와 D가 있었는데, 이 둘은 모두
미성년이었다. 이에 피해자 A는 E에게 상속인들의 후견인으로서 가집행
과 감정을 거쳐 손해배상 받을 것을 조건으로 50만 프랑을 공탁할 것을
청구하였나. 그런네 이 사안에서 피해자 A의 C, D에 대한 권리 주장의
가능성은 프랑스 민법 제461조 및 제406조에 기하여 친족회에서 피후견
인의 상속 포기 혹은 한정승인 여부에 대한 의결 여부에 달려 있었다.
그러나 후견인 E는 친족회를 소집하지 않고 있었다. 이 소송에 이해관계
인으로 참가했던 자동차보장기금(Fonds de Garantie automobile)은 피해자
A가 C, D의 친족회의 결의를 제출하지 않는 한 그의 청구를 받아들 수
없다고 주장했는데, 이에 대하여 프리바스(Privas) 소심법원(小審法院)은

---

55) Civ.23 juin 1903, S.1904.1.289, note TESSIER.
56) 'lésion'이란 계약이나 재산분할의 당사자 일방이 급부의 불균형으로 인하여
   입게 되는 손해를 지칭한다. 자세한 내용은 TERRÉ, SIMLER et LEQUETTE,
   op.cit., n°302(p.304).
57) Civ.1re 17 mai 1977, D.1977, I.R.432; *Gaz. Pal.* 1977. 2, somm. 227.
   "상속권의 양도로 인하여 양도인이 지닌 상속인의 자격이 양수인에게 부여
   되지는 않지만, 양수인은 이로 인하여 상속인이 누리는 모든 재산적 이익을
   향유하게 되고, 특히 상속분할에 참가할 수 있는 권리가 있다. 그러므로 항
   소법원이 [상속권] 양수인의 채권자가 간접소권에 의하여 양수인이 상속재
   산 공유자로서 가지는 상속분할이 불공평함을 이유로 상속분할을 취소하는
   권리를 행사할 수 있다고 한 것은 타당하다."
58) Trib. civ. Privas 2 fév. 1955, *JCP* 56. Ⅱ. 9527.

다음과 같이 판단하였다.

> 민법 제1166조로 인하여 A는 … 후견인 E가 친족회 의결을 행하지 않을 경우 그 스스로 친족회의 의결을 이행할 수가 있다.

위 판례의 문언은 채권자가 채무자의 친족회의 의결을 대신하여 이행할 수 있다고만 되어 있으나, 동 판례에 대한 평석에는 후견인이 아무런 조치를 취하지 않고 있을 경우, 채권자인 피해자는 후견인 E를 대신하여 친족회를 소집할 수 있을 뿐만 아니라 친족회의 의결을 이행할 수 있다고 지적하고 있다. 이와 더불어 사실상 상속은 본질적으로 재산적 권리로서 일신에 전속한 권리와는 거리가 멀다는 점, 사안에서는 간접소권이 가해자에게 직접 손해배상을 청구하기 위한 보조적 권리로서 손해배상 청구권과 일체가 되어 작용하고 있다는 점 등을 지적하고 있다.[59]

7) 증여, 유증 등과 관련한 권리

증여, 유증 등에 있어서도 당사자의 개인적인 의사가 중시되어야 하므로 이와 관련한 권리는 간접소권의 행사대상이 될 수 없는 것이 아닌가 하는 의문이 제기될 수 있다. 증여와 관련하여 프랑스 문헌에서 자주 인용되는 사안 하나를 소개해 보기로 한다.[60]

어떤 부부가 있었는데, 남편이 부인에게 그의 전 재산을 포괄증여하면서 다음과 같은 내용을 공증하였다. "만일 후손이 생존하여 그 후손이 법률이 정한 바에 따라 유류분의 반환을 요구할 경우, 증여분을 감축하도록 한다.[61] 이 경우 증여는 피상속인이 처분할 수 있는 범위(quotité disponible)[62] 내에서 이루어지는데, 소유권의 형태, 또는 소유권과 용익권

---

59) Trib. civ. Privas 2 fév. 1955, *JCP* 56. Ⅱ. 9527, obs. J.B.
60) Civ.1re 20 oct. 1982, *RTD* 1983. 771.
61) 프랑스 민법 제920조 이하 참조.

의 형태 또는 용익권만이 주어지는 형태 등으로 이루어질 수 있으며, 상
속인이 미리 반대의 의사표시를 하지 않는 한 상속 발생시에 수증자가
위 세 가지 형태 중 하나를 선택한다." 이후 남편이 사망하였다. 이 부부
에게는 유일한 상속인인 아들이 있었는데, 아들은 자신의 모(母)에 대한
포괄증여재산에 대하여 유류분의 반환을 청구하지 않고 있었고, 그의 모
(母)도 위 선택권(option)을 행사하지 않고 있는 상태에 있었다. 이에 상속
인인 아들의 채권자가 증여의 목적이 된 재산에 대하여 모와 아들이 공
유하고 있다고 하면서 이에 대한 분할을 청구한 사안이었다.

　여기서 채권자가 채무자를 대신하여 위와 같은 내용의 분할청구를 하
기 위해서는 우선 채무자인 아들이 모가 포괄수증받은 재산에 대하여
유류분 반환을 청구함으로써 목적재산에 대하여 일정분의 권리를 가지
고 있는 상태가 선재되어야 했다. 그렇지 않을 경우 아들은 위 목적 재
산에 대하여 아무런 권리가 없기 때문이다. 그런데, 아들의 채권자는 유
류분 반환청구를 함이 없이 자신의 채무자인 아들과 그 모가 재산을 공
유하고 있음을 전제로 분할을 청구하고 있는 상태였다.63) 파기원의 판시
내용은 다음과 같았다.

　　증여행위가 과도하게 이루어진 경우, 그 증여에 대한 유류분반환청구가
　　없을 것을 조건으로 하여서만 그 효력을 발생할 수 있다면, 상속인의 채권
　　자는 간접소권에 의하여 유류분반환청구를 할 수 있다. 사안에서 채권자
　　는 채무자의 모로 하여금 증여와 관련한 위 선택권을 행사하도록 요구함
　　에 있어서 간접소권에 의하여 [채무자의] 유류분반환청구를 행사할 필요
　　가 있다.64)

---

62) 'quotité disponible'란 상속재산 중에서 유류분권리자가 권리를 주장할 수 있
　　는 부분을 제외한, 피상속인이 증여, 유언 등으로 자유롭게 처분할 수 있는
　　부분을 말한다. 자세한 내용은 TERRÉ et LEQUETTE, *op.cit.*, n°623 et ss.(p.504
　　et ss)
63) Civ.1re 20 oct. 1982, *RTD* 1983. 772, obs. J. PATARIN; D. 1983. 120, note
　　RÉMY; *J.not.*1983.1350, obs. A. RAISON.
64) Civ.1re 20 oct. 1982, D. 1983. 120.

이 사안에서 문제되었던 것은, 우선 채권자가 채무자의 유류분반환청
구권을 명시적으로 행사한 적이 없다는 점과, 만일 해석에 의하여 이를
행사한 것으로 인정한다면 이러한 권리는 채무자의 일신에 전속한 권리
가 아닌가 하는 점이었다.

브르통(Breton)은 첫 번째 문제에 대하여, 유류분반환청구를 명시적으
로 할 것을 요구할 수는 없지만 상황에 의하여 쉽게 인정하여서는 안 되
기 때문에 사안의 경우 채권자의 청구를 받아들일 수 없다고 보아야 한
다고 평가하고 있다.65) 그러나, 파기원은 위와 같이 해석에 의하여 채권
자가 채무자의 유류분반환청구를 대신 행사한 것으로 보아 이를 받아들
였다. 한편 브르통은 두 번째 문제에 대하여는, 위와 같은 유류분반환청
구를 간접소권에 의하여 행사하는 것을 허용함으로써 보호하고자 하는
금전적 이익이 이로 인해 침해받는 정신적 이익보다 우월하다고 보아
채무자의 일신에 전속한 권리로 볼 수 없다고 평가하고 있다.66)

위와 같은 파기원 판시내용으로부터 프랑스 법원은 증여와 관련하여
앞에서 살펴본 상속과 관련한 권리와 같이 재산권적인 성격을 중시하여
간접소권의 행사대상으로 보고 있다는 점과 프랑스 법원이 간접소권을
행사하는 채권자의 형식적인 청구 내용에 얽매이지 않고 합리적인 해석
에 의하여 타당한 결론을 도출하고자 노력한다는 점을 알 수 있다.

한편 파기원은 위 사안에서 나타나고 있는 증여자의 의사에 기하여
수증인에게 주어지는 선택권(option)에 대하여는 수증자의 일신에 전속한
권리라고 판시한 바 있다.67) 이 판례에 대한 평석자인 파들라라(Fadlallah)
는 다음과 같은 내용으로 판례의 결론을 지지하고 있다. 상속에 관한 선
택권68)은 법에 의하여 주어진 것으로서 그 본질과 목적상 일신에 전속
한 것이라기보다는 재산적 권리로 보아야 하나, 이와 달리 증여와 관련

---

65) Civ.1re 20 oct. 1982, *Defrénois* 1983. 631, note A. BRETON.
66) Civ.1re 20 oct. 1982, *Defrénois* 1983. 630, note A. BRETON.
67) Com. 18 mai 1976, D.1978.566.
68) 상속인이 상속의 승인, 한정승인, 포기 중 하나를 선택할 수 있는 것.

된 선택권은 처분자인 증여자의 의사를 중시해야 하므로 수증자의 의사
에 기해서만 행사될 수 있다고 보아야 한다는 것이다.[69]

8) 양도금지약정의 철회권

프랑스에서는 부모가 자식에게 재산을 증여하면서 그 조건으로 일정
액의 정기금을 부모에게 지급할 것, 자신이 사망할 때까지 수증받은 재
산을 타인에게 양도하지 않을 것 등을 부가하는 경우가 많다. 여기서 문
제되는 것은 양도금지약정에 관한 것이다. 그런데, 이와 같은 증여 당사
자 간의 양도금지약정도 일정한 경우에는 철회(levée de l'inalinéabilité
conventionnelle des biens)를 할 수 있도록 1971년 7월 3일 법률(loi du 3 juill.
1971)[70]이 규정하고 있었고 현재는 그 내용이 프랑스 민법 제900조의1에
규정되어 있다.[71] 이 규정은 양도금지약정은 중대하고 적법한 이익이 있
을 경우에 한하여 유효하며, 만일 이와 같은 이익이 소멸하거나 이보다
더 중대한 이익이 발생할 경우에는 법원의 허가를 얻어서 철회할 수 있
다는 내용이다.[72] 여기서 수증자의 채권자가 수증자를 대신하여 위와 같
은 양도금지약정의 철회를 요구할 수 있는가가 문제되고 있다. 프랑스에
서는 이와 관련한 판례와 평석이 많이 나와 있고, 프랑스 법원도 그 허

---

69) Com. 18 mai 1976, D.1978.568, note FADLALLAH.
70) 상속관계, 유류분반환, 분할의 불공평을 이유로 하는 무효 혹은 취소, 직계
존속 재산분배에 있어서의 반환 등에 관한 일부 민법 규정을 수정하기 위
한 법률(Loi n°71-523 modifiant certaines dispositions du code civil relatives aux
rapports à succession, à la réduction des libéralités excédant la qoutité disponible et
à la nullité, à la rescision pour lésion et à la réduction dans les partages d'ascendants)
71) Trib. grande inst. Cherbour 13 fév. 1974, *JCP* 1974. Ⅱ. note M. DAGOT 참조.
72) 제900조의1 증여물이나 유증물에 관한 양도금지약정은 기간이 정해져 있고
중대하고 적법한 이익에 의하여 정당화되는 경우에 한하여 유효하다. 그러
나, 이 경우에도 수증자나 수유자는 그러한 약정을 정당화하는 이익이 소멸
하였거나 이보다 더 중대한 이익이 발생하였을 경우 법원의 허가를 얻어서
이를 처분할 수 있다.

용 여부에 대하여 아직까지 입장이 완전히 정리되지 않은 것으로 보인다. 프랑스에서 많이 문제되고 있는 만큼 그 내용을 구체적으로 소개하기로 한다.

C는 자신의 아들 B에게 재산을 증여하면서 자신이 사망할 때까지 목적 재산을 타인에게 양도하지 않을 것을 약정하였다. 그런데, B의 채권자 A가 C로부터 증여받은 B의 부동산에 대하여 압류(saisie immobilière)를 하고 가집행을 신청하면서 다음과 같이 주장하였다. 즉, 1971년 7월 3일 법률은 양도금지약정을 하게 된 중대하고 적법한 이익보다 더 중대한 이익이 발생할 경우 이를 철회할 수 있도록 규정하고 있는데, 이 사건의 경우 B가 그의 채무를 변제할 이익과 채권자가 그로부터 변제받을 이익이 양도금지약정을 존속시킬 이익보다 더 중대하므로 [채무자인 B를 대신하여] 양도금지약정을 철회할 수 있다는 것이다. 이에 대하여 B와 공동 피고였던 C는 다음과 같이 항변하였다.

첫째, 양도금지약정은 자신의 사망시까지 유효하게 존속한다는 것과 둘째, 증여자인 자신으로서는 위와 같은 약정이 준수되어야 할 이익이 있는데, 왜냐하면 이와 같은 양도금지약정으로 인하여 수증자인 아들 B가 자신보다 먼저 사망할 경우 위 재산에 대한 권리를 회복하고 수증자로부터 정기금을 지급받을 것을 보장받을 수 있기 때문이라고 하였다. 이 사건에서 셰르부르그(Cherbourg) 대심법원(大審法院)은 다음과 같이 판시하였다.[73)]

> 1971년 7월 1일 법률은 수증자의 청구에 의하여 … 양도금지 약정을 철회할 수 있도록 하고 있다. 이러한 권리는 민법 제1166조에 의하여 B의 채권자인 원고에 의하여 행사될 수 있음은 분명하다. 이와 같은 권리 행사의 조건에 관하여 살펴보자면, B는 가능한 조속히 자신의 채무를 변제할 이익이 있고, 마찬가지로 채권자는 적정한 시기에 변제받을 이익이 있음이 분명하다.

---

73) Trib. grande inst. Cherbour 13 fév. 1974, D.1975.30.

즉, 양도금지약정의 철회권도 간접소권 행사의 대상이 된다고 본 것
이다. 그러나, 위 판례에 대한 평석자들은 판례의 논리와 결론에 대하여
비판적인 입장이었다. 왜냐하면 위 1971년 7월 3일 법률의 취지상 양도
금지약정을 철회하기 위하여 요구되는 중대한 이익이란 증여계약의 당
사자들의 이익을 말하는 것이므로 제3자인 채권자의 이익이 이에 포함
되지 않는다는 것이다. 따라서 셰르부르그 대심법원이 수증자인 B의 이
익을 고려한 것은 타당하나 그 채권자가 변제받을 이익을 고려한 것은
타당하지 않고, 사안의 경우 B가 채무를 변제함으로써 얻는 이익과 증여
자인 C가 양도금지약정을 존속시킴으로써 얻을 이익을 비교형량했어야
했다는 것이다.74) 또한 프랑스에서 현실적으로 많이 행해지고 있는 위와
같은 양도금지약정은 정신적 혹은 가족적 사항들을 고려하여 체결된 것
이므로 이러한 약정의 철회는 수증자만이 할 수 있는, 그의 일신에 전속
한 권리로 보아야 한다는 것이다.75)

한편 1974년에 셰르부르그 대심법원에서 위와 같이 판시한 이후, 비슷
한 시기인 1976년에 브레쉬르(Bressure) 대심법원은 유사한 사건에서 "채
권자는 간접소권을 행사할 수 없는데, 왜냐하면 수증자만이 자신의 의무
에서 벗어날 수 있을 것인지 여부를 가늠할 수 있기 때문이다. 따라서
이는 일신에 전속한 권리이다"라고 판시76)하여 셰르부르그 대심법원과
반대의 입장을 표명하고 있다. 그러나 이후 1983년에 내려진 리옹(Lyon)
항소법원의 판결은, "민법 제900조의1은 양도금지약정보다 더 중대한
이익이 있을 경우 수증자 혹은 수유자는 법원의 허가를 얻어 이를 철회
할 수 있도록 하고 있다. 이러한 권리는 민법 제1166조의 적용에 의하여
수증자의 채권자에 행사될 수 있는데, 왜냐하면 이는 일신에 전속한 권
리가 아니기 때문이다"라고 판시하고 있다.77) 이처럼 프랑스 법원이 일

---

74) Trib. grande inst. Cherbour 13 fév. 1974, *JCP* 1974. II, note M. DAGOT.
75) Trib. grande inst. Cherbour 13 fév. 1974, D.1975.32. note VOUIN; *Gaz. Pal.* 1974. 1.384, note L. BARBIE.
76) Trib. grande inst. Bressure 1 juin 1976, *Gaz. Pal.* 1977. I. 297, note L.C.

관된 입장을 보이지 못한 채 흔들리고 있었다.

그러다가 1998년에 파기원이 다음과 같이 판시하여 기존의 논의를 종식[78]시키는 듯이 보였다. "수증자가 양도금지의 의무를 부담하는 재산을 처분할 수 있도록 법원의 허가를 요구하는 것은 그 증여에 내재되어 있는 정신적 혹은 가족적 사항들에 대하여 [증여의] 당사자들이 평가할 것을 전제로 한다. 이로부터 민법 제900조의1이 수증자에게 목적 재산을 처분할 수 있도록 요구할 수 있는 권리를 부여하고 있는 것은 수증자의 일신에 전속한 것이며, 따라서 채무자를 대신하여 채권자에 의하여 행사될 수 없다는 점이 당연히 도출된다." 이처럼 파기원이 수증자의 양도금지약정 철회권을 간접소권 행사의 대상으로 볼 수 없다고 판시한 결론에 대하여 평석자들은 대체로 찬성하는 입장이었다.[79] 이와 관련한 까제이(Casey)의 평석에서는, 민법 제900조의1에서 고려하여야 할 이익은 증여자와 수증자의 정신적 혹은 가족적 이해관계이므로, 수증자의 채권자가 변제받을 이익뿐만 아니라 수증자가 채무를 변제해야 할 이익도 동조에서 고려해야 할 사항은 아니라고 보고 있고, 파기원의 이와 같은 판결은 당해 법률의 취지에 부합하는 것이기는 하나 제3자인 채권자로서는 법적 불안의 위험을 감수해야 하는 입장이기 때문에 특히 현대와 같이 많은 권리들이 재산권화하고 있는 시대에 있어서는 채권자에 대한 보호책이 함께 강구되어야 한다는 점을 강조하고 있다.[80]

위 판결로 인하여 기존의 논의가 종식되는 듯이 보였으나, 그 이후 파기원은 2000년에 양도금지약정의 철회에 대한 간접소권의 행사를 허용하는 판시를 하였다.[81] 사안에서는 채무자가 파산했을 때 그 청산인이

---

77) Lyon, 19 mai 1981, *JCP* éd. N. 1983. Ⅱ. 208.

78) Civ. 1re 3 juin 1998, *JCP* 1998. Ⅰ. 10167, note CASEY.

79) Civ. 1re 3 juin 1998, *JCP* 1998. Ⅰ. 10167, note CASEY; *Defrénois* 1999. art.36928, note X. SAVATIER.

80) Civ. 1re 3 juin 1998, *JCP* 1998. Ⅰ. 10167, note CASEY.

81) Civ. 1re 11 janv. 2000, D. 2000. 877.

위와 같은 권리를 간접소권에 의하여 행사할 수 있는가가 문제되었다. 청산인은 채무자의 일신에 전속한 권리를 행사할 수는 없었기 때문이다. 파기원은 다음과 같이 판시하였다. "청산인이 간접소권에 의하여 행사하는 권리는 증여자에게 제시된 조건에 따른다. 수증자의 이익이 양도금지약정을 함으로써 얻는 증여자의 이익보다 우월하다는 것에 대하여는 청산인이 입증하여야 한다." 이와 같은 파기원의 입장은 증여자의 양도금지약정 유지의 이익은 수증자가 변제받을 이익보다 크지 않은 것으로 본 것이며,82) 특히 도산절차가 발달하고 있는 시대에 발맞추어 채권자들에 대한 이해심을 갖게 된 결과라고도 볼 수 있다고 한다.83) 특히 쁠랑껠(Planckeel)은 과도한 증여에 대한 유류분반환청구권이 간접소권 행사의 대상으로 인정되고 있는데 양도금지약정의 철회권을 이와 달리 보아야 할 이유가 없나는 점, 이와 같은 권리가 다른 권리들에 비하여 일신전속성이 더 강하다고 볼 수 없다는 점 등을 들어 판례를 지지하고 있다.84) 이로써 파기원은 양도금지 약정을 설정한 당사자의 이익과 채권자들의 이익의 균형을 맞추려고 하고 있다고 평가되고 있다.

지금까지 프랑스민법 제900조의1에 규정되어 있는 수증자의 양도금지약정의 철회권이 간접소권 행사의 대상이 되는가에 관한 프랑스 판례의 입장들을 살펴보았다. 이상의 프랑스법상의 논의 내용으로부터 특정한 권리가 '일신전속권'인지 여부를 판단함에 있어서는 명확한 해답이 있는 것이 아니라는 것과 시대의 변화에 따라서 그 판단기준이 얼마든지 변화할 수 있다는 것을 알 수 있다. 현대에 와서는 많은 권리들이 재산적 권리로 변화하고 있고, 도산체제의 발달로 이러한 경향이 더욱 심화되고 있기 때문에 일신전속권의 범위가 축소되고 있는 것으로 보인다.

---

82) Civ. 1re 11 janv. 2000, *JCP* 2000. Ⅰ. 215, obs. LOISEAU.

83) Civ. 1re 11 janv. 2000, D. 2000. 877 et s., note F. PLANCKEEL.

84) Civ. 1re 11 janv. 2000, D. 2000. 878, note F. PLANCKEEL.

9) 재산분할의 불공평을 이유로 하는 취소권

파산 상태에 이른 채무자가 자신의 채무를 회피하기 위한 방편으로 자신의 배우자와 재산을 분할함으로써 책임재산을 줄이는 것은 흔히 있는 일이다. 채권자로서는 이러한 채무자의 행위에 대하여 어떠한 방식으로든 구제책을 강구해야 할 필요가 있는데, 우리나라의 경우 채권자는 이와 같은 행위의 사해성을 입증함으로써 채권자취소권을 행사하여 분할행위를 취소하는 사례가 많다.[85] 그런데, 프랑스에서는 이러한 유형의 사안에 있어서 채권자가 채권자취소권 외에도 간접소권을 통해서 구제책을 강구하는 경우가 많이 나타나고 있다. 어떻게 해서 이러한 현상이 나타나는가, 그리고 그와 같은 해결책이 프랑스에서 어떠한 유용성을 지니는가 등을 프랑스의 구체적 사안을 통해서 살펴보기로 한다.

부부 중 일방의 채권자가 이와 같은 사안에서 채무자를 대신하여 행사하는 채무자의 권리는 재산분할의 불공평을 이유로 하는 취소권(action en rescision d'un partage pour cause de lésion)이다. 즉, 채권자는 채무자의 배우자(제3채무자)에게 당해 재산분할이 불공평함으로 인하여 이를 취소할 수 있는 채무자의 권리를 대신 행사하는 것이다. 이와 관련한 대표적인 프랑스 판결인 1980년 1월 22일의 파기원 민사 1부의 사건의 내용을 살펴보기로 한다.[86]

사안에서 남편인 B는 회사를 경영하였고 회사의 채권자인 은행 A에 대하여 자신의 이름으로 회사의 채무를 보증하였다. 그런데 이후 회사의 경영사정이 악화되어 거의 파산 지경에 이르게 되자 B는 법원의 판결을 얻어 자신의 배우자인 C와 공동으로 하였던 재산을 분할하여 부동산 등

---

85) 大判 2006.6.29, 2005다73105(공보불게재); 大判 2000.9.29, 2000다2559(공보 2000, 2207); 大判 2000.7.28, 2000다14101(공보 2000, 1940) 등.

86) Civ. 1re 22 janv. 1980, *Defrénois* 1980. art. 32421, p.1212. 그밖에 사실관계가 동일한 판결로는 Lyon 3 déc. 1980, D.1981, Inf. rap. 349, note M. VASEUR, D. 1982, Inf. rap. 20, note D. MARTIN.

중요한 재산은 C에게 귀속시키고 파산 상태에 이른 회사의 지분, 가치가 없는 채권 등만을 자신 명의로 해두었다. 이후 은행은 파산하였다. 회사의 보증인 B에게 책임재산이 실질적으로 거의 없게 되자 채권자 은행 A는 다음과 같은 구제책을 강구했다. 즉, 회사의 보증인인 B를 대신하여 프랑스 민법 제887조에 근거하여 B가 C와 균등하게 분할하였다면 받았을 몫의 4분의 1을 초과하는 손해를 얻었음을 이유로 하여 분할을 취소하는 청구를 하였다.[87] 원심법원은 채권자 A의 간접소권 행사를 받아들였는데, 이에 대한 C의 상고이유는 다음과 같았다.[88]

우선, 원심법원의 판단은 이미 행해진 분할에 대해서는 채권자가 자신의 부재 중에 행해졌다 하더라도 이를 다툴 수 없도록 규정하고 있는 프랑스 민법 제882조 규정[89]에 위배된다는 것이다.

다음으로, 원심법원의 판단은 프랑스 민법 제1397조 규정에도 위배된

---

87) 제887조 제1항 분할은 강박이나 사기를 이유로 하여 취소될 수 있다.
제2항 공동상속인 중 하나가 4분의 1 이상의 손해(lésion)를 입었을 때에는 분할이 취소될 수 있다.
이 규정은 상속인이 상속재산의 분할을 취소할 수 있는 경우를 규정하고 있다. 상속재산 분할이 강박 혹은 사기에 의하여 이루어진 경우, 상속인이 공동상속인 간에 상속재산을 균등분할 했으면 받았을 몫의 4분의 1 이상의 손해를 입게 된 경우 등이 이에 해당한다. Code civil 2004, Litec, p.530.
그런데, 사안의 경우는 상속재산 분할이 아닌 부부재산 분할인데 왜 이 규정을 근거로 하였는지에 대하여는 판례 평석에서 명시하고 있지 않으나, 다음과 같은 프랑스 민법 제888조 규정을 참고로 할 수 있다고 생각된다.
제888조 상속재산분할의 취소는, 매매, 교환, 화해 기타 어떠한 것으로든 공동상속인 간의 공유를 종식시키는 모든 행위에 대하여 허용된다.
88) Civ. 1re 22 janv. 1980, Défrénois 1980. art. 32421, p.1212 et s.
89) 제882조 공동분할자의 채권자는 분할이 사해적으로 이루어짐으로써 자시의 권리에 해가 됨을 피하기 위하여 그러한 분할이 자신이 참가하지 않은 상태에서 개시되었다는 것에 대하여 이의를 제기할 수 있다 … 그러나 이미 이루어진 불할에 대해서는 그러하지 아니하다 … (Les créanciers d'un copartageant, pour éviter que le partage ne soit fait **en fraude** de leurs droits, peuvent s'opposer à ce qu'il y soit procédé hor de leur présence … mais ils ne peuvent attaquer un partage consommé …).

다는 것이다. 프랑스 민법 제1397조[90])에서는 부부재산관계의 변경으로 인하여 손해를 입은 채권자는, 이를 허가한 법원의 판결에 대한 제3자 이의 신청(tierce opposition)[91])을 통해서만 다툴 수 있도록 하고 있기 때문이다.

마지막으로, 프랑스 민법 제1166조는 채무자의 일신에 전속한 권리에 대하여는 채권자가 행사할 수 없도록 규정하고 있는데, 부부재산관계의 변경은 가족적 사항을 고려하여 행해지는 것이므로 이 사건이 바로 이에 해당한다는 것이다.

이에 대하여 파기원은 다음과 같이 판단하여 상고인의 주장을 받아들이지 않았다.

> 채권자 은행은 채무자의 사해성을 이유로 하여 부부재산관계의 변동, 혹은 부부간의 재산분할을 다투고 있는 것이 아니라, 간접소권에 의하여 채무자를 대신하여 재산분할의 불공평을 이유로 한 분할 취소를 청구하고 있을 뿐이다. 따라서 채권자취소권과 관계되는 민법 제882조와 부부재산제의 변동으로 인하여 손해를 입은 채권자가 법원의 판결에 대하여 제3자

---

90) 제1397조 제6항 사해행위로 인하여 자신의 권리를 침해당한 채권자는 민사소송법에서 정한 조건에 따른 인가판결에 따라 제3자이의신청을 할 수 있다(Les créanciers, s'il a été fait fraude à leurs droits, pourront former tierce opposition contre le jugement d'homologation dans les conditions du code de procédure civile). 프랑스 민법 제1397조는 부부재산계약 및 부부재산제 총칙 편에 규정되어 있다.

91) 'tierce opposition'을 '제3자 이의의 소'로 번역하는 경우도 많은데, tierce opposition은 우리 민사집행법상의 제3자이의의 소(민사집행법 제48조 제1항)와 개념을 달리한다. 민사집행법상의 제3자이의의 소는 집행단계에서 제기하는 것으로서, 제3자가 집행의 목적물에 대하여 소유권이 있거나 목적물의 양도 또는 인도를 막을 수 있는 권리를 가진 때 이를 침해하는 강제집행에 대하여 이의를 주장하여 집행의 배제를 구하는 소이다. 반면, 프랑스법상 tierce opposition(이 글에서는 '제3자이의신청'으로 번역한다)은 원칙적으로 소송의 당사자나 그 대리인도 아닌 제3자가 당사자들에게 내려진 판결에 대하여 타당하지 못한 점을 지적하며 다시 판단해줄 것을 구하는 프랑스 민사소송법상 예외적인 구제책으로서, 당해 판결이 제3자에게 통지된 경우에 한하여, 통지받은 날로부터 일정한 기간 내에 제기해야 한다고 한다. G. CORNU, *op.cit.*, p.864.

이의신청을 통하여만 다툴 수 있도록 하고 있는 민법 제1397조는 사안에 적용되지 않는다. 재산분할의 불공평을 이유로 하여 이를 취소하는 권리는 일신에 전속한 것이 아니며, 민법 제1166조는 채권자 은행이 이러한 권리를 행사하는 것을 방해하지 않는다.92)

즉, 상고이유의 근거로 제시되었던 프랑스 민법 제882조와 제1397조는 분할이 사해적(en fraude)으로 이루어졌을 경우에 적용되는 것인데, 사안에서 채권자 은행은 분할의 사해성을 다투고 있는 것이 아니므로 동 규정들은 적용이 없고, 분할의 불공평을 이유로 하여 이를 취소하는 권리는 채무자의 일신에 전속한 권리가 아니므로 간접소권 행사의 대상이 된다는 요지이다.

프랑스 평석자들은 위와 같은 판례의 결론을 지지하면서 다음과 같은 점들을 지적하고 있나. "우선, 분할의 불공평을 이유로 이를 취소하는 권리가 분할참가자의 자의에 의하여 악의적으로 행사되지 않았다면 이는 일신에 전속한 권리가 아니다. [여기서] 정신적 요소들을 고려하는 것은 실로 위험한데, 왜냐하면 이로 인하여 무자력 상태인 채무자의 채권자들의 권리가 무력화되기 때문이다. 또한 사안에서 채무자의 부부재산관계가 변동하게 된 상황에 처한 채권자들은 그와 같은 변동을 허가한 법원의 판결을 다툴 수 있는 제3자 이의신청 기간을 도과하였기 때문에 더 이상 이에 대하여 다툴 수가 없는 상황이었는데, 위 판결로 인하여 채권자의 보호책이 마련되었다."93)

한편, 사실관계가 거의 동일하였던 리옹 항소법원(Cour d'appel de Lyon) 판결 사안에서는 채권자가 프랑스 민법 제1397조 소정의 제3자이의 신청을 할 수 있었음에도 불구하고 위와 같이 간접소권을 행사한 사안이 있는데,94) 리옹 항소법원은 원고의 청구를 받아들이면서 다음과 같이 판시하였다.

---

92) Civ. 1re 22 janv. 1980, *JCP* 1980. Ⅳ. 127.; *Gaz. Pal.* 1980. 1, somm. 243.
93) Civ. 1re 22 janv. 1980, *Defrénois* 1980. art. 32421, p.1213, obs. J-L AUBERT.
94) Lyon, 3 déc. 1980, *RTD* 1982. 405, obs. NERSON et RUBELLIN-DEVINCHI.

　　민법 제1397조의 특별규정은 간접소권(제1166조)과 채권자취소권(제
　　1167조)의 행사를 방해하지 않는다. 특히, 부부간 재산관계를 변동시키는
　　재산분할에 직면한 채권자는 민법 제1397조에 의하여 제3자 이의신청을
　　하지 않았더라도 민법 제887조 소정의 분할의 불공평을 이유로 한 분할의
　　취소권을 간접소권에 의하여 행사할 수 있다.[95]

　이 사안에서 원고인 채권자는 사해성의 입증 부담을 안고 싶지 않아
서 제3자이의신청이 아닌 간접소권을 행사하였을 것이라고 한다.[96]

　위에서 살펴본 프랑스 판결의 내용을 우리 민법과 비교하여 정리하기
로 한다. 첫째, 채무자가 자신의 책임재산을 감축 혹은 소멸시킬 의도로
부부 간 혹은 상속인 간에 재산분할을 행하는 경우, 우리나라에서는 채
권자가 채권자취소권을 행사함으로써 이를 다투고 있으나, 프랑스의 경
우는 채권자취소권 외에도 간접소권의 행사를 통해서도 다투고 있음을
알 수 있었다. 이는 프랑스 민법이 분할당사자가 재산분할의 불공평을
이유로 그 취소를 구할 수 있는 권리를 규정(프랑스 민법 제887조)하고
있기 때문에 나타나는 현상이며, 채권자들은 이러한 권리를 간접소권을
통하여 행사함으로써 채권자취소권을 행사할 때 부담하게 되는 사해성
의 입증책임을 덜고 있다.

　다음으로, 간접소권의 행사 대상에서 제외되는 '일신전속권'의 판단기
준이 이론적인 것뿐만 아니라 현실적인 측면도 고려하여 판단되고 있다
는 점을 알 수 있다. 이론적으로 보면 부부 간의 재산분할은 부부 사이
의 문제로서 정신적 혹은 가족적 고려사항에 대한 평가를 전제하므로
위 권리는 일신에 전속한 것으로 보아야 한다는 원칙을 고수할 수도 있
을 것이나, 프랑스 법원과 학자들은 이 사안에서 채무자의 악의적 권리
불행사 및 채권자 보호라는 점을 적극적으로 고려하여 일신에 전속한

---

95) Lyon 3 déc. 1980, D.1982. Inf.rap. 20 note D. MARTIN.
96) Lyon, 3 déc. 1980, *RTD* 1982. 405, obs. NERSON et RUBELLIN-DEVINCHI.

것으로 판단하지 않고 있었다. 이와 같은 점은 우리에게도 참고할 가치가 있다고 생각한다.

10) 이중의 간접소권의 문제

이중의 간접소권(action oblique au deuxième degré)이란 프랑스 민법 제1166조 소정의 'droits et actions'에 간접소권이 포함되는가, 즉 간접소권 자체도 간접소권의 행사대상이 되는가의 문제이다. 우리나라에서는 채권자대위권 자체도 채권자대위권의 대상이 된다는 점에 대하여 별다른 이의가 제기되지 않고 있지만, 프랑스에서는 이 점이 논란이 되고 있다.

구체적으로 문제가 되었던 사안을 살펴보면, 부동산이 A, B, C, D에게 전전양도되었는데, 원매도인 A는 매각대금의 일부를 지급받은 못한 상태였고, 최종 매수인 D도 자신의 대금채무를 변제하지 않고 있었다. 이에 원매도인 A가 현 부동산 소유자인 D에게 나머지 매각대금의 지급을 청구한 사안이었다.97)

보르도 항소법원(Cour d'appel de Bordeaux)의 판시내용은 다음과 같이 요약되어 있다.

> 대금의 일부만을 지급받은 부동산의 원매도인은 … 현재의 부동산 소유자에 대하여 … 잔액을 청구할 수 없다. 그는 자신의 채무자의 채무자인 중간매수인의 권리를 행사할 수 없는데, 왜냐하면 그 채무자와 자신과의 사이에 아무런 법률관계가 없기 때문이다.

이처럼 프랑스 법원은 우리나라 판례와 달리 간접소권을 간접소권의

---

97) 이 사안의 사실관계에는 프랑스법상의 우선특권(privilège), 저당권의 척제(purge de l'hypothéque) 등의 개념도 함께 등장하고 있으나, 이중의 간접소권에 대한 프랑스 법원의 입장을 이해함에 있어서 반드시 필요한 것은 아니라고 판단하여 필자가 생략하였다. 자세한 내용은 Bordeaux 9 mars 1936, S.1937. 2. 129 et ss.

행사대상으로 인정하지 않고 있다. 간접소권이 간접소권의 행사대상이 되는가 여부에 대한 프랑스에서의 찬반 논의는 다음과 같다.

우선, 간접소권이 간접소권의 행사대상이 될 수 없다는 입장을 살펴 보면, 위 판례에서 제시되고 있는 바와 같이 채권자와 간접소권의 행사 대상인 제3자 간에 아무런 법률관계가 없다는 점, 프랑스 민법 제1166조 는 간접소권을 행사하는 '채권자 자신의 채무자'의 권리를 행사하는 것 을 예외적으로 허용하고 있다는 점,98) 프랑스 민법 제1166조가 '그러나' 라는 접두어로 시작하는 것은 계약의 상대적 효력 원칙의 예외임을 의 미하므로 '예외'를 함부로 확장해서는 안된다는 점, 간접소권 행사에 다 수의 채무자들이 등장하면 절차가 복잡해진다는 점99) 등을 근거로 하고 있다.

반면, 이를 허용해야 한다는 입장은 민법 제1166조는 제2092조의 일반 담보를 근거로 한 것이지 제1165조의 예외로 파악되는 것은 아니라는 점,100) 제1166조는 '채무자의 모든 권리'라고 하고 있고 그 외에 어떠한 제한을 가하고 있지 않으므로 채무자의 간접소권 자체도 이에 포함되어 야 한다고 한다는 점, 간접소권의 행사와 관련하여 수인의 채무자가 등 장한다 하더라도 이것이 법적 관점에서 불가능한 것이 아니고 오히려 적법하고 실현 가능하다면 이를 허용해야 한다는 점101) 등을 근거로 하 고 있다. 프랑스 학계는 프랑스 법원의 입장과는 달리 대체적으로 이중 의 간접소권을 허용하자는 입장인 것으로 보인다.

프랑스 법원이 우리나라 법원과 달리 간접소권 자체를 간접소권의 행 사대상에서 제외시키고 있는 이유는 무엇일까? 필자 개인적으로는, 프랑 스는 우리나라에 비해서 순차대위를 인정할 현실적 필요성이 적었기 때 문이라고 생각한다. 우리나라에서 실제 채권자대위권 자체를 대위행사

---

98) Juris Classeur Civil 1996, Art. 1166, n°85(p.17).
99) Bordeaux 9 mars 1936, S.1937. 2. 130, note D. BASTIAN.
100) Juris Classeur Civil 1996, Art. 1166, n°85(p.17).
101) Bordeaux 9 mars 1936, S.1937. 2. 130, note D. BASTIAN.

한 사례들을 살펴보면, 동일한 부동산이 전전양도되어 최종매수인이 중간매수인의 매도인에 대한 등기청구권을 순차대위[102]한다든가, 금전채권과 관련해서는 동일한 내용의 채권을 순차대위[103]하는 것이었다. 그런데, 프랑스에서는 부동산 거래에 있어서 우리나라와 달리 당사자가 아닌 공증인에게 등기신청의무를 부과하고 있고 부동산등기제도가 물권변동의 과정을 공시하도록 부동산등기법에 별도의 체제를 구축하고 있음은 앞에서 살펴본 바와 같다. 또한 프랑스에서의 금전채권에 대한 집행방법이었던 압류·금지제도(saisie-arrêt)와 1991년 프랑스 민사소송법 개정 이후의 압류·귀속제도(saisie-attribution)를 통해서 채권자가 실질적으로 다른 채권자에 우선하여 제3채무자로부터 자신의 채권을 만족시킬 수 있는 방법이 마련되어 있었을 뿐만 아니라, 뒤에서 살펴보는 바외 같이 프랑스 법원은 집행방법의 일종인 압류·금지(saisie-arrêt) 자체를 간접소권의 대상으로 인정해왔기 때문에, 채권자로서는 자신의 채무자의 제3채무자(제4채무자) 등이 등장할지라도 제4채무자 등으로부터 채권을 변제받을 수 있는 길이 마련되어 있었기 때문이다.

11) 간접소권에 의한 집행행위의 허용 여부

과거 프랑스에서는 채권자가 간접소권을 통하여 자신의 채무자가 할 수 있는 집행행위(voies d'exécution), 구체적으로 말하면 압류·금지(saisie-arrêt)를 행할 수 있는가가 문제되었다. 압류·금지제도는 채권자가 제3채무자로 하여금 채무자에게 채무를 변제하는 것을 금하는 것으로부

---

102) 大判 1988.9.27, 87다카279(공보 835, 1325); 大判 1989.5.9, 88다카15338(공보 851, 902) 등.
103) 大判 1968.1.23, 67다2440(集 16-1, 11) "타인의 권리에 속하는 토지가 전전매매되고 소유권이전등기의무이행이 불능된 경우에 최후의 매수인이 전전채무자들을 대위하여 중간자들의 무자력이 입증되는 한 최초의 매도인에게 담보책임으로서의 손해배상청구권을 행사할 수 있다."

터 일정한 확인절차를 거쳐 채권자 자신이 직접 변제받을 수 있는 판결을 취득할 수 있는 제도이기 때문에, 만일 채권자가 간접소권을 통하여 채무자가 할 수 있는 압류·금지를 행할 경우, 3 당사자 외에 채권자의 채무자의 제3채무자, 즉 제4채무자가 등장하게 된다. 이 때문에 프랑스에서 찬반 논란이 일었다.

채권자가 간접소권을 통하여 집행행위의 일종인 압류·금지(saisie-arrêt)를 행할 수 없다는 입장의 논거는 다음과 같았다. 첫째는, 압류·금지제도를 규정하고 있는 구 프랑스 민사소송법 제557조[104] 및 제558조[105]는 3명의 당사자를 전제로 할 뿐이고 4인 이상을 예상하고 있지 않다는 점이다. 둘째는, 프랑스 민법 제1166조는 채권자로 하여금 소송상의 '권리'만을 행사하도록 허용하고 있는데, 엄밀하게 말해서 집행행위는 이에 해당하지 않는다는 점이다. 셋째로, 제1166조는 채무자의 일신에 전속한 권리를 간접소권의 행사대상에서 제외하고 있는데, 집행행위는 권리자가 그 행사 여부를 결정함에 있어서 정신적 요소를 고려할 것을 전제로 하기 때문에 일신전속권에 해당한다고 보아야 한다는 점이다.[106]

그러나, 현재 프랑스 학자들은 위와 같은 반대론에 대하여 다음과 같이 반박하면서 집행행위도 간접소권 행사 대상이 된다고 보고 있다. 우선, 법률이 압류·금지제도에 관하여 3인을 전제로 하고 있다 하더라도 이는 통상의 경우를 규정해 놓은 것일 뿐이므로 제4채무자가 등장하는 것을 막을 이유가 없다고 본다. 특히 프랑스 판례가 오래 전부터 2 당사자만이 등장하는 압류·금지를 허용하고 있으므로, 이를 확장하여 4 당사자가 등장하는 압류·금지를 허용하지 않을 이유가 없다고 한다.[107]

---

104) 註) 79 참조
105) 제558조 만일 채무자에게 권원이 없는 경우, 채무자나 피압류자인 제3자의 주소지를 관할하는 법원은 신청에 의하여 압류·금지 혹은 이의신청을 허용할 수 있다.
106) Civ. 25 sept. 1940, D.C.134, note J. CARBONNIER 참조.

두 번째로, 집행행위는 엄밀하게 말해서 제1166조의 '권리'에 해당하지 않는다는 논거는 지나치게 형식적인 해석이어서 적절하지 않으며, 이를 넓게 해석하여 집행행위도 포함한다고 보아야 한다고 한다. 왜냐하면 채권자가 승소판결을 얻더라도 실제 이를 집행할 수 없다면 간접소권은 그 실효성을 잃게 되기 때문이다.108) 마지막으로, 반대론이 제시하고 있는 세 번째 근거는 집행행위가 채무자의 재산뿐만 아니라 신체에 대하여 행해짐으로써 형벌과 같은 성격을 지녔던 시대에 납득될 수 있는 논거인데, 오늘날에 와서는 집행행위는 채무자의 재산에 대하여 행해지고 있기 때문에 이러한 논거는 설득력이 없다고 한다.109)

위와 같은 논의를 거쳐서 프랑스 법원은 간접소권에 의하여 집행행위를 하는 것을 허용하고 있으며, 이에 관한 대표적인 판시 내용은 다음과 같다.

민사소송법 제557조의 문언에 따르면, 채권자는 제3자의 수중에 있는 금전과 동산에 대해서만 압류(saisie-arrêt)할 수 있다. 그러나, 민법 제1166조는 일반규정의 형식을 취하여 채권자는 법적으로 당연히 채무자를 대위하여 그의 권리를 행사할 수 있도록 하고 있고 … 채권자는 이를 통하여 모든 종류의 집행행위를 할 수 있다. 특히 채권자는 [간접소권을 통하여] 채무자가 압류를 게을리 하고 있을 경우, 채무자에게 귀속되어야 할 금전을 회수할 목적으로 압류(saisie-arrêt)할 수 있다.110)

위 논의와 판시 내용들은 1991년 프랑스 민사소송법 개정 이후 금전채권에 대한 집행방법이 압류·금지제도에서 압류·귀속제도(saisie-attribution)로 변화된 이후에도 그대로 적용될 수 있다.111)

---

107) Juris Classeur Civil 1993, Art. 1166, n°56(p.12); Bordeaux 9 mars 1936, S.1937.2. 130, note D. BASTIAN.
108) Juris Classeur Civil 1996, Art. 1166, n°55(p.12).
109) Civ. 25 sept. 1940, D.C.134, note J. CARBONNIER.
110) Civ. 25 sept. 1940, D.C.133.; *Gaz. Pal.* 1940.2.119.
111) Juris Classeur Civil 1996, Art. 1166, n°56(p.12).

특히 프랑스 법원은 채권자가 간접소권을 통하여 압류·금지를 할 경우, 채권자가 채무자를 의무적으로 소송에 참가(mise en cause)시키도록 하여 채권자가 피고인 제4채무자로부터 직접 변제받을 수 있는 길을 마련하고 있다. 이에 대해서는 제4장 채권자대위권의 행사 및 효과 부분에서 자세히 알아보도록 한다.

12) 공유(indivision)와 관련한 권리

프랑스 민법 제815조의17 제3항 제1문은 공유자 1인의 채권자가 채무자인 공유자의 이름으로 공유물분할절차에 참가할 수 있는 권리를 인정하고 있다. 이는 동조 제2항에서 채권자가 공유물에 대하여 압류를 할 수 없도록 규정하고 있음으로 인하여 채권자에게 부여된 권리인데,[112] 채권자의 이와 같은 공유물분할청구권은 제1166조의 간접소권이 적용된 결과에 지나지 않는다는 것이 프랑스 판례와 학설의 전통적인 입장이다. 그렇다면, 그 실천적 의미는 무엇일까? 프랑스 민법 제815조의17 소정의 채권자의 공유물분할청구권을 간접소권이라고 보게 되면, 제3채무자는 채무자에게 대항할 수 있는 모든 사유로써 채권자에게 대항할 수 있는 논리가 적용되는 결과 공유자들은 그들 내부 간에 이루어진 공유물에 관한 합의사항을 공유자의 채권자에게 그대로 주장할 수 있게 된다.

예를 들어, 공유물 분할에 관한 프랑스 민법 제815조 제1항을 보면, 법원의 판결 혹은 당사자의 합의에 의하여 공유물의 분할이 유예되지 않는 한 언제든지 공유물의 분할을 청구할 수 있다고 규정하고 있다.[113] 그렇다면, 만일 공유 당사자 간에 공유물 불분할의 합의를 한 경우, 공유자들은 언제나 이러한 합의로써 공유물 분할을 청구한 공유자 1인의 채

---

112) 註) 73 참조.
113) 제815조 어느 누구도 공유상태를 지속할 것을 강요당해서는 안 되며, 분할을 유예하는 법원의 판결이나 당사자 간의 합의가 없는 한 언제든지 분할을 청구할 수 있다.

권자에게 대항할 수 있을 것인가? 프랑스 판결의 구체적 예를 살펴보기
로 한다.

한 가족의 가장이 아내와 두 딸을 남겨두고 사망하였다. 이리하여 부
인과 딸들 간에 상속재산에 대한 공유관계가 형성되었는데, 이 중 가족
이 살던 집은 아내가 계속하여 거주하기로 하였다. 그런데, 두 딸 중의
하나가 채무를 지게 되었고 그의 채권자가 딸들의 어머니가 거주하는
집의 분할 및 경매(partage de l'indivision et la vente sur licitation de la maison)
를 청구하였다. 위 가옥에 대한 공유자들인 두 딸과 아내는 당해 가옥에
대하여 자신들 간에 공유 상태를 유지하기로 하는 합의가 있었다고 하
면서 이에 항변하였다. 1심법원과 툴르즈 항소법원(Cour d'appel de Toulouse)
은 공유자들의 청구를 받아들이지 않고 공유자인 딸의 채권자의 공유물
분할청구를 받아들였다.114) 이에 공유자들이 파기원에 상고하였고 파기
원은 다음과 같이 판시하였다.

민법 제815조17 제3항에 의하여 상속인의 채권자에게 인정되는 권리는
동법 제1166조의 적용에 지나지 않는다 하더라도, 제815조는 당사자의 합
의에 의하여 분할이 유예되지 않는 한 언제든지 분할이 이루어질 수 있다
고 규정하고 있다. 사안의 경우, 채권자의 공유물분할청구가 있기 전에 이
를 저지할 수 있는, 기간이 정해진 서면에 의한 불분할의 합의가 있었다는
점이 주장되지 않았다.115)

즉, 채권자의 공유물분할청구권이 간접소권이라는 논리를 단순하게
적용할 경우 공유자들은 공유물 불분할의 합의로써 채권자에게 대항할
수 있을 것이나, 프랑스 민법 제1873조의2 제2항에서 공유물 불분할의
약정은 문서에 의할 것을 요구하고 있고 특히 공유물이 부동산일 때에
는 부동산을 공시할 것도 요구하고 있으며,116) 제1873조의3에서는 불분

114) Civ. 1ʳᵉ 8 mars 1983, *Defrénois* 1984. art.33312, 720, note A. BRETON.
115) Civ. 1ʳᵉ 8 mars 1983, *Defrénois* 1984. art.33312, 719, note A. BRETON.
116) 제1873조의2 제1항 공유자들은 전원의 합의에 의하여 공유상태를 유지할

할 약정 기간에 대하여 규정117)하고 있기 때문에 이를 준수하지 않은 불분할의 약정으로써 채권자에게 대항할 수 없다는 취지의 판시이다.

위 판결은 공유자들이 자신들의 행위에 대하여 요구되는 일정한 형식을 결한 경우 이와 같은 행위로써 공유자 1인의 채권자에게 대항할 수 없다는 취지이다.

그런데 프랑스 민법 제815조의14와 관련된 사안에서는 프랑스 법원이 위와는 상반되는 입장을 보인 바가 있다. 프랑스 민법 제815조의14 제1항 규정 내용을 살펴보면, 공유자 중에서 자신의 지분의 일부 또는 전부를 유상으로 처분하고자 하는 자는 다른 공유자들에게 매각 조건에 관한 내용을 소송외문서의 형식으로(par acte extrajudiciaire)118) 통지할 것을 요구하고 있다. 왜냐하면 다른 공유자들에게 제3자에 우선하여 이를 매수할 수 있는 권리, 즉 선매권(droit de préemption)을 부여하기 위함이다. 또한 동조 제2항에서는 선매권을 행사하고자 하는 다른 공유자도 양도하고자 하는 공유자에게 자신이 선매권을 행사하고자 한다는 사실을 제1항에서와 같이 소송외문서의 형식으로 통지하여야 한다고 규정하고 있다.119) 사안에서는 공유자 1인인 B가 자신의 지분을 매도하겠다는 의사

것을 약정할 수 있다.

그러한 약정[불분할 약정]에는 공유물의 지정, 각 공유자에게 속하는 지분의 표시 등이 포함되지 않으면 무효이다 … 공유물에 부동산이 포함되어 있는 때에는 부동산 공시절차를 요한다.

117) 제1873조의3 제1항 그러한 약정[불분할 약정]은 5년을 넘지 않는 기간 내에서만 체결될 수 있다.

118) 'acte extrajudiciaire'란 예를 들어 임대차 해지, 임대차 갱신의 청구 및 거절, 채무변제의 최고(commandement) 혹은 독촉(sommation) 등과 같이 어떠한 권리의 행사 또는 보전과 관련하여 소송절차 외에서 집행관에 의하여 통지되는 문서라고 한다. G. CORNU, op.cit., p.18.

119) 제815조의14 제1항 공유자가 유상으로 공유자 외의 자에게 공유물에 관한 그의 권리의 전부 혹은 일부, 또는 공유물의 일부를 양도하고자 하는 경우, 소송외문서에 의하여 다른 공유자들에게 양도의 가격과 조건, 양수하고자 하는 자의 이름, 주소, 직업 등을 통지하여야 한다.

를 다른 공유자들에게 통지하였는데, 이를 매수하고자 하는 다른 공유자 C가 제815조의14 소정의 소송외문서 형식이 아닌, 등기우편의 형식으로 (par lettre recommandée) 선매권 행사의 의사를 통지하였다. 한편 B는 제3 자 A에게 그 지분을 양도하기로 약정한 바가 있었는데, 위 C가 선매권 행사의사를 통지해오자, 그 형식의 불비는 고려하지 않고서 C에게 자신의 지분을 양도함으로써 A가 지분을 양수할 수 없게 된 상황이었다. A는 간접소권을 통하여 공유지분의 양도인 B의 채권자로서 위와 같은 C의 선매권 행사는 형식불비의 것으로서 무효이고 자신에게 그 지분이 양도되어야 한다는 취지로 제소하였다.[120] 이와 관련한 파기원의 판시사항은 다음과 같다.

산섭소권의 피고는 간접소권을 행사하는 자에 대하여 자신의 채권자에 대하여 대항할 수 있는 사유를 주장할 수 있다. 그러므로 원심이 공유자 1인은 다른 공유자들이 그들의 이익을 위하여 규정된 형식을 포기하였다고 생각할 수 있고 당해 지분을 양수하기로 한 제3자가 이와 같은 포기행위를 다툴 수 없다고 판단한 것은 정당하다. 지분을 양수하기로 한 제3자에게 실현된 양도행위의 조건과 방식보다 더 유리한 조건과 방식을 부여하는 결과를 부여하여서는 안 되기 때문이다.[121]

사안을 정리하면, 공유자의 선매권 행사에 요구되는 프랑스 민법 제 815조의14 소정의 형식은 오로지 공유자들의 이익을 보호함에 그 취지가 있으므로, 공유자 B는 형식 불비의 선매권 행사의 의사 통지를 수락함으로써 위 규정이 보호하고자 하는 자신의 이익을 포기할 수 있다. 사안에서 B는 이를 포기한 것으로 볼 수 있고 양수인 C는 B에게 B는 자신

제2항 모든 공유자들은 위의 통지를 받은 날로부터 1월의 기간 내에 양도 인에게 통지받은 가격과 조건에 따라 선매권을 행사한다는 사실을 소송외 문서에 의하여 알려야 한다.

120) Civ. 1re 9 oct. 1991, *Defrénois* 1992. art. 35220 n°34, obs. AYNÈS.
121) Civ. 1re 9 oct. 1991, *Defrénois* 1992. art. 35220 n°34, obs. AYNÈS, JCP 1991. Ⅳ. 425.

의 이익을 포기하였다고 주장할 수 있는 입장에 있으므로 간접소권으로
써 B의 권리를 행사하는 A에 대하여도 이러한 주장이 가능하다는 취지
이다.

위와 같은 판례들은 결국 공유자들과 공유자 일부의 채권자들 간의
충돌을 어떻게 규율할 것인가 하는 문제의식122)에서 출발하고 있다. 지
금까지 살펴본 것처럼, 공유자들이 자신들의 행위에 대하여 요구되는 일
정한 형식을 결한 경우 이와 같은 행위로써 공유자 1인의 채권자에게 대
항할 수 있는가에 대하여 프랑스 법원은 간접소권의 논리뿐만이 아니라
개개의 법률규정의 취지를 적극적으로 고려함으로써 구체적인 경우에
따라 판단을 달리하고 있음을 알 수 있다.

13) 환매권

환매권에 대해서는 프랑스 민법 제1659조 이하에 규정되어 있는데, 환
매권(faculté de rachat)이라는 명칭으로부터 알 수 있듯이 프랑스 민법이
이를 '권능(faculté)'의 일종으로 규정하고 있었으나, 프랑스 판례는 오래
전부터 환매권을 간접소권의 행사대상으로 인정하여 왔다.123)

14) 법률행위의 무효를 주장할 수 있는 권리

일반적으로 채권자는 민법 제1166조의 적용으로 채무자가 체결한 계
약의 무효를 주장할 수 있다고 인정되고 있다. 그러나 무효를 주장할 수

---

122) Civ. 1re 8 mars 1983, *Defrénois* 1984. art.33312, 719, note A. Breton; Civ. 1re 9
    oct. 1991, D.1992.421, note BARRET.
123) Juris Classeur Civil 1996, Art. 1166, n°49(p.11).
    "환매권(faculté de rachat)은 매도인의 일신에 전속한 권리에 해당하지 않는
    다. 따라서 매도인의 채권자에 의해 행사될 수 있다." Poitiers 14 déc. 1899,
    D. 1902. 2.169, note CAPITANT.

있는 권리(actions en nullité d'un acte juridique)에 일신전속성을 부여한 경
우가 있기 때문에 이러한 권리들이 간접소권의 행사대상이 될 수 있는
지 여부가 논란이 되었다. 이 문제는 무효의 유형에 따라서 달리 살펴보
아야 한다.[124]

(1) 절대적 무효의 경우(nullité absolue)

절대적 무효일 경우, 원칙적으로 모든 당사자들이 이를 주장할 수 있
다. 따라서 당해 권리가 일신전속적이라는 것을 이유로 채권자가 간접소
권을 행사하는 것을 막을 수 없다. 게다가 채권자는 채무자의 행위로 인
하여 그의 채권이 위협받을 수 있기 때문에, 채무자의 행위가 절대적 무
효일 경우 그 무효를 주장할 이익이 있다. 설사 채권자가 그의 채무자의
경제 활동의 모든 결과를 감수해야 한다 하더라도, 이는 정상적인 관리
행위(gestion normale)의 결과만을 감당해야 하는 것을 의미함에 지나지
않는다. 채무자의 불법행위(acte illicite)는 채무자 자신의 권능을 감축시키
고 또한 채권자의 채권의 실효성을 위협한다는 사실로부터 채권자가 간
접소권에 의하여 당해 행위의 무효를 주장할 이익이 생긴다. 그러므로
채무자가 불법한 계약을 체결하거나 그 원인이 비윤리적인 증여행위를
한 경우, 채권자는 원칙적으로 그 무효를 주장할 수 있다.[125]

구체적 예를 들어보면, 어떤 회사(A)의 직원(B)이 회사의 공금을 횡령
하였다. 그런데, 직원 B는 횡령한 자금을 사신의 정부(情婦) C에게 증여
하였다. 이에 회사 A는 B의 채권자로서 간접소권을 통하여 C에게 B와 C
의 증여계약은 그 원인이 비윤리적인 것으로서 무효임을 주장하며 자금
의 반환을 청구하였다. 그런데, 파기원은 다음과 같이 판단하였다.

　　　　B는 법정에서 '나는 C에게 동정심을 가질 수밖에 없었는데, 그는 나의

---

124) Juris Classeur Civil 1996, Art. 1166, n°68(p.14).
125) Juris Classeur Civil 1996, Art. 1166, n°69(p.14).

애인이었었기 때문이다. 나는 그녀에게 책임을 져야 했다'라고 하고 있다. 항소심이 이 진술의 내용에 비추어 증여가 이루어지기 이전에 B와 C가 정부관계가 있었음을 알 수 있고, 이러한 증여가 그들의 관계를 지속할 것을 보장하기 위한 목적이라고 보이지도 않는다는 이유로 원고 회사의 청구를 기각한 것은 정당하다.126)

사안에서 B와 C 간에는 첩계약이 있었던 것으로 보인다. 이러한 첩계약은 무효인 행위로서 이에 기한 증여행위 역시도 무효(절대적 무효)인 것이 원칙이나, B의 진술에 비추어 현재는 B와 C 간에 첩관계는 청산된 것으로 보이고, 위 증여행위가 첩관계를 지속하기 위한 목적으로 보이지는 않기 때문에 무효로 볼 수 없고 따라서 채권자 회사 A는 간접소권을 통하여 이러한 주장을 할 수 없다는 것이었다.

우리 민법상으로도 첩계약은 사회질서에 반하는 것으로서 무효인 법률행위로 보고 있으나,127) 첩관계를 끊는 경우의 위약금, 출생한 자녀의 양육비 등에 관한 약정의 효력은 첩의 생존을 유지하고 자녀의 성장을 보장하는 범위에서 유효하다고 보고 있으므로128) 우리나라에서 유사한 사안이 발생할 경우 프랑스에서와 동일한 논리가 적용될 수 있을 것이다.

그런데, 만일 채권자에게 무효를 주장할 수 있는 자신의 권리가 있을 경우, 간접소권이 존재할 이유가 없으므로 자신의 권리를 행사하면 되지 간접소권의 행사까지 허용해서는 안 된다고 주장할 수도 있다. 그러나, 일정한 경우에는 채권자가 자신의 권리보다는 채무자의 권리를 행사하는 것이 더 유리할 수도 있으므로 채권자에게 자신의 권리가 있다고 해서 그가 간접소권을 행사하는 것을 금해서는 안 된다고 한다.129)

그리고 앞의 간접소권 행사 범위에 관한 일반론(제3장 제4절 Ⅱ 1.의 3))에서 '신분에 관한 권리'는 비재산적 권리로서 간접소권의 행사대상

---

126) Civ. 1ʳᵉ 23 avirl 1981, *JCP* 81. Ⅳ. 235.

127) 大判 1960. 9. 29, 4293 民上 302(集 8, 149) 등.

128) 大判 1980. 6. 24, 80다458(集 28-2, 53).

129) Juris Classeur Civil 1996, Art. 1166, n°69(p.14).

이 되지 않는다고 언급한 바 있으나, 신분에 관한 권리일지라도 당해 신
분행위가 절대적 무효로서 누구나 주장할 수 있는 것이라면, 간접소권의
행사대상이 된다고 한다.130)

(2) 상대적 무효의 경우(nullité relative)

의사의 하자(vice du consentement), 무능력(incapacité) 등을 이유로 법률
행위를 취소할 수 있는 상대적 무효의 경우131)에는 다른 관점에서 문제
가 제기된다. 이로 인한 피해자에 의하여, 적어도 그의 대리인에 의하여
가해자인 채무자의 행위를 취소할 수 있는 권리는 일신에 전속한 것으
로서 민법 제1166조의 적용대상에서 제외되는 것으로 볼 수 있다. 그러
나 프랑스 판례와 학설은 이와는 다른 입장을 표명해왔다. 법률이 의사
의 하자의 피해자만이 이를 취소할 수 있다고 규정하고 있는 것은, 근본
적으로 가해자인 계약 상대방이 이를 취소하는 것을 금하고자 하는 것
이다. 따라서 이로 인하여 피해자의 채권자가 피해자와 동일한 권리를
행사하는 것이 금지되지 않으며, 이러한 권리는 금전적 이익을 보호하는
것을 본질로 하기 때문에 더욱 그러하다. 그리하여 프랑스 법원은 채권
자는 채무자의 이름으로 무능력(미성년자)을 이유로 취소를 구할 수 있

---

130) H. L. et J. MAZEAUD, *supra note 11*, n°963(p.1043). 마조(Mazeaud)는 혼인의
절대적 무효를 그 예로 제시하고 있다.

131) 프랑스법상의 상대적 무효(nullité relative)는 우리 민법상의 상대적 무효와
는 엄밀한 의미에서 차이가 있는 것으로 보인다. 우리 민법상의 상대적 무
효는 '특정인에 대하여' 행위의 무효를 주장할 수 없는 경우를 말하며, 비
진의표시가 무효인 때(민법 제107조 제2항), 허위표시로서 무효인 때(민법
제108조 제2항) 등에 있어서 선의의 제3자에 대하여 그 무효를 주장할 수
없는 경우가 그러한 예이다(郭潤直, 民法總則, 第七版, 2002, 292면). 반면
프랑스법상의 상대적 무효란, '특정인에 의해서만' 무효를 주장할 수 있는
경우를 의미하는 것으로서 의사의 하자, 무능력 등에 의하여 당해 행위를
취소하는 경우가 그러한 예에 해당한다(TERRÉ, SIMLER et LEQUETTE,
op.cit., n°395(p.392) 참조).

다고 하였다고 한다. 그러나, 합의의 결여, 목적물의 하자, 타인 물건의
매각 등을 이유로 취소를 구하는 경우에 대하여는 위와 달리 판단하였
다고 한다.132)

그리고 혼인의 취소 등과 같이 신분과 관련한 취소권은 개인의 정신
적 평가가 중요하므로 간접소권의 행사대상에서 제외되어야 한다고 한
다.133)

15) 기타의 권리

이상의 내용들은 어떠한 권리가 간접소권의 행사대상으로 허용될 수
있는가에 대하여 프랑스에서 실제 많은 논란이 있었던 내용들을 개략적
으로 정리한 것이다.

마지막으로 참고가 될 만한 프랑스 판결 몇 가지를 소개하고자 한다.

A가 공로(公路)에서 교통사고를 당하였는데, 사고차량의 운전자는 B
였고 B의 과실이 인정되었다. 한편 B는 C 회사의 피용자였으므로 이 회
사는 가해자의 사용자로서 피용자인 B와 함께 피해자 A가 입은 손해에
대하여 연대하여 배상할 책임이 있었고 이와 같은 내용의 판결이 확정
되었다. 그런데, 당시 C 회사는 당사자들의 합의에 의하여 회사를 청산
하는 단계에 있었기 때문에 피해자로서는 이 회사로부터 실질적으로 손
해배상을 받기가 어려운 점이 있었던 것으로 보인다. 위 사고차량은 자
동차보험에 가입되어 있지 않았기 때문에 피해자는 보험회사로부터 보
험금을 지급받을 수도 없는 상황이었다. 이에 피해자 A는 다음과 같은
내용으로 위 회사의 경영진들에 대하여 간접소권을 행사하였다. 위 회사
의 경영진들은 회사 차량을 자동차보험에 가입시켜야 했으나, 이를 보험
에 가입시키지 않은 채로 도로에 운행시켰다. 이러한 경영진들의 행위는

---

132) Juris Classeur Civil 1996, Art. 1166, n°70(p.14).
133) Juris Classeur Civil 1996, Art. 1166, n°70(p.14).

회사 경영상의 중대한 과책(faute lourde)으로 볼 수 있다. 이에 대하여 법원은 위 회사는 피해자에게 손해배상책임을 져야 하는 손해를 입게 되었다고 할 수 있는데, 위 경영진들의 과책과 회사의 손해 간에 인과관계를 인정할 수 있고, 따라서 회사는 위 경영진에 대하여 자신이 입은 손해를 배상할 것을 청구할 수 있으니, 피해자는 채권자로서 간접소권에 의하여 위 회사의 경영진들에 대한 손해배상책임을 청구할 수 있다고 판시한 바 있다.134)

또 다른 사건으로는, 어떤 주택 조합이 발주하여 주거용 건물을 건축하여 완공시켜서 이 건물에 세입자들이 들어가서 거주하고 있었다. 그런데 얼마 지나지 않아 위 건물 건축상의 하자가 발견되어 세입자들이 주거상 어려움을 겪게 되었다. 그러나 건물의 소유자인 주택 조합은 건축업자에 대하여 이에 대한 책임을 묻기 않고 있었다. 이에 세입자들이 소유자를 대신하여 건축업자에 대하여 담보책임(action en garantie décennale)을 추궁한 것을 인정한 사안도 있다.135)

3. 검 토

우리나라에서는 채권자대위권이 특정채권을 보전하기 위한 용도로 이용된 경우가 많았기 때문에 채권자대위권과 관련하여서는 채무자의 무자력을 요하지 않는 점을 부각시킨 재판례들이 많이 집적되어 있고, 대위채권이 채무자의 일신에 전속한 권리인지 여부에 대한 판단이 명시된 재판례들은 상대적으로 적다고 할 수 있다. 그러나, 프랑스의 경우 특정채권을 보전하기 위한 간접소권의 행사가 판례상 명시적으로 인정되기 시작한 것은 1980년대 이후이고, 1804년에 나폴레옹 민법이 제정된 이후부터 최근까지의 오랜 기간 동안 프랑스 법원의 실무상 논의의 초

---

134) Trib. com. Seine 8 janv. 1952, D.1952.192.
135) Civ. 3ᵉ 16 juill 1986, *JCP* 86. Ⅳ. 283.

점이 된 것은 채권자가 간접소권을 통하여 행사하는 권리가 채무자의 일신에 전속한 것으로서 간접소권의 행사대상에서 제외되는 것이 아닌가 하는 점이다.

앞에서 살펴본 것처럼 간접소권의 행사대상이 되었던 권리들 중에는 우리 법에는 생소한 내용인 권리들이 많이 포함되어 있다. 이는 우리나라와 프랑스가 각각 법체제를 달리하고 있기 때문에 각국에서 개개인이 주장할 수 있는 권리들의 내용이 동일할 수는 없다는 사실에서 나타나는 '자연스러운' 현상일 것이다. 그런데, 프랑스 판례의 구체적 사안을 면밀하게 분석하고 이에 대한 프랑스 학자들의 개별 평석을 읽어본 결과, 특정한 권리가 일신전속적 권리인지 여부의 판단기준에 대한 프랑스인들의 공통적인 단상을 추출할 수 있었다.

우선, 프랑스 민법 제1166조가 간접소권을 '일반 규정'의 형식으로 규정하고 있는 한, 구체적인 권리가 채무자의 일신전속적인 권리인지 여부에 대한 판단을 내리기는 애매모호하고 어려울 수밖에 없다는 점이 프랑스 학자들에 의하여 자주 지적되고 있었다.136) 프랑스 민법 주석서나 교과서들은 모두 간접소권의 행사대상에 관한 추상적인 일반론을 소개하고 있는데, 프랑스 재판례들은 이와 같은 기존의 이론에 얽매이지 않고 구체적인 사정에 따라 다양한 판단을 내리고 있었다는 점이 이를 반증하고 있다. 또한 동일한 권리에 대하여도 프랑스 법원이 일관된 입장을 보이지 못하는 경우도 많았고, 프랑스 법원과 학설의 입장이 팽팽하게 맞서는 경우도 많았다. 프랑스에서의 이러한 현상들은 구체적인 권리가 일신전속권인지 여부는 보는 관점에 따라서 얼마든지 달리 판단될 수 있는 여지가 많다는 점을 보여주고 있다.

그리고 프랑스 법원은 개개의 권리가 일신전속권인지 여부를 판단함

---

136) Pau 13 avril 1961, D. 1961. 764, note LAMAND; Trib. grande inst. Cherbourg 13 fév. 1974, D. 1975. 32, note VOUIN; Cass. Ass. plén. 15 avril 1983, D. 1983. 461, concl. DOTENWILLE.

에 있어서 추상적인 일반론뿐만 아니라 해당 법률의 취지를 적극적으로 고려하고 있었음을 알 수 있다.

　마지막으로, 프랑스 재판례의 전반적인 흐름을 보면, 채무자의 일신에 전속한 권리에 해당한다고 판단되는 권리의 범위가 축소하고 있음을 알 수 있었다. 바꾸어 말하면, 간접소권의 행사범위가 넓어지고 있다는 점이다. 임대차관계는 당사자들의 신뢰관계를 전제로 하기 때문에 이로부터 발생하는 권리, 예컨대 임대차해지권과 같은 권리들은 과거에는 채무자의 일신에 전속한 것으로 보았으나 현재는 간접소권의 행사대상으로 인정하고 있는 점, 상속과 관련한 권리는 신분에 관련된 것이기는 하나 재산적 권리로서의 성격이 더 강하다고 보아 간접소권의 행사대상으로 인정하고 있는 점, 증여와 관련한 권리도 이론적으로는 당사자들의 개인적 의사가 중시되어야 한다고 보아야 할 것이나 간접소권의 행사대상으로 인정하고 있는 점 등이 그러한 예가 될 것이다. 이와 같이 간접소권의 행사범위가 넓어지고 있는 데에는 산업화가 고도로 진행됨에 따라 기존에는 재산적 권리로 여기지 않았던 권리들이 재산적 권리로 변화하고 있고, 개인이나 기업의 파산이 급증하여 도산체제가 발달함에 따라 과거보다 채권자들을 보호할 필요성이 훨씬 커졌다는 시대적 흐름도 큰 영향을 미치고 있는 것으로 보인다.

III. 우리나라에서의 대위채권의 범위

1. 서 설

　채권자대위권과 관련한 우리나라 문헌들을 살펴보면, 특정한 권리가 채권자대위권의 행사대상이 되는지 여부, 즉 대위채권의 범위에 관한 판단기준을 프랑스만큼 상세히 논하고 있지 않으며, 이에 관한 판례도 많지 않은 것으로 보인다. 이하에서는 우리나라 문헌에서 나타나고 있는 대위채권의 범위에 관한 판단기준들을 살펴본 이후, 앞에서 살펴본 프랑스법의 내용과 비교해보도록 하겠다.

2. 원 칙

채무자의 일반재산을 구성하는 재산권은 그 종류 여하를 묻지 아니하고 채권자대위권의 목적으로 될 수 있다. 채권자대위권의 목적으로 될 수 있는 재산권인지의 여부는 채권 보전의 목적에 적합한가의 여부, 즉 책임재산의 보전에 대위권 행사가 필요하고도 부득이한 것인가의 여부에 의하여 결정하여야 한다. 손해배상청구권과 같은 채권적 청구권에 한하지 않고 불법점유자에 대한 명도청구와 같은 물권적 청구권도 대위권의 목적이 된다. 해제권, 상계권, 공유물분할청구권과 같은 형성권도 채권자대위권의 목적이 된다고 보는 것이 일반적이다.[137] 대위권의 목적이 되는 재산권의 행사를 위하여 소송 기타 공법상의 행위를 필요로 하는 때에는, 채무자가 가지는 공법상의 권리에 관하여서도 대위할 수 있다고 한다. 특히 등기신청권에 관하여는 명문의 규정이 있다.[138]

그밖에 소송상의 행위를 대위할 수 있느냐가 문제가 된다. 실체법상의 권리를 주장하는 형식으로서의 소송상의 행위(소의 제기, 강제집행의 신청, 청구이의의 소, 제3자이의의 소, 가처분명령의 취소신청 등)를 대위할 수는 있다. 그러나, 채무자와 제3자와의 사이에 소송이 계속한 후에, 그 소송을 수행하기 위한 소송상의 개개의 행위(공격방어방법의 제출, 상소의 제기, 집행방법에 관한 이의, 가압류결정에 대한 이의의 신청

---

137) 반대 견해에는 李銀榮(註 58), 431면.
　　판례는 전화가입계약의 해지권(大判 1976.2.24, 76다52(集 24-1, 121)), 골프클럽회원의 회원가입계약 해지권(大判 1989.11.10, 88다카19606(集 37-4, 11)) 등에 대해서 일신전속권이 아니라고 판시한 바 있다.
138) 부동산등기법 제52조

등)는 소송당사자만이 할 수 있으므로 채권자가 대위하지 못한다고 한다.139) 대법원은 구 민사소송법 제705조 소정(현행 민사집행법 제287조)의 본안제소명령의 신청권이나 제소기간의 도과에 의한 가압류·가처분의 취소신청권은 채권자대위권의 목적이 될 수 있다고 판단하였다.140) 채권자가 자기 채권의 보전을 위하여 채권자대위권을 행사할 수 있는 경우에는 그 청구권에 관한 강제집행의 보전을 위하여 가압류 또는 가처분 명령의 신청도 할 수 있다.141)

우리나라 판례와 학설 모두 채권자대위권 자체도 대위의 목적이 될 수 있다는 입장이며,142) 채권자취소권도 채권자가 채무자를 대위하여 행사하는 것이 가능함은 물론이다.143)

---

139) 郭潤直(註 9), 134면 , 金疇洙(註 9), 223면 ; 金相容(註 9), 241면 ; 張庚鶴(註 58), 286~287면 ; 金亨培(註 9), 363~364면.

140) 大決 1993.12.27, 자93마1655(공보 962, 508) "민사소송법 제715조에 의하여 가처분절차에도 준용되는 같은 법 제705조 제1항에 따라 가압류·가처분 결정에 대한 본안의 제소명령을 신청할 수 있는 권리나 같은 조 제2항에 따라 제소기간의 도과에 의한 가압류·가처분의 취소를 신청할 수 있는 권리는 가압류·가처분신청에 기한 소송을 수행하기 위한 소송절차상의 개개의 권리가 아니라, 제소기간의 도과에 의한 가압류·가처분의 취소신청권은 가압류·가처분신청에 기한 소송절차와는 별개의 독립된 소송절차를 개시하게 하는 권리이고, 본안제소명령의 신청권은 제소기간의 도과에 의한 가압류·가처분의 취소신청권을 행사하기 위한 전제요건으로 인정된 독립된 권리이므로, 본안제소명령의 신청권이나 제소기간의 도과에 의한 가압류·가처분의 취소신청권은 채권자대위권의 목적이 될 수 있는 권리라고 봄이 상당하다."

141) 大判 1958.5.29, 4290민상735(集 6, 41)

142) 大判 1968.1.23, 67다2440(集 16-1, 11) 참조.

143) 大判 2001.12.27, 선고 2000다73049(공보 2002, 352) "민법 제404조 소정의 채권자대위권은 채권자가 자신의 채권을 보전하기 위하여 채무자의 권리를 자신의 이름으로 행사할 수 있는 권리라 할 것이므로, 채권자가 채무자의 채권자취소권을 대위행사하는 경우, 제소기간은 대위의 목적으로 되는 권리의 채권자인 채무자를 기준으로 하여 그 준수 여부를 가려야 할 것이고, 따라서 채권자취소권을 대위행사하는 채권자가 취소원인을 안 지 1년

3. 「행사상의 일신전속권」 일반

그러나, 다음과 같은 권리들에 대해서는 채권의 공동담보에 적당하지 않기 때문에[144] 채권자대위권의 객체가 되지 못한다고 한다.

1) 채무자의 일신전속권

민법 제404조 제1항 단서에 규정되어 있다. 어떤 권리가 일신전속권에 해당하는지는 그 권리의 성질과 채권자대위권의 목적에 비추어 판단할 문제이다.

일반적으로 일신전속권에는 타인에게 양도할 수 없다는 의미에서 비양도성 및 비상속성을 본질로 하는 귀속상의 일신전속권과 타인이 그 권리를 행사할 수 없고 오로지 권리자의 의사에 행사의 자유가 맡겨져 있는 행사상의 일신전속권이 있다. 채권자대위권은 채권자가 채무자의 의사와는 관계없이 그 권리를 행사하는 것이라는 점에서 행사상의 일신전속권은 채권자대위권의 목적으로 될 수 없다고 할 것이나, 귀속상의 일신전속권은 성질에 따라 채권자대위권의 목적으로 될 수도 있고 그렇지 않을 수도 있다.[145] 이에 따라 채무자의 행사상의 일신전속권에 해당하는 예로서 제시되는 것은 다음과 같다.

(1) 신분법상의 권리

친생부인권, 혼인취소권, 이혼청구권, 호주승계권, 친권, 친권자 또는

이 지났다 하더라도 채무자가 취소원인을 안 날로부터 1년, 법률행위가 있은 날로부터 5년 내라면 채권자취소의 소를 제기할 수 있다."

144) 郭潤直(註 9), 134면 ; 金疇洙(註 9), 194면 ; 金相容(註 9), 239면 ; 金曾漢·金學東(註 9), 184면 ; 張庚鶴(註 58), 286면 ; 金亨培(註 9), 383면.

145) 民法注解[Ⅸ], 765면(金能煥 집필).

후견인의 재산관리권 등은 일정한 신분관계와 결합된 권리로서 행사상
의 일신전속성을 가지므로 비록 그 권리의 행사에 의하여 간접적으로 재
산관계에 영향을 미친다고 하더라도 채권자대위권의 목적이 될 수 없다.

부부계약취소권, 친족간의 부양청구권 등은 신분법상의 권리이면서
재산적 이익을 내용으로 하는 것이나 양도 또는 상속의 대상으로 되지
아니하고 그 권리자의 인격적 이익의 확보에 중점이 있는 것이므로 대
위권의 목적으로 되지 아니한다.

상속의 승인·포기권, 상속회복청구권 등은 그 권리자의 의사를 존중
하여야 하므로 대위권의 목적이 되지 아니한다. 이에 비하여 상속개시후
의 상속지분권, 상속재산분할청구권 등은 양도·처분할 수 있는 것으로
서 재산권으로서의 성질이 강하므로 대위권이 목적이 될 수 있다.

이혼에 따른 재산분할청구권은 그 자체로서는 권리자의 의사를 존중
하여야 하므로 대위권의 목적이 될 수 없다고 할 것이나 협의 또는 재판
에 의하여 구체적인 금전채권 또는 급부청구권으로 변화된 권리는 대위
권의 목적으로 된다고 한다.146)

한편 최근 대법원은 후견인이 민법 제950조 제1항의 경우 각호의 행
위를 하면서 친족회의 동의를 얻지 않은 경우, 제2항의 규정에 의하여
피후견인 또는 친족회가 그 후견인의 행위를 취소할 수 있는 권리는 행
사상의 일신전속권이므로 채권자대위권의 목적이 될 수 없다고 판시한
바 있다.147)

(2) 인격권

생명권, 신체의 자유권, 명예권 등의 인격권은 그 권리자의 인격으로
부터 분리할 수 없고 귀속은 물론 행사에 있어서도 일신전속적인 것으
로서 대위의 목적이 되지 아니한다.

---

146) 民法注解[IX], 765면(金能煥 집필).
147) 大判 1996.5.31, 94다35985(공보 1996, 2009).

인격권 침해에 의한 위자료청구권은 상속되는 것이지만, 그 행사는 전적으로 피해자의 의사에 맡겨져 있고 내용도 불확정적이어서 그 자체로서는 대위권의 목적으로 되지 않는다. 그러나 합의 또는 판결 등에 의하여 그 내용이 구체적으로 확정된 때 또는 그 행사 이전에 피해자가 사망한 때에는 위자료청구권이 행사상의 일신전속성을 상실하여 대위권의 목적으로 된다고 한다.[148]

(3) 일신전속적 재산권

종신정기금(민법 제725조) 기타 당사자의 사망을 종기 또는 해제조건으로 하는 채권, 당사자 사이의 특별한 신뢰관계를 기초로 하는 채권(예컨대 사용대차(민법 제614조), 고용(민법 제657조), 위임(민법 제690조), 조합(민법 제717조) 등) 등은, 일신전속권으로서 상속의 목적이 되지 않는다(민법 제1005조). 또한 당사자 사이의 특별한 신뢰관계를 바탕으로 하는 채권(사용대차(민법 제610조 제2항), 임대차(민법 제629조), 고용(민법 제657조 제1항), 양도금지의 특약(민법 제449조 제2항) 등)은, 상대적으로 양도성이 제한되어 있다. 그러나 이들 채권은 재산권으로서 채무자의 재산을 이루고 있으므로, 채권의 공동담보의 보전을 위하여 필요한 때에는, 채권자대위권의 목적이 될 수 있다고 한다.[149]

(4) 기 타

그밖에 일신전속권은 아니지만 그 권리의 행사를 채무자의 의사에 맡기는 것이 타당한 것은 대위권의 목적으로 되지 못한다고 하면서, 계약의 청약·승낙, 제3자를 위한 계약에 있어서 제3자에 대한 수익의 의사표시, 망은행위로 인한 증여의 해제권 등이 이에 해당한다고 한다.[150]

---

148) 民法注解[IX], 765~766면(金能煥 집필).
149) 郭潤直(註 9), 134면 ; 金相容(註 9), 240면 ; 金曾漢·金學東(註 9), 184면 ; 張庚鶴(註 58), 286면 ; 金亨培(註 9), 362면.

2) 압류가 금지되는 채권

각종 특별법의 규정(민사집행법 제246조, 국가배상법 제4조 등)에 의하여 압류가 금지되어 있는 채권은 강제집행의 대상이 되지 아니하고 따라서 채권의 공동담보가 될 수 없으므로 대위권의 목적으로 되지 아니한다고 한다.151)

4. 검 토

채권자대위권의 행사대상 여부에 대한 판단기준에 대하여 우리나라에서 소개되고 있는 내용은 대체로 위와 같다. 이와 관련하여 앞서 살펴본 프랑스법상의 그 내용과 비교하여 몇 가지 점을 지적하고자 한다.

우선, 간접소권 내지는 채권자대위권의 행사대상에서 제외되는 권리들에 대하여 프랑스와 우리나라는 그 분류를 달리하고 있음을 알 수 있다. 프랑스에서는 권능(faculté)과 선택권(option), 압류할 수 없는 권리, 비재산적 권리, 채무자의 일신에 전속하는 재산적 권리 등으로 분류하고 있는 반면, 우리나라에서는 채무자의 일신에 전속한 권리와 압류가 금지되는 채권으로 분류하고 있다. 그러나 프랑스의 분류방식은 강학상의 분류 방식이며, 실제 프랑스 판례는 구체적으로 문제되었던 권리들을 간접소권의 행사대상에서 제외시키면서 '채무자의 일신에 전속한 권리이기 때문'이라는 근거를 제시하거나152) 압류가 금지된 권리인지 여부를 문제 삼고 있으므로, 프랑스 판례상 간접소권의 대상에서 제외되는 권리는 크게 보아 채무자의 일신에 전속한 권리와 압류할 수 없는 권리로 파악되고 있다고 할 수 있을 것이다. 그렇다면 분류 방식에 있어서 우리나라

---

150) 民法注解[Ⅸ], 766면(金能煥 집필).
151) 民法注解[Ⅸ], 766면(金能煥 집필).
152) RAYNAUD, AUBERT, et BARATON-HOEFFINGER, *op.cit.*, n°25(p.3).

와 프랑스 간에 별 다른 차이점이 없다고 보아도 무방할 것이다.

둘째, 기존의 통설은 채무자의 일신전속권과 압류금지채권을 채권자대위권의 행사대상에서 제외시키면서 그 근거로 '채권의 공동담보가 되지 못하기 때문'이라는 근거를 제시하고 있다. 이러한 논리는 채무자가 무자력인 경우를 당연한 전제로 한 것이었다고 생각된다. 그러나 현재의 채권자대위권의 운용 실태에 비추어 이러한 근거가 과연 타당한 것인가 하는 의문이 제기된다. 왜냐하면 특정채권을 보전하기 위한 채권자대위권의 행사가 현실적으로 광범위하게 허용되어 왔고, 이 경우 채권자는 '사실상(de facto)' 제3채무자로부터 자신의 채권을 직접 변제받는 효과를 누리게 되기 때문이다. 이로써 채권자대위권은 채권자들의 채권의 공동담보가 되는 것에 그치는 것이 아니라 채권자의 채권을 실질적으로 만족시키는 수단으로서 작용하게 된다. 이러한 측면은 프랑스의 간접소권에 있어서도 동일하게 지적되고 있음은 앞서 살펴보았다. 따라서 채권자대위권의 행사대상에서 제외되는 권리가 존재한다면, 그 근거는 '행사상의 일신전속권'의 정의 자체, 즉 그 행사 여부가 권리자인 채무자의 의사의 자유에 달려있기 때문이라고 하는 것으로 족하며, 채권의 공동담보에 적합하지 않기 때문이라는 표현은 현재의 채권자대위권 운용 상황에 비추어 적합하지 않다고 생각한다.

셋째, 채권의 공동담보에 적합하지 않다는 것이 채권자대위권의 적용 예외의 근거로서의 의미를 실질적으로 상실하였다면, 압류금지채권을 채권자대위권의 행사대상에서 제외시키는 것에 대하여 심각한 의문이 제기되지 않을 수 없다. 본래 프랑스에서 압류할 수 없는 권리를 간접소권의 행사대상에서 제외한 것은 간접소권의 법적 성격으로부터 도출된 '이론적' 귀결이었다. 간접소권은 보전수단을 넘어서지만 집행수단에 이르지 못하는, 집행행위의 준비단계로서의 성격을 가지기 때문에, 집행을 할 수 없는 권리에 대하여는 굳이 간접소권을 행사할 이익이 없다는 것이었다. 그런데, 특정채권을 보전하기 위하여 간접소권 내지는 채권자대위권을 행사할 경우, 채권자는 이로써 사실상 자신의 채권을 만족시킬 수 있으므로 이 경우 간접소권 내지는 채권자대위권이 집행을 전제로 하여 행사된다고 볼 수 없다.

그리고 우리나라 대법원이 의료인이 환자에 대한 치료비청구권을 보전하기 위하여 국가배상법상의 손해배상청구권을 대위행사한 사건[153]에서, '압류를 허용하지 않는 권리는 채권자의 일반담보로 할 수 없는 것이어서 채권자대위권의 목적이 될 수 없다고 할 것이나, 국가배상법 제4조(법률 제1899호)가 같은 법 제3조의 규정에 의한 국가배상을 받을 권리의 양도나 압류를 허용하지 않는 것은 배상청구권자를 보호하기 위한 것이고, 특히 그 중 신체의 침해로 인한 치료비청구권의 압류를 금지하는 취지는 이를 금지함으로써 피해자로 하여금 그 상해를 치료하기 위한 치료비채권을 확보할 수 있게 하여 피해의 구제에 만전을 기하려는 뜻이라고 할 것이니 이러한 위 법조의 취지에 비추어 보면 그 상해를 치료한 의료인이 피해자에 대한 그 치료비청구권에 기하여 피해자의 국가에 대한 같은 치료비청구권을 압류하는 경우에도 이것이 금지되는 것은 아니라고 풀이하여야 할 것이고'라고 판시한 것을 보아도, 압류금지채권이라고 해서 항상 채권자대위권의 행사대상이 될 수 없다고 볼 수는 없음이 분명하다.

따라서 압류금지채권 일반을 채권자대위권의 적용 예외로 분류해서는 안 된다고 생각한다. 앞의 프랑스 재판례들을 살펴보면서 지적한 바와 같이 '채무자의 일신에 전속한 권리'인지 여부를 판단함에 있어서는 구체적이고 개별적인 경우마다 다양한 요소들이 고려될 수 있다. 권리행사 여부가 채무자의 자유의사에 달려 있는지 여부뿐만 아니라, 채무자의 권리를 규정한 법률의 취지, 채권자 보호의 필요성 등을 종합적으로 고려하여 판단해야 할 문제인 것이다. 따라서 압류금지채권으로 규정되어 있는 채무자의 권리들도 개개의 사건에서 이와 같이 다양한 요소들

---

153) 大判 1981.6.23, 80다1351(集 29-2, 123).

을 고려하여 채무자의 일신에 전속한 권리인지 여부를 판단하면 된다고 생각한다. 이와 관련하여 마조(Mazeaud)가 압류할 수 없는 권리를 간접소권의 적용 예외로 보아서는 안 된다고 주장하고 있는 점154)도 재음미해 볼 가치가 있을 것이다.

넷째, 위에서 계약의 청약과 승낙, 제3자를 위한 계약에 대한 수익의 의사표시, 망은행위로 인한 증여의 해제권 등은 대위권의 목적이 되지 못한다고 하면서, 그 이유로 '일신전속권은 아니지만 그 권리의 행사를 채무자의 의사에 맡기는 것이 타당하기 때문'이라고 하고 있다. 그러나, 이러한 권리들의 행사를 채무자의 의사에 맡기는 것이 타당하다면, 이들이 바로 채무자의 일신전속권에 해당한다고 보아야 할 것이다. 행사상의 일신전속권의 정의상 당연하다.

---

154) H. L. et J. MAZEAUD, *supra note 11*, n°964(p.1044).

제5절 소 결

이제 채권자대위권의 요건과 적용범위에 관하여 우리 민법과 프랑스 민법상의 내용을 비교분석하였던 제3장의 논의를 마무리하고자 한다.

제2절에서는 우리 민법상의 채권자대위권의 요건 일반과 프랑스 민법상의 간접소권의 요건 일반을 개괄적으로 검토하였다. 우리 민법 제404조는 채권자대위권의 요건을 명시하고 있지만, 프랑스 민법 제1166조는 "채권자는 채무자의 모든 권리를 행사할 수 있다"고만 규정하고 있을 뿐 그 행사요건에 관하여 아무런 언급을 하지 않고 있다. 현재 간접소권의 요건으로 제시되고 있는 내용들은 우리나라 채권자대위권의 요건과 실질적으로 별반 다를 것이 없으나, 이는 1804년 나폴레옹 민법에서 처음부터 그 내용을 확정한 것이 아니라 프랑스에서 오랜 논의를 거쳐 프랑스 판례를 통해서 형성된 것들임을 알 수 있었다. 이러한 요건들은 '채권자의 채무자에 대한 부당한 간섭의 방지'라는 취지하에 형성된 것이며, 채권자대위권의 모법인 프랑스 민법 제1166조가 일반적 · 추상적 규정 형식을 취하고 있는 점을 고려해 볼 때 그 요건은 우리들이 생각하는 것보다 다양한 해석의 가능성이 열려있다고 볼 수 있다. 예를 들어, 민법 제404조 제2항에서 명문으로 보존행위에 대하여 피보전채권의 기한이 도래할 것을 요구하고 있지 않은 것도 채권자대위권의 요건이 모든 경우에 동일한 내용으로 일률적으로 적용될 수 없음을 암시하고 있다. '채권자의 채무자에 대한 부당한 간섭의 방지'라는 취지를 관철시킬 수만 있다면, 각개의 요건을 굳이 요구할 필요가 없는 경우도 있을 수도 있고 기존에는 미처 인식하지 못했던 새로운 내용의 요건이 생성될 수도 있을 것이다. 이러한 관점에서 필자는 민법 제404조 제1항 소정의 '채권보전의 필요성'의 내용을 다음과 같이 인식하게 되었다. 즉, '채권보전의 필요성'이라는 것은 채무자와 제3채무자 간의 법률관계와는 무관한 채

권자가 그 관계에 개입하는 것을 '정당화하는 매개체'로서 등장하는 개념이고, 그 내용은 구체적인 경우에 따라 다양하게 해석될 수 있다.

제3절 특정채권을 보전하기 위한 채권자대위권의 행사 부분에서는 위와 같은 관점을 바탕으로 하여 접근하였다. 제3절에서의 논의를 정리하면 다음과 같다.

우선, 우리나라에서는 특정채권을 보전하기 위하여 채권자대위권을 행사하는 유형의 사례들을 '전용형'이라고 명명하여 마치 채권자대위권의 본래적 용도를 벗어난 것으로 인식하고 있었으나, 채권자대위권의 제도적 기원인 프랑스에서도 1980년대 이후 비금전채권을 보전하기 위한 간접소권의 행사가 인정되고 있고 이때에는 채무자의 무자력이 문제되지 않음이 명백해진 이상, 특정채권을 보전하기 위한 채권자대위권의 행사를 '전용형'이라고 칭할 근거는 사라졌다고 생각한다. 따라서 종래처럼 본래형과 전용형이라고 구별할 필요는 없으며 양자 모두 채권자대위권의 본래적 적용영역으로 파악되어야 한다고 생각한다.

다음으로 특정채권을 보전하기 위한 채권자대위권 행사 유형의 판례들을 프랑스법상의 내용과 비교함에 있어서는 기능적인 관점에서 접근하였다. 우리나라는 프랑스에 비하여 특정채권을 보전하기 위하여 채권자대위권을 행사하는 범위가 넓다. 예를 들어, 우리 판례상 빈번하게 등장하고 있는 등기청구권의 대위행사 사례가 프랑스 간접소권과 관련하여 나타나지 않는 것은 프랑스는 우리나라와 물권변동에 관한 입법주의와 부동산 등기체제를 달리하고 있기 때문이며, 금전채권과 관련하여서는 프랑스 민사소송법상 금전채권에 대한 집행방법이 우리나라와 다르기 때문이다. 이는 우리나라의 법질서 전체가 프랑스의 그것과 같을 수 없기 때문에 나타나는 현상의 하나일 것이다.

특정채권을 보전하기 위한 채권자대위권 내지는 간접소권의 행사와 관련하여 우리나라 법과 프랑스법의 내용을 위와 같이 비교한 결과, 필자는 민법 제404조 제1항 소정의 '채권보전의 필요성' 내용을 다음과 같이 정리하였다. ① 피보전채권과 대위채권 간에 아무런 관련이 없을 경우, 채무자가 무자력일 것이 그 내용이 되고, ② 피보전채권과 대위채권 간에 일정한 관련이 있을 경우, 즉 i) 대위채권이 피보전채권을 실현하기 위한 직접적인 전제를 이루고 있거나 더 나아가 대위채권과 피보전채권이 동일한 내용 내지는 목적을 지니는 경우, ii) 대위채권 자체 또는 대위채권의 목적물에 관한 권리가 궁극적으로 대위채권자에게 귀속될 성질의 것일 때에는 채무자의 무자력이 아니라 이와 같은 내용의 '관련성' 자체가 채권 보전의 필요성의 내용을 이룬다.

마지막으로 제4절에서는 채권자대위권의 행사의 객체에 관하여 다루었다. 채무자의 모든 권리가 채권자대위권의 객체가 됨이 원칙이나, 민법 제404조 제1항 단서에서 볼 수 있듯이 일정한 경우 그 행사내상에서 제외된다. 그렇다면 석용 예외의 판단기준이 무엇인가를 살펴보아야 하는데, 우리나라는 이에 대한 학설상의 논의나 판례가 많지 않으나 프랑스에서는 이에 대하여 강학상 상세하게 논의되고 있고 구체적인 재판례도 많았다. 이와 관련한 프랑스 판결들을 면밀히 살펴본 결과, 대상 권리가 채무자의 일신에 전속한 권리인지 여부를 판단함에 있어서는 권리의 행사 여부가 채무자의 자유의사에 달려 있는가 여부라는 일반적 기준뿐만 아니라, 해당 법률의 취지, 채권자 보호의 필요성, 그리고 기존에는 재산권으로 파악되지 않는 권리들이 현재에 있어서는 재산권화하고 있다는 시대적 흐름 등등 다양한 요소를 고려하고 있음을 알 수 있었다. 이와 같이 프랑스 판결 내면에 흐르고 있는 논리들은 앞으로 우리나라가 채권자대위권을 운영함에 있어서 참고할 만한 가치가 크다고 생각한다.

제4장 채권자대위권의 행사 및 효과

제1절 채권자대위권의 행사방법

Ⅰ. 서 설

우리 민법상의 채권자대위권과 프랑스의 간접소권은 그 행사방법에 있어서 적지 않은 차이점이 존재하고 있다. 예를 들어 민법 제405조 제1항에서는 채권자대위권을 행사한 채권자로 하여금 채무자에게 이 사실을 통지하도록 하는 등 명문으로 행사방법을 규정하고 있으나, 프랑스 민법 제1166조는 간접소권의 행사방법에 관하여는 아무런 내용을 담고 있지 않다. 그러나 간접소권의 구체적인 행사방법에 관하여 프랑스 학설과 판례상 논란이 있었던 문제들이 있으므로 이들을 살펴봄으로써 채권자대위권과는 어떠한 차이점이 존재하는가를 알아보도록 한다.

프랑스에서 간접소권의 행사방법과 관련하여 논란이 되었던 문제들은 대체로 다음과 같다. 즉, 간접소권의 행사에 채무자의 동의나 법원의 허가가 있어야 하는가, 집행권원이 요구되는 것은 아닌가, 채무자에 대하여 최고(mise en demeure)를 해야 하는가, 채권자가 간접소권을 소송상 행사하는 경우 제3채무자만이 피고적격을 가짐에도 불구하고 채무자를 의무적으로 소송에 강제참가(mise en cause)시켜야 하는가? 간접소권의 행사범위와 관련하여 채권자의 채권이 채무자의 채권보다 액수가 적은 경우에도 채무자의 채권 전액을 대위행사할 수 있는가 등이다. 이 중에서 특히 채무자를 의무적으로 소송에 강제참가시키는 문제가 간접소권의 행사방법과 관련하여 가장 논란이 많이 되어 왔으며, 프랑스에서 간접소권이 단순히 채권자의 일반담보를 보장하는 기능을 넘어서 채권자의 채권을 만족시키는 기능까지 수행하는 법적 현실을 보여주고 있어서 흥미롭다.

이하에서는 프랑스에서의 간접소권의 행사방법과 관련한 논의를 먼저 살펴보고, 우리나라의 채권자대위권의 행사방법에 관한 내용을 개관한 후, 양 국가의 공통점과 차이점을 정리해 보도록 한다.

Ⅱ. 간접소권의 행사방법

1. 채무자의 동의나 법원의 허가를 얻어야 하는지 여부

채권자는 간접소권을 행사하기 위하여 채무자의 동의나 법원의 허가를 얻어야 하는가? 1804년 나폴레옹 민법 제정 이전의 구법(Ancien Droit) 하에서는 간접소권을 행사하는 채권자는 채무자의 동의를 얻어야 했고, 이를 얻지 못하면 법원의 허가(autorisation judiciaire)를 얻을 것을 요구했다고 한다.[1] 이에 따라 나폴레옹 민법 제정 이후에도 프랑스 학계에서는 간접소권을 행사할 때 법원의 허가를 얻을 것을 요구하는 견해가 많았다. 오브리/로(Aubry et Rau)는 다음과 같이 서술하고 있다. "채권자가 단지 채무자의 재산의 감소를 방지하기 위한 목적으로만 간접소권을 행사하는 것이 아니라 간접소권의 행사대상이 된 권리들을 채무자가 행사하는 것을 방지하기 위한 의도에서 간접소권을 행사하는 것이라면, 법원의 허가를 얻어서만 이와 같은 목적을 달성할 수 있다."[2] 즉, 채권자가 간접

---

1) Juris Classeur Civil 1996, Art. 1166, n°173(p.32).

소권을 행사하더라도 채무자가 자신의 권리를 행사하는 것을 막을 수가
없는데, 채무자가 권리를 행사하여 버리면 채권자로서는 간접소권을 행
사한 것이 무용지물이 되어버리므로 채권자로 하여금 법원의 허가를 얻
도록 하여 채무자가 간접소권의 행사 대상이 된 권리를 처분할 수 없게
함으로써 이미 행사된 간접소권의 효용성을 유지해야 한다는 취지이다.
보와소나드(Boissonade)의 일본 민법초안 이유서에도 이와 유사한 입장이
상세하게 서술되어 있다.3)

　간접소권을 행사함에 있어서 법원의 허가를 요구하였던 또 다른 법적
근거는 프랑스 민법 제788조에 있었다.4) 프랑스 민법 제788조 제1항은
"채무자가 상속을 포기함으로써 자신의 권리를 침해받은 채권자는 법원
의 허가를 얻어 채무자를 대신하여 채무자의 권리에 기하여 상속을 승
인할 수 있다"5)고 규정하여 채권자가 채무자의 권리에 기하여 채무자를
대위함에 있어서 법원의 허가를 요구하는 일례를 명문으로 규정하고 있
었던 것이다.

　그러나, 프랑스 법원은 1849년에 다음과 같은 판시를 하여 학계와 반
대의 입장을 표명하였다.

　　　민법 제1166조의 문언에 따르면 채권자는 채무자의 모든 권리를 행사할
　　수 있다. 이 규정은 채무자의 일신에 전속한 권리만을 예외로 하고 있고,
　　규정 어디에서도 채무자의 동의나 법원의 허가를 얻을 것을 요구하고 있
　　지 않다.6)

　프랑스 법원의 이러한 입장은 현재까지 유지되고 있고, 현재는 프랑

---

2) AUBRY et RAU, *op.cit*., p.199.

3) BOISSONADE, *op.cit*., p.158 et s.

4) Juris Classeur Civil 1996, Art. 1166, n°173(p.32).

5) Art. 788 Les créanciers de celui qui renonce au préjudice de leurs droits, peuvent se
　faire autoriser en justice á accepter la succession du chef de leur débiteur, en son lieu
　et place.

6) Civ. 23 jan. 1849, D.1849.1.42.; S.1849.1.193.

스 학계도 과거의 학설에 대하여 다음과 같은 반론을 제기하여 판례와 같은 입장을 취하고 있는 것으로 보인다.

우선, 간접소권은 채권자의 담보를 유지하기 위하여 채무자의 자산가치를 유지하고자 하는 것에 그치므로, 채무자의 재산에 대하여 직접 권리를 행사하는 압류와는 다르다는 점이다. 그리고, 프랑스 민법 제788조는 특별규정이므로 이를 일반화시키기는 어렵다고 보고 있다.[7]

이에 따라 프랑스 법원은 다음과 같이 채권자가 간접소권을 행사한 이후에도 채무자는 처분행위를 할 수 있다는 입장이다.

> 채권자가 나폴레옹 민법 제1166조에 의하여 채무자의 권리를 행사할 수 있다 하더라도, 이로부터 당해 법률이 채권자에게 채무자의 권리를 독점적으로 장악(mainmise)하도록 동의하고 있다는 결론이 도출되지는 않는다. 채무자는 여전히 처분의 자유를 누린다. 채무자는 채권자의 권리를 해하지 않는 한 자신의 뜻대로 권리를 행사할 수도 있고 포기할 수도 있다.[8]

과거 프랑스 학자들이 간접소권의 행사에 법원의 허가를 요구했던 것은 간접소권이 행사된 이후 채무자가 자신의 권리를 마음대로 처분하는 것을 방지하고자 함이었는데, 프랑스 법원은 위와 같이 달리 판단하고 있는 것이다.

2. 집행권원이 요구되는지 여부

앞의 제2장에서 간접소권의 법적 성질에 관한 논의를 소개하면서, 간접소권은 단순한 보전수단을 넘어서기는 하지만 집행수단에는 이르지 못하는 성격을 지닌다고 설명한 바 있다. 간접소권이 온전한 의미의 집행수단으로 볼 수 없는 근거로 제시되었던 것들 중의 하나가 바로 간접

---

7) Juris Classeur Civil 1996, Art. 1166, n°174(p.32).
8) Req. 18 fév. 1862, D.1862.1.248.

소권의 행사에 있어서 집행권원이 요구되지 않는다는 점이었다. 이 점에 대하여 프랑스 판례와 학설은 별다른 이견이 없었던 것으로 보인다. 그런데, 간접소권의 행사에 집행권원을 요구하지 않는 근거에 대해서는 약간의 입장 차이가 보이기도 한다.

이에 관한 프랑스 파기원 심리부의 판결 요지는 다음과 같다.

> 민법 제1166조는 채무자의 권리를 행사하는 채권자가 집행권원을 구비할 것을 요구하고 있지 않다.[9]

위 판례에 대하여 리옹 까엥(Lyon-Caen)은 프랑스 민법 제1166조가 침묵하고 있다는 것만으로는 간접소권의 행사에 집행권원을 요구하지 않을 확실한 근거가 되지 못한다고 지적하면서 다음과 같은 근거를 제시하고 있다. 즉, 간접소권은 단순한 보전행위를 넘어서는 특별한 종류의 집행행위라고 할 수 있는데, 프랑스 민사소송법상의 집행행위들 중에서 간접소권과 가장 유사한 것은 압류·금지(saisie-arrêt)제도라고 한다. 그런데, 통상 집행행위를 함에 있어서는 집행권원이 요구되나, 프랑스 민사소송법상 압류·금지제도를 이용함에 있어서는 집행권원이 요구되지 않고 있다. 따라서 간접소권과 유사한 압류·금지제도에 요구되지 않는 집행권원을 간접소권의 행사에 요구하면 납득할 수 없는 결론에 이르게 되므로 이를 요구해서는 안 된다는 것이다.[10]

3. 채무자에 대하여 최고를 하여 지체에 빠뜨려야 하는가

간접소권을 행사하기 전에 채무자에게 채무를 이행할 것을 미리 최고

---

9) Req. 8 juill. 1901, S.1902.1.113.
10) Req. 8 juill. 1901, S.1902.1.113, note LYON-CAEN.

할 필요는 없다.11)

한편 간접소권을 통하여 채무자의 권리를 행사하는 채권자는 채무자에 대하여 자신의 채권을 변제할 것을 최고한 것으로 볼 수 있다고 판시한 사안이 있었다. 사안에서 채권자는 채무자에 대하여 기한이 없는 채권을 가지고 있었는데, 채권자가 간접소권에 의하여 채무자의 권리를 행사하였다면 간접소권 행사시에 자신의 채무자에 대하여 이행을 최고한 것으로 보아 이때부터 피보전채권에 지연이자를 가산한다는 취지였다. 여기서 프랑스 판결이 그 근거로 제시하고 있는 내용은 다음과 같다.12)

> 채권자가 민법 제1166조에 의하여 채무자의 권리를 행사할 경우 그는 채무자의 이름으로 하는 것이면서 동시에 자신의 이름으로 법률로부터 부여받은 권리를 행사하는 것인데, 법에 의하여 행사할 수 있는 이러한 대위채권은 자신의 채권의 변제를 보장받기 위한 수단을 제공함으로써 오로지 자신의 이익을 보호하기 위한 것이다. 이와 같이 채권자는 채무자도 받아들일 수밖에 없는 조건 하에서 금전을 상환받고자 하는 의사를 분명히 표시한 것이다.

이 판례와 관련하여 지적되는 사항들은 다음과 같다.

우선 채무자가 채권자의 간접소권 행사 사실을 알지 못할 경우에도 간접소권의 행사에 위와 같은 효과를 부여할 수 있겠는가 하는 의문이 제기될 수 있다. 프랑스 학자들도 만일 채무자가 소송에 참가하였다면 채권자의 간접소권의 행사를 채무자에 대하여 지급을 청구한 것으로 평가할 수 있을 것이나, 채무자가 소송에 참가하지 않았을 때에는 판례의 논리를 인정하기 어렵다는 점을 지적하고 있다. 그럼에도 불구하고 판례는 채무자의 소송참가 여부를 구별하지 않고 위와 같이 판시하고 있다고 한다.13)

---

11) Nîme 31 déc. 1879, D.1880.2.247.
12) Civ 1re 9 déc. 1970, *JCP* 1971. Ⅱ. 16920, obs. M.D.P.S.
13) Civ 1re 9 déc. 1970, *JCP* 1971. Ⅱ. 16920, obs. M.D.P.S.; *RTD* 1971. 630, obs.

다음으로 채권자가 간접소권을 통해서 단지 채무자를 대신하여 그의
권리를 행사하는 것이 아니라 채무자에 대한 권리도 행사하는 것으로
평가됨으로써 간접소권의 기능이 과거와는 달리 크게 변화하였다는 점
이 지적되고 있다.14) 즉, 프랑스법상 간접소권이 단순히 채권자가 채무
자의 권리를 대신하는 것에 그치는 것이 아니라 채권자의 이해를 관철
시키는 수단으로 변화하는 일례가 드러나고 있는 것이다. 이는 뒤에서
살펴보게 될 채권자가 간접소권을 소송상 행사함에 있어서 의무적으로
채무자를 소송에 강제참가시켜야 하는 경우처럼 간접소권이 일반담보의
보전 기능에만 머무르지 않고 있는 프랑스의 법 현실의 일부를 반영하
고 있다고 볼 수 있을 것이다.

4. 채무자를 의무적으로 소송에 강제참가(mise en cause)시켜야 하는가

1) 원 칙

간접소권을 소송상 행사할 경우 피고적격은 제3채무자이고 채무자에
게는 피고적격이 없다. 따라서 간접소권을 소송상 행사하는 채권자가 채
무자를 소송에 참가시켜야 할 의무가 없음이 원칙이다.15) 그런데, 프랑
스에서는 예외적으로 채권자가 의무적으로 채무자를 소송에 참가시켜야
하는 경우가 판례상 인정되고 있으며, 실제 채권자가 간접소권을 행사할
때 채무자를 소송에 참가시키는 것이 일종의 관행이 되어 있다고 한
다.16)

여기서는 우선 강제적 소송참가제(mise en cause)의 의미를 살펴보아야

LOUSSOUARN.

14) Civ 1re 9 déc. 1970. *JCP* 1971. Ⅱ. 16920, obs. M.D.P.S.

15) Juris Classeur Ciivil 1996, Art. 1166, n°175(p.33).

16) TERRÉ, SIMLER et LEQUETTE, *op.cit.*, n°1152(p.1076).

하는데, 이는 소송 당사자 외의 제3자에 대하여 후에 유책판결을 용이하게 받기 위해서 혹은 당해 판결의 기판력이 미치도록 하기 위하여 그를 소송에 강제적으로 참가시킬 것을 신청하는 부대청구라고 한다.17) 그렇다면, 간접소권을 소송상 행사함에 있어서 채무자를 의무적으로 강제참가시킬 것이 요구되는 때는 어떤 경우인가, 프랑스에서 간접소권을 행사하면서 채무자를 소송에 참가시키는 것이 일종의 관행처럼 된 이유는 무엇인가 등을 차례로 살펴보기로 한다.

2) 채무자의 소송참가가 요구되는 경우

(1) 간접소권에 의하여 집행행위를 하는 경우

채권자가 간접소권을 행사할 때 채무자를 의무적으로 소송에 강제참가시켜야 하는 경우로서 처음 제시되었던 것은 간접소권에 의해 집행행위를 하는 경우, 정확하게 말해서 압류·금지(saisie-arrêt)를 행하는 경우였다. 제3장 제4절에서 살펴본 바와 같이 과거에는 이에 반대하는 견해도 있었으나, 현재 프랑스 법원은 집행행위도 간접소권의 행사대상이 될 수 있다는 입장이다. 그러면서 채권자가 간접소권을 통하여 압류·금지를 행하는 경우에는 채무자를 의무적으로 소송에 강제참가시킬 것을 요구하는 다음의 판시를 하고 있다.

> 민사소송법 제557조와 민법 제1166조를 살피건대, 이 두 규정을 종합하면 채권지기 자신의 채무자의 채무자의 채부자인 제3자[제4채무자]의 수

---

17) G. CORNU, *op.cit.*, p.555.
  신 프랑스 민사소송법 제331조 제1항 모든 소송당사자는 제3자를 주당사자로 하여 소송할 권리가 있는 경우 그를 제재하기 위한 목적으로 그 제3자를 강제로 소송에 참가시킬 수 있다.
  제2항 또한 소송당사자는 제3자에게 판결의 효력을 미치게 할 이익이 있을 경우 그를 소송에 강제참가시킬 수 있다.
  제3항 제3자는 [자신을] 방어하기 위하여 적절한 시기에 소환되어야 한다.

중에 있는 재산에 대하여 압류·금지를 행하려면 주채무자[자신의 채무
자]를 의무적으로 소송에 참가시켜야 한다는 결론이 도출된다 … 압류채
권자[간접소권을 행사하는 채권자]가 압류·금지를 행함에 있어서 자신
의 채무자를 소송에 참가시켜야 하는 것은 자신의 채무자의 재산에 산입
시켜야 할 금액을 확정하고 이 금액 중 자신에게 귀속시켜야 할 부분을 확
정하기 위해서도 필요하다.18)

압류·금지(saisie-arrêt)가 무엇인가에 대해서는 앞에서 이미 설명한 바
가 있다. 위 판결은 프랑스 민사소송법상의 집행체제를 파악하고 있어야
완전히 이해될 수 있는 문제이기는 하나, 필자는 위 판결의 이해에 필요
한 범위 내에서 이에 대한 평석의 내용을 정리해보기로 하겠다.

까르보니에(Carbonnier)는 프랑스 법원이, 채권자가 간접소권에 의하여
압류·금지를 행할 경우 채무자가 채권자를 통해서 자신의 제3채무자에
대하여 압류를 한 것임과 동시에 채권자에 대하여는 피압류자의 입장에
처한 것으로 보았다고 평가하고 있다. 왜냐하면 구 프랑스 민사소송법
제563조19) 및 제565조20)에서 압류시 피압류자가 반드시 절차에 참가해
야 할 것을 요구하고 있기 때문이라고 한다. 다시 말해서, 위 판결은 위
와 같이 간접소권을 행사한 채권자는 채무자의 압류·금지(saisie-arrêt)를
함과 동시에 자신의 채무자에 대하여 압류·금지를 행한 것으로 평가한
것인데, 간접소권과 압류·금지제도는 매우 유사한 제도이므로 이와 같
은 판례의 해석이 이상할 것이 없다는 것이다.21)

따라서 이 사안의 경우 채무자가 제4채무자로부터 채권을 직접 변제
받는 것과 간접소권을 행사한 채권자가 자신의 채무자로부터 다시 자신

---

18) Civ. 25 sept. 1940, *Gaz. Pal.* 1940.2.120.
19) 제563조 압류자는 8일의 기간 내에 피압류자인 채무자에게 압류하였거나
    이의신청하였음을 통지하고 그를 소환하여야 한다.
20) 제565조 피압류자를 소환하지 않았을 경우, 압류나 이의신청은 무효가 된다
    : 피압류자인 제3자에게 이와 같은 통지가 이루어지지 않았을 경우, 그러한
    통지가 있을 때까지 제3자가 행한 변제는 유효하다.
21) Civ. 25 sept. 1940, D.C.1943.135, note J. CARBONNIER.

의 채권을 변제받는 것이 하나의 절차에서 이루어지므로 각각의 채권액
을 산정하기 위해서는 채무자가 반드시 소송에 참가해야 한다는 취지이
다. 프랑스 학계에서도 위 판결의 결론에 대하여 별다른 이의가 제기되
지 않고 있는 것으로 보이며, 특히 까르보니에는 위 판결이 이론적으로
는 어색한 점이 있을 수는 있으나 결론에 있어서는 타당하다고 하면서
'순수한 법이론은 현실의 요구에 어느 정도 희생이 될 수 있다'는 점을
강조하고 있다.

(2) 채권자가 자신에게 직접 금전을 지급할 것을 요구하는 경우

그런데, 간접소권에 의하여 압류·금지를 행할 경우에는 채무자를 의
무적으로 소송에 강제참가시켜야 한다는 위와 같은 논의는 그 후 더 확
장되어[22] 프랑스 법원은 현재 다음과 같은 입장을 표명하고 있다.

> 민법 제1166조를 살펴건대, 간접소권의 소송요건으로서 **채권자가** 채무
> 자를 소환할 것을 법 규정 어디에서도 요구하고 있지 않더라도, 채권자가
> 간접소권에 의하여 채무자의 권리를 행사하는 것으로 만족하지 않고 **간접**
> **소권을 행사함을 기화로(par le jeu de cette action) 제3채무자로부터 채무자**
> **의 재산으로 회복된 금전을 자신에게 지급할 것을 요구하는 경우**에는 채
> 무자가 소환되어야 한다.[23]

즉, 채권자가 간접소권을 행사하면서 제3채무자에게 직접 자신에게
금전을 지급할 것을 요구하는 경우[24]에는 자신의 채무자를 소환하여 소

---

22) Civ. 1re 27 mai 1970, *JCP* 1971. Ⅱ. 16675, note POULAIN.

23) Civ. 1re 27 mai 1970, *JCP* 1971. Ⅱ. 16675, note POULAIN; D.1970, somm. 216.
"Vu l'article 1166 du Code civil : -Attendu que si aucune disposition légale ne
subordonne la recevabilité de l'action oblique à la mise en cause du débiteur par son
créancier, ce débiteur doit, en revanche, être appelé à l'instance lorsque le créancier
ne se contente pas d'exercer les droits de son débiteur par la voie oblique et réclame
le paiement de ce qui lui est dû sur les sommes réintégrées, par le jeu de cette
action, dans le patrimoine de ce dernier."

송에 참가시켜야 하고, 채무자를 소환시키지 않은 경우에는 채권자의 청
구 자체를 각하한다는 것이다. 간접소권의 행사방법과 관련한 프랑스 법
원의 이와 같은 입장은 이론적인 측면에서는 많은 문제점이 있음에도
불구하고 현실적인 측면에서는 매우 유용한 것으로 평가되고 있다.

위 판례에 대하여 지적되고 있는 가장 큰 이론적 문제점은, 간접소권
에 있어서는 제3채무자만이 피고적격을 지닐 뿐이고 프랑스에서 채무자
를 소송에 참가시키는 것이 관행이 되어 있다 하더라도 채권자가 그를
소송에 참가시켜야 할 의무가 있는 것도 아닌데, 채무자를 소환하지 않
은 것을 이유로 소송을 각하시킬 수 있는가 하는 점이다. 그런데, 사안에
서 채권자는 채무자의 권리를 행사하는 것에 만족하지 않고 제3채무자
로부터 직접 변제받기를 원했기 때문에 이는 간접소권이 예정했던 범위
를 넘어선 것이고 따라서 이 경우 채권자에게 자신의 채무자를 소환할
것을 요구한 판례의 논지는 정당하다고 한다. 그러나, 이 경우를 위 판결
처럼 프랑스 민법 제1166조 위반이라고 보아야 할 것인지에 대해서는
여전히 강한 의문이 제기되고 있다.[25]

위와 같은 이론적 난점이 있음에도 불구하고 프랑스 학자들은 다음과
같은 이유로 판례를 지지하고 있다.

**첫째, 채권자가 간접소권제도를 이용하는 것은 본질적으로 자신의 채
권을 변제받고자 함에 있다.** 따라서 채권자는 간접소권을 행사한 후에

---

24) 위 판결 요지를 보면 간접소권을 행사하는 채권자가 자신의 채무자에게 채
    권의 변제를 요구한다는 의미가 아닌가 하는 의문이 들 수도 있으나, 위 판
    결의 사실관계가 간략히 나타나 있는 다음의 판결 내용을 보면 채권자가
    제3채무자로부터 자신의 채권을 직접 변제할 것을 요구하고 있음을 알 수
    있다.
    "항소심의 판시내용에 비추어보면, B의 채권자 A는 자신의 채무자가 C의
    채권자임을 주장하면서 C에게 간접소권에 의하여 B의 권리를 행사하고 또
    한 C를 강제적으로 소송에 참가시키지 않고 C에게 자신의 채권의 변제를
    요구하고 있음을 알 수 있다."
25) Civ 1re 9 déc. 1970, *RTD* 1971. 629, obs. LOUSSOUARN.

자신의 채무자를 상대로 다시 소송을 제기하여 자신의 채권을 변제받아야 할 것인데, 위 판결에 따를 경우 이 두 가지 소송절차를 하나의 절차에서 해결함으로써 **소송경제**를 꾀할 수 있다는 점이다.26)

둘째, 판결의 논지에 따르게 되면 **간접소권을 행사하는 채권자는 다른 채권자들과의 경합을 피하여 자신의 채권을 만족시킬 수 있게 된다.** 따라서 채권자로서는 간접소권을 행사하면서 자신이 노력한 대가를 다른 채권자들과 나누어야만 한다는 염려를 덜 수 있고, 그렇게 되면 채권자는 간접소권을 많이 이용하게 될 것이므로 그 동안 프랑스에서 별로 이용되지 못했던 간접소권이 다시 부활되는 효과를 거둘 수 있다는 점을 지적하고 있다.27)

(3) 소 결

지금까지 채권자가 간접소권을 행사함에 있어서 채무자를 소송에 참가시켜야 하는 경우를 간략하게 살펴보았다. 프랑스에서의 이러한 현상 자체는 우리나라에서 채권자대위권이 운영되었던 모습과는 거리가 있는 것일 수 있다. 그러나 문제는 위와 같은 논제에 깔려 있는 프랑스 법원과 학계의 고민이다. 앞서 살펴보았듯이 프랑스 법원의 판결 내용에 대해서 프랑스 학계에서도 이론적인 문제점들을 지적하고 있다. 그러나 여기서 중요한 것은 프랑스 학자들 대부분이 위 판례의 논지를 지지하는 이유가 무엇인가 하는 점이다. 그것은 이론적 정합성이라기보다는 '**현실적 유용성**' 때문이었다. 즉, 간접소권제도가 본래 의도했던 기능인 일반 담보의 보전 기능에 국한해서 작동할 경우 제도가 실질적으로 이용될 만한 가치가 없었다는 점이 프랑스에서 충분히 인식되고 있었고, 따라서

---

26) Civ. 1re 27 mai 1970, *JCP* 1971. Ⅱ. 16675, note POULAIN; *RTD* 1971. 411, obs. HEBRAUD.

27) Civ. 1re 27 mai 1970, *JCP* 1971. Ⅱ. 16675, note POULAIN; *RTD* 1970. 763, obs. LOUSSOUARN; RTD 1971. 411, obs. HEBRAUD.

간접소권이 일반담보의 보전 기능에서 벗어나서 채권자의 채권을 실질적으로 만족시키는 기능을 수행하도록 하여 간접소권 제도의 실질적 가치를 높이고자 하는 프랑스 법원과 학계의 고민이 나타나고 있다는 점이 중요하다. 우리나라에서 채무자의 무자력을 요구하지 않고도 채권자대위권의 행사를 허용하는 판례들이 일찍부터 등장한 것도 채권자대위권의 기능이 단지 책임재산의 보전에 그치는 것이 아니라 채권자대위권을 행사하는 채권자의 채권을 실질적으로 만족시키는 것과 깊은 관련이 있다고 생각한다. 그러므로 비록 채무자의 무자력 요건 구비 여부의 문제와 위 내용은 그 외형적인 현상은 다를지라도 간접소권 내지는 채권자대위권을 단지 일반담보 내지는 책임재산의 보전 기능에 국한시키지 않고 채권자의 채권을 만족시키는 기능으로 고양시키고자 하는 고민이 프랑스와 우리나라에서 공통적으로 있어왔음을 보여주고 있다고 할 수 있다.

3) 채무자의 소송참가가 관행이 된 이유

채권자가 간접소권을 소송상 행사하는 경우 제3채무자에게만 피고적격이 있으나, 실제 프랑스에서는 채무자를 이 소송에 참가시키는 것이 일종의 관행이 되어 있다. 가장 큰 이유는 채무자에 대하여 판결의 기판력이 미치도록 할 수 있기 때문이다.[28] 그 외에도 법관의 입장에서 관계당사자들이 모두 소송에 참가함으로써 사실관계를 더 잘 파악할 수 있다는 점, 채권자의 입장에서는 피고인 제3채무자가 자신이 간접소권에 의하여 행사하는 권리를 다툴 때 채무자를 소송에 참가시킬 실익이 있다는 점, 마지막으로 제3채무자의 입장에서는 자신의 채권자인 채무자와의 분쟁을 일거에 해결하여 이후 재차 분쟁이 발생하는 것을 방지할 수 있다는 점 등이 그 이유이다. 채무자의 소송참가가 이와 같이 매우

---

28) 신 민사소송법 제331조 제1항(註) 440 참조.

유용하기 때문에, 당사자들(채권자와 제3채무자)이 채무자를 소송에 참가시키지 않았을 경우에는 법관이 신민사소송법 제332조[29])에 의거하여 채무자를 소송에 참가시킬 것을 권고한다고 한다.[30])

5. 채권자의 채권의 가치가 채무자의 채권의 가치보다 적은 경우

채권자의 채권이 그가 간접소권에 의하여 행사하는 채무자의 채권보다 가치가 크거나 적어도 같아야 하는가? 예를 들어, 채권자가 50의 채권을 가지고 있고 채무자는 제3채무자에 대하여 100의 채권을 가지고 있을 경우, 채권자가 채무자의 이름으로 제3채무자에 대하여 100만큼의 채권 전부를 행사할 수 있는가? 혹자는 '이익이 없으면 소권이 없다(pas d'intérêt, pas d'action)'는 원칙을 원용하면서 채권자는 50에 해당하는 만큼만 행사할 이익이 있으므로 이를 부정할 수도 있으나, 이와 같은 논거는 타당하지 않다고 한다. 왜냐하면 채무자에게는 다른 채권자들이 있어서 채권자가 100의 채권 전부를 행사하더라도 그 채권자는 다른 채권자들과 경합하게 되기 때문이다. 그러므로 간접소권을 행사하는 채권자의 입장에서는 무자력인 채무자에게 가장 큰 가치가 있는 재산을 회복시킬 실익이 있다. 그렇다고 하여 채권자가 채무자의 채권 전액(100)을 행사하여야만 할 의무는 없고, 자신의 채권액(50) 범위 내에서 간접소권을 행사할 수 있다고 한다.[31])

---

29) 제332조 제1항 법관은 이해관계인들이 사안의 해결에 필요한 것으로 보일 경우에는 소송당사자들에게 모든 이해관계인을 소송에 참가시킬 것을 권고할 수 있다.
30) Juris Classeur Civil 1996, Art. 1166, n°175(p.33).
31) H. L. et J. MAZEAUD, *supra note 11*, n°968(p.1046).

무런 제한 없이 그 대위의 대상인 권리를 처분할 수 있다. 본조가 채무자의 처분권 제한의 전제로서 채권자의 대위권 행사의 통지를 요구하는 것은 채권자의 대위권 행사에 의한 채권보전의 필요성과 채무자의 재산관리의 자유와의 조화를 꾀하기 위한 것이므로 그와 같은 통지가 있기 전에는 채무자의 재산처분의 자유를 제한할 이유가 없다.

(2) 채권자의 손해배상책임

대위권을 행사하는 채권자와 채무자 사이에는 법정위임관계가 성립하므로 채권자는 채무자에 대하여 선관주의의무를 부담한다. 한편, 본조가 대위권행사를 채무자에게 통지하도록 한 이유 중의 하나에는 채무자의 권리가 대위행사되는 것이므로 그 권리의 귀속주체인 채무자로 하여금 대위권의 행사가 올바로 되도록 채권자에게 협력할 기회를 부여한다는 의미가 있다. 그러므로 채권자가 채무자에게 대위권 행사를 통지하지 아니함으로써 채무자의 협력을 얻지 못하여 대위소송에서 패소하는 경우에는 채무자에게 손해배상책임을 지게 된다.

4. 대위권 행사의 범위

대위행사할 수 있는 채권의 범위가 채권자의 피보전채권의 범위 내로 한정되는가의 문제가 제기되는데, 채권의 공동담보의 보전을 위하여 대위채권자의 채권액 이상의 채무자의 권리를 행사하는 것은 무방하다는 입장46)과 채권자는 자기채권의 보전을 위하여 필요한 최소한의 범위 내에서만 채권자대위권을 행사해야 하므로 금전채권자는 자기의 채권액의 범위에서만 대위행사할 수 있다는 입장47)으로 견해가 나뉘고 있다. 우리 판례는 이에 대하여 명시적인 판시를 하고 있지 않다.48)

---

46) 郭潤直(註 9), 136면 ; 金疇洙(註 9), 227면 ; 金相容(註 9), 243면 ; 金曾漢·金鶴東(註 9), 190면.
47) 李銀榮(註 58) 444면 ; 張庚鶴(註 58), 288면.

IV. 검 토

지금까지 프랑스 민법상의 간접소권의 행사방법과 우리 민법상의 채권자대위권의 행사방법에 관한 내용을 살펴보았다. 양자는 대체적으로 그 내용을 공통으로 하고 있으나, 몇 가지 차이점이 존재하고 있다. 여기서 양자의 공통점들을 다시 열거할 필요는 없으리라 생각된다. 그보다는 양자 간에 어떠한 차이점이 있는지, 그 의미는 무엇인지를 정리해보도록 하겠다.

첫째, 우리 민법상 채권자대위권은 '자기의 이름으로' 행사되는 것으로 파악되고 있다. 반면 제2장에서 살펴보았듯이 프랑스의 간접소권은 '채무자의 이름으로'의 이름으로 행사되는 것으로 파악되고 있다. 프랑스에서 간접소권이 채무자의 이름으로 행사된다고 보는 것은 그 행사의 효과가 채무자에게 귀속한다는 것을 나타내기 위한 일종의 '표현방식'일 뿐이고, 간접소권을 소송상 행사할 경우 원고는 채무자가 아닌 채권자이고 간접소권 행사의 효과는 채무자에게 귀속한다는 점은 우리나라도 마찬가지이므로 양자 간에는 설명방식의 차이가 있을 뿐 실질적인 차이는 없다고 보아야 할 것이다. 더욱이 위에서 살펴본 바와 같이 최근 들어 간접소권은 단순히 채무자의 권리를 대신하여 행사되는 것이 아니라 채권자의 이해를 관철시키는 수단이며, 채권자가 간접소권을 행사할 경우 채무자의 이름으로 행사하는 것임과 동시에 채권자의 이름으로 행사하는 것이기도 하다는 취지의 프랑스 판결들이 다수 등장하고 있음에 비추어 보아도 그러하다.

둘째로, 우리 민법은 제405조에서 채권자대위권에 의하여 보존행위 이외의 권리를 행사한 경우 채권자는 채무자에게 이를 통지할 것을 요구하고 있고, 만일 이를 통지하지 않은 경우에는 채무자가 당해 권리를

---

48) 民法注解[IX], 774(金能煥 집필).

처분하여도 채무자에게 대항할 수 없는 것으로 규정하고 있다. 우리 판례는 더 나아가 채권자가 채무자에게 통지를 하지 않은 경우라도 채무자가 자기의 채권이 채권자에 의하여 대위행사되고 있는 사실을 안 경우에는 그 대위행사한 권리의 처분을 가지고 대위채권자에게 대항할 수 없다는 입장이었다. 반면, 프랑스 민법 제1166조에서는 우리 민법 제405조에 해당하는 내용의 규정은 찾아볼 수 없고, 프랑스 법원은 채권자가 간접소권을 행사한 이후에도 채무자는 처분행위를 할 수 있다고 판시하고 있으므로 이 점에 있어서는 양 국가가 확연히 다른 입장을 취하고 있음을 알 수 있다.

셋째, 대위채권의 범위에 있어서 우리나라에서는 채권자의 채권액의 범위에 한정해야 한다는 견해가 제시되고 있기는 하나, 채권자대위권은 채권의 공동담보의 보전을 위하여 행사되는 것이므로 대위채권의 채권액 이상의 채무자의 권리를 행사하여도 무방한 것으로 인식되고 있는 것은 양 국가가 공통적이라고 할 수 있다.

그런데, 우리나라의 채권자대위권은 프랑스의 간접소권과는 달리 피보전채권과 대위채권이 모두 금전채권인 경우에도 채무자의 무자력을 요하지 않고 채권자대위권이 허용되는 경우들이 발생하고 있음을 제3장에서 살펴보았다. 이 경우 채권자는 채권자대위권의 행사를 통해서 사실상 자신의 채권을 만족시킬 수 있기 때문에 이러한 경우까지 대위채권의 범위를 피보전채권액 이상으로 확장시켜서는 안된다고 생각한다. 피보전채권액의 범위를 넘어서 채무자의 권리를 행사하는 것을 허용하는 것은 채권자대위권이 채권의 공동담보의 보전을 위하여 행사된다는 것을 전제로 하기 때문이다.[49]

---

49) 곽윤직 교수가 "하나의 권리의 행사로 그 목적을 달성할 수 있는 경우에, 그 이상으로 다른 권리를 행사하는 것은 허용되지 않는다고 하여야 한다. 특정채권을 보전하는 경우에는, 채무자의 자력과는 관계없이, 당해 채권의 보전에 필요한 권리에 관하여서만 행사가 허용된다"고 하고 있는 것도 이와 같은 취지라고 생각된다. 郭潤直(註 9), 136면.

넷째, 프랑스 법원은 채권자가 간접소권을 행사함을 기화로 제3채무자로부터 자신에게 금전을 지급할 것을 요구할 경우, 채무자를 소송에 참가시켜야 하고 그렇지 않을 경우 간접소권 소송 자체를 각하시키고 있다. 이와 같은 프랑스 법원의 입장은 논리적으로 문제가 많은 내용이나 '현실적 유용성' 측면에서 많은 지지를 얻고 있으며, 실제로는 간접소권이 단순히 일반 담보의 보전 기능을 넘어서서 채권자의 채권을 실질적으로 만족시키는 수단으로 운영되고 있음을 보여주고 있다. 따라서, 이와 같은 간접소권 운영의 모습은 우리나라에서 채권자대위권이 주로 특정채권을 보전하기 위하여 운영되었던 것과 공통적인 취지를 담고 있다고 볼 수 있을 것이다.

마지막으로, 프랑스에서는 간접소권을 소송상 행사할 경우, 채무자를 의무적으로 소송에 강제참가시키고 있는 것이 일종의 관행이 되어 있어서 뒤에서 살펴보는 바와 같이 간접소권 소송의 기판력이 채무자에게도 미치는가 하는 문제가 실제 별로 발생하지 않는다는 점에서 우리나라에서 채권자대위권이 운영되는 모습과는 차이가 있다.

제2절 채권자대위권 행사의 효과

I. 서 설

마지막으로 채권자대위권 행사의 효과와 간접소권 행사의 효과의 내용을 살펴보도록 한다. 채권자는 자신의 권리가 아닌, 채무자의 권리를 행사하는 것이므로 그 효과는 채무자에게 귀속한다는 점에서 양자는 기본적인 구조를 같이 한다.

그러나 우리나라는 채권자대위권 행사의 효과와 관련하여 프랑스에서는 논의되지 않는 것들이 문제되고 있다. 하나는 대위권을 행사하는 채권자가 직접 자기에의 변제 또는 이행을 구할 수 있는가, 더 나아가 채권자에게 이와 같은 변제수령권한을 인정한다면 채권자가 대위수령한 목적물과 그의 피보전채권의 목적물이 동종일 경우 상계할 수 있는가 하는 점이고, 다른 하나는 채무자가 소송참가를 하지 않았고 또한 소송고지를 받지도 않은 경우 그 판결의 효력이 채무자에게 미치는가 하는 점이다.

이하에서는 간접소권과 채권자대위권의 행사의 효과 일반을 살펴본 이후, 우리나라에서 위와 같은 문제들이 제기되는 이유 및 그 의미는 무엇인가, 프랑스에서는 이러한 문제들이 제기되지 않는 이유는 무엇인가 등을 생각하여 정리해보도록 하겠다.

II. 간접소권 행사의 효과

1. 채권자에 대한 효과

간접소권(action oblique)이란 그 정의상 원고가 피고에 대하여 자신의 권리를 행사하는 것이 아니라 자신의 채무자의 권리를 행사하는 것임을 의미한다. 따라서 우선 채권자는 이로부터 어떠한 특혜나 특권을 누릴 수 없다. 간접소권의 효과는 권리 행사를 태만히 한 채무자 자신이 행사한 것과 같아야 한다. 그러므로 그 결과는 원고인 채권자에게 돌아가지 않고 채무자의 재산으로 회복되며 원고는 이에 대하여 일반담보권을 행사할 수 있을 뿐이다. 이와 같이 간접소권은 원고인 채권자에게 간접적으로만 이득을 줄 뿐이고 동시에 채무자의 다른 채권자에게도 이득을 주고 있는 것이다.[1]

2. 제3채무자에 대한 효과

채권자가 간접소권을 행사하면 그 효과는 제3채무자의 채권자가 당해 권리를 행사한 것과 다르지 않다. 피고인 제3채무자는 자신의 채권자에게 대항할 수 있었던 사유로 채권자에게 대항할 수 있는데, 왜냐하면 여기서는 채무자의 권리가 행사되고 있는 것이며 간접소권을 행사하는 채권자는 채무자가 가진 권리 이상을 가질 수가 없기 때문이다. 여기서 제3채무자가 대항하는 사유가 간접소권이 행사되기 이전부터 존재한 것인지 아니면 행사 이후에 발생한 것인지는 문제되지 않는다.[2]

3. 채무자에 대한 효과

채권자가 간접소권을 행사한다는 사실이 채무자의 상황을 변화시키지 않는다. 즉, 채무자는 채권자에 의하여 이미 행사된 권리를 상실하지 않는다. 채무자는 당해 권리를 처분할 권리를 보유하고, 특히 간접소권의 피고인 자신의 채무자와 화해를 할 수도 있다. 이러한 화해행위는 채

---

1) TERRÉ, SIMLER et LEQUETTE, op.cit., n°1150(p.1074 et s.).
2) TERRÉ, SIMLER et LEQUETTE, op.cit., n°1151(p.1075).

권자의 권리를 해하는 것이 아닌 한 채권자에게 대항할 수 있다. 프랑스 파기원 심리부는 다음과 같이 판시하여 이와 같은 입장을 명확히 한 바 있다.3)

> 채권자가 나폴레옹 민법 제1166조에 의하여 채무자의 권리를 행사할 수 있다 하더라도, 이로부터 당해 법률이 채권자에게 채무자의 권리를 독점적으로 장악(mainmise)하도록 동의하고 있다는 결론이 도출되지는 않는다. 채무자는 여전히 처분의 자유를 누린다. 채무자는 채권자의 권리를 해하지 않는 한 자신의 뜻대로 권리를 행사할 수도 있고 포기할 수도 있다.

이와 같이 프랑스는 우리 민법 제405조에서 대위권 행사의 사실을 채무자에게 통지한 경우, 채무자가 당해 권리를 처분하더라도 채권자에게 대항할 수 없다고 규정한 것과 매우 대조적인 입장을 취하고 있다.

또한 원칙적으로 간접소권의 판결은 채무자에게 그 효력이 미치지 않는다. 왜냐하면 여기서 행사된 권리가 채무자의 것이라 하더라도, 채무자는 소송의 당사자가 아니고, 채권자가 채무자를 대리하는 것도 아니며, 원고 채권자가 채무자로부터 어떠한 위임을 받은 것도 아니기 때문이다. 그렇다면 간접소권 판결의 기판력이 채무자에게 미치지 않기 때문에 채무자가 판결의 효력을 부인하고 새로운 소송을 제기할 수 있다는 난처한 결론이 도출되는데, 그러나 프랑스에서는 일반적으로 채권자가 간접소권을 소송상 행사할 때 자신의 채무자를 의무적으로 소송에 강제 참가시킴으로써 위와 같은 결과가 방지되고 있다고 한다.4)

4. 채무자의 다른 채권자들에 대한 효과

간접소권은 채권자 개개인에 의하여 개별적으로 행사되지만, 그 효과

---

3) Req. 18 fév. 1862. 1. 248.
4) TERRÉ, SIMLER et LEQUETTE, op.cit., n°1152(p.1075 et s.).

에 있어서는 집단적이다(effets collectifs). 우선 간접소권은 권리 행사를 태만히 한 채무자의 재산을 회복시킨다. 그러므로 동일한 채무자의 다른 채권자는 그들의 공동담보를 구성하는 채무자의 자산에 대하여 자신의 권리를 행사할 수 있고, 경우에 따라서는 이에 대하여 우선특권(privilèges)을 행사할 수도 있을 것이다. 따라서 이 경우 간접소권을 행사한 채권자는 일정액의 배당을 받을 뿐이다. 그가 우선특권을 행사할 수 있는 경우가 아닌 한, 그보다 우선순위를 가진 다른 채권자보다 후순위로 밀려나거나 전혀 변제를 받지 못할 수도 있다.

이와 같은 간접소권의 상대적 효력은 간접소권에 의하여 금전의 지급을 청구하거나 재산의 반환을 구하거나 재산의 분할을 청구하는 경우에 두드러지게 나타난다. 그러나 간접소권이 채무자의 자산을 증가시키는 것을 직접적인 목적으로 하지 않는 경우에는 위와 같은 성격이 별로 드러나지 않는다. 따라서 채무자가 금전채권자일 경우 채권자는 간접소권보다는 보전압류(saisie-conservatoire)제도나 압류귀속제도(saisie-attribution)를 선호한다. 채권자가 압류를 하게 되면 채무자의 수중에 있는 채권의 처분을 금지할 수 있고 이에 대하여 다른 채권자를 배제할 수 있기 때문이다.[5]

III. 채권자대위권 행사의 효과

1. 효과의 귀속

채권자대위권의 행사는 채무자의 권리를 행사하는 것이므로, 그 행사의 효과는 직접 채무자에게 돌아가고, 채권자 전체를 위한 공동담보가 된다. 즉, 대위채권자라고 해서 대위에 의하여 우선변제권을 취득하는

---

5) TERRÉ, SIMLER et LEQUETTE, *op.cit.*, n°1153(p.1076).

일은 없으며, 다른 채권자와 평등하게 변제받을 수 있을 뿐이다. 따라서 채권자가 스스로 채무의 목적물의 인도를 받은 경우이더라도 그것이 직접 대위채권자의 채권의 변제가 되지는 않으며, 만일에 대위채권자가 자기채권의 변제를 받으려면, 다시 채무자로부터 임의의 변제를 받거나 또는 당시 강제집행절차를 취하여야 한다.6)

2. 변제수령권자의 문제

한편 대위권을 행사하는 채권자가 직접 자기에의 변제 또는 이행을 구할 수 있는가의 문제가 제기되고 있다. 변제의 효과가 채무자에게 발생한다는 것과 변제의 수령을 채권자가 채무자에 갈음해서 할 수 있다는 것은 논리적으로 구별되기 때문이다.

이를 허용하는 견해는 금전 기타의 물건의 급부를 목적으로 하는 채권과 같이 변제의 수령을 필요로 하는 경우 이를 인정하지 않는다면 채무자가 수령하지 않는 경우에 대위권은 그 목적을 달성할 수 없다는 점, 채권을 행사하는 권한에는 당연히 변제수령의 권한도 포함된다고 해석해야 한다는 점 등을 근거로 하고 있고,7) 반면 원칙적으로는 채무자만이 수령할 수 있으나 예외적으로 채무자가 제3채무자의 변제를 수령하려고 하지 않거나 수령할 수 없는 상황에 놓인 경우, 채무자가 채권자에게 추심이나 수령을 위임한 경우, 법원이 채권자에게 수령권한을 부여한 경우에 한하여 채권자가 수령할 수 있다고 보는 견해8)도 제시되고 있다.

판례는 채권자대위권이 채권자의 고유권리이기는 하지만, 이는 채무

---

6) 郭潤直(註 9), 137면 ; 金疇洙(註 9), 228면 ; 金曾漢·金學東(註 9), 191면 ; 金亨培(註 9), 370면 등.
7) 郭潤直(註 9), 135면. 그밖에 채무자에게 변제수령권한을 긍정하는 견해에는 金疇洙(註 9), 226면 ; 金相容(註 9), 243면 ; 張庚鶴(註 58), 288면 ; 金亨培(註 9), 370면.
8) 李銀榮(註 58), 448~449면.

자의 제3채무자에 대한 권리를 대위하여 행사하는 데 불과하므로 채권자는 대위행사시 제3채무자에 대하여 채무자에게 이행행위를 하도록 청구함이 원칙이라고 하면서,[9] 대위의 목적이 된 금전을 채권자 자신에게 직접 인도하는 것을 허용한 바도 있고,[10] 부동산의 전전매수인인 원고가 순차적으로 채권자대위권을 행사하여 원인무효등기인 피고 명의의 소유권이전등기의 말소를 청구하는 경우, 피고에게 채권자대위권 행사자인 원고에 대하여 직접 등기말소의무를 이행한 것을 허용한 바도 있다.[11]

3. 상계의 문제

그런데, 위와 같이 채권자에게 변제수령권한을 인정한다면, 채권자가 대위수령한 목적물과 채권자의 피보전채권의 목적물이 동종일 경우 채권자가 상계할 수 있는가 하는 의문이 제기되고 있다. 만일 이를 긍정한다면 채권자는 채권자대위권을 행사함으로써 실질적으로 다른 채권자에 우선하여 자신의 채권을 변제받을 수 있으므로 책임재산의 보전이라는 채권자대위권의 본래의 취지에 어긋나게 되기 때문이다. 우리나라 학자들은 대위수령한 목적물이 채권자의 채권의 목적물과 같은 종류의 것이

---

9) 大判 1966.9.27, 66다1149(集 14-3, 093).

10) 大判 1962.1.11, 4294민상195(集 10-1, 6); 大判 1980.7.8, 79다1928(集 28-2, 101) 등.

11) 大判 1966.6.21, 66다417(集 14-2, 70); 大判 1996.2.9, 95다27998(공보 1996, 911) "채권자대위권을 행사함에 있어서 채권자가 제3채무자에 대하여 자기에게 직접 급부를 요구하여도 상관없는 것이고 자기에게 급부를 요구하여도 그 효과는 채무자에게 귀속되는 것이므로, 채권자대위권을 행사하여 채권자가 제3채무자에게 그 명의의 소유권보존등기나 소유권이전등기의 말소절차를 직접 자기에게 이행할 것을 청구하여 승소하였다고 하여 그 효과는 원래의 소유자인 채무자에게 귀속되는 것이니, 법원이 채권자대위권을 행사하는 채권자에게 직접 말소등기 절차를 이행할 것을 명하였다고 하여 무슨 위법이 있다고 할 수 없다."

고 상계적상에 있는 때에는 상계할 수 있다고 하여 적극적인 입장을 취하고 있는 것으로 보인다.12)

4. 제3채무자의 지위

채권자대위권은 채무자의 제3채무자에 대한 권리를 행사하는 것이므로 제3채무자로서는 채무자 자신이 권리를 행사하는 경우보다 불리한 지위에 놓일 이유는 없다. 따라서 제3채무자는 대위채권자에 대하여, 채무자에 대하여 가지는 모든 항변사유, 예컨대, 권리소멸의 항변, 상계의 항변, 동시이행의 항변, 공유물분할청구에 대하여 분할금지의 특약이 있다는 항변 등으로써 대항할 수 있다.

반면 제3채무자는 채무자 자신이 권리를 행사하는 경우보다 유리한 지위에 서게 될 이유도 없으므로 채권자의 대위권 행사에 대하여 제3채무자와 채권자 사이의 특별한 개인관계로 인하여 가지고 있는 항변사유로써는 대항할 수 없다. 또 제3채무자는 자신이 채무자에 대하여 가지는 항변사유만을 주장할 수 있을 뿐 채무자가 채권자에 대하여 가지는 항변사유를 원용하여 주장할 수는 없다.13)

대위권을 행사하는 채권자로서도 채무자 자신이 주장할 수 있는 항변사유의 범위 내에서 항변할 수 있고, 자기의 제3채무자 사이의 독자적인 사정에 기한 사유를 주장할 수 없다.14)15)

---

12) 郭潤直(註 9), 137면 ; 金疇洙(註 9), 228면 ; 金相容(註 9) 244면 ; 金曾漢・金學東(註 9), 191~192면 ; 張庚鶴(註 58), 288면 ; 金亨培(註 9), 370면 ; 李銀榮(註 58), 449~450면 등.

13) 大判 1992.11.10, 92다35899(공보 935, 90) ; 大判 1998.12.8, 97다31472(공보 1999, 93) ; 大判 2004.2.12, 2001다10151(공보 2004, 436) 등. "제3채무자는 채무자가 채권자에 대하여 가지는 항변으로 대항할 수 없을뿐더러 채권의 소멸시효가 완성된 경우 이를 원용할 수 있는 자는 시효이익을 직접 받는 자만이고 제3채무자는 이를 행사할 수 없다."

14) 民法注解[Ⅸ], 779면(金能煥 집필).

그밖에 대위권의 행사 또는 그 행사에 대한 허가의 재판이 채무자에
게 통지 또는 고지되면 채무자는 그 권리에 대한 처분권을 상실한다는
점은 이미 앞에서 언급하였다.

5. 비용상환청구권

채권자대위권의 법적 성질을 법정재산관리권으로 보는 견해에 따르
면, 채권자대위는 채무자의 권리를 행사하는 것이며 그 한도에서 일종의
법정위임관계가 성립하는 것이 된다. 따라서 대위를 위하여 채권자가 비
용을 지출한 때에는 그 비용의 상환청구권을 가지게 된다(민법 제688조).[16]
만일 채권자가 목적물을 대위수령하여 목적물 보관의 비용을 지출한 경
우, 이 비용은 대위수령한 물건에 관하여 생긴 채권이므로 목적물 위에
유치권을 취득한다(민법 제320조).[17]

6. 대위소송 판결의 효력

채권자가 스스로 소송당사자가 되어 대위소송을 제기한 경우, 채무자
도 스스로 당사자로서 그 소송에 참가하였거나(민사소송법 제79조) 또는

---

15) 大判 1991.3.27, 90다17552(공보 896, 1269) ; 大判 1997.12.26. 97다22676(공보
   1998, 403) "소멸시효가 완성된 경우 이를 주장할 수 있는 사람은 시효로 인
   하여 채무가 소멸되는 결과 직접적인 이익을 받는 사람에 한정되므로, 채무
   자에 대한 일반 채권자는 자기의 채권을 보전하기 위하여 필요한 한도 내
   에서 채무자를 대위하여 소멸시효 주장을 할 수 있을 뿐 채권자의 지위에
   서 독자적으로 소멸시효의 주장을 할 수 없다."
16) 大決 1996.8.21, 자96그8결정(공보 1996, 2794).
17) 郭潤直(註 9), 137면 ; 金疇洙(註 9), 233면 ; 金相容(註 9), 245면 ; 金曾漢·金
   學東(註 9), 193면 ; 張庚鶴(註 58), 291~292면 ; 金亨培(註 9) 370~371면 ; 李
   銀榮(註 58), 453면.

채무자에게 소송고지가 있었던 때에는(민사소송법 제84조 내지 제86조) 그 판결의 효력은 채무자에게도 미치게 된다(민사소송법 제77조). 그런데, 채무자가 소송참가를 하지 않았고 또한 소송고지를 받지도 않은 경우, 그 판결의 효력이 채무자에게 미치는가 하는 점이 민사소송법상 논란이 되고 있다. 이러한 문제가 발생하게 된 이유는 다음과 같다.

종래 우리나라에서는 채권자대위소송을 법정소송담당의 일종으로 파악하고 있었다.[18] 그래서 채권자대위소송이 법정소송담당이라는 논리를 관철시키면 민사소송법 제218조 제3항이 적용되어 채무자가 소송참가를 하지 않거나 소송고지를 받지 않은 경우에도 채권자대위소송 판결의 효력이 채무자에게 미치는 것으로 보게 된다. 그러나 채무자의 입장에서 보면 이와 같은 결과는 자신의 권리에 대하여 방어할 절차적 기회조차 상실한 채 채권자가 수행한 소송의 결과를 그대로 받아들여야 하는데 이러한 결과가 과연 타당한가 하는 의문이 제기된다.

우리 판례는 채권자대위소송을 법정소송담당의 일종으로 보는 입장이면서도 채권자대위소송 판결의 효력은 채무자에게는 미치지 않는다고 하고 있었다.[19] 이는 앞서 언급한 채무자의 절차권 보장이라는 측면을 고려하였기 때문인 것으로 보인다. 그런데 이후 1975년 전원합의체 판결에 의하여 소송이 제기된 사실을 어떤 사유에 의하였든지 간에 채무자가 알았을 때에는 그 대위소송의 판결의 기판력은 채무자에게도 미친다고 하여 입장을 변경하였다.[20] 그리고 이후에도 이러한 입장이 계속 유지되고 있다.

이에 대하여 민법학자들은 채권자대위소송의 법적 성격이 법정소송담당이라는 논리를 관철하여 채권자대위소송 판결의 기판력은 채무자가 알든 모르든 그에게도 미쳐야 한다고 보는 것이 대체적인 견해인 것으로 보이며,[21] 민사소송법 학자들은 현재의 판례의 논리에 찬성하는 입

---

18) 李時潤, 新民事訴訟法, 第3版, 2006, 136면.
19) 李時潤(前註), 587면.
20) 大判 1975.5.13, 74다1664(集 23-2, 30).

장[22]과 채권자대위소송의 법적 성격을 법정소송담당으로 파악하는 것에 대하여 근본적인 의문을 제기하면서 채권자대위소송판결의 기판력은 채무자에게 미치지 않는 것으로 보아야 한다는 입장[23]으로 견해가 대립되고 있다.

Ⅳ. 검 토

간접소권의 행사의 효과와 채권자대위권의 행사의 효과는 그 기본적인 내용은 공통적이나, 실제로 제도를 운영함에 있어서 논의되는 문제들은 조금씩 다른 모습들을 보여주고 있다.

우선 그 행사의 효과는 채권자가 아닌 채무자에게 귀속되며, 제3채무자는 자신의 채권자인 채무자가 자신에게 권리를 행사한 것과 같이 채무자에게 대항할 수 있는 모든 사유로써 채권자에게 대항할 수 있다는 점은 기본적으로 같다.

그러나 효과 면에서 서로 다른 양상을 보이고 있는 것들은 다음과 같다.

첫째, 우리 민법 제405조상 채권자의 채권자대위권 행사 사실을 통지받은 채무자는 당해 권리를 처분하지 못하지만, 프랑스에서는 우리 민법 제405조와 같은 규정을 두고 있지 않으며 따라서 채권자가 간접소권을 행사하였다고 하여 채무자가 자신의 권리를 상실하지 않고 채무자는 당해 권리를 처분할 권리를 보유하고 있다. 특히 간접소권의 피고인 자신의 채무자와 회해를 할 수도 있다는 점에서 큰 차이가 있음은 채권자대위권의 행사방법을 논하면서 이미 언급한 바 있다.

---

21) 郭潤直(註 9), 138면 ; 金疇洙(註 9), 228면 ; 金相容(註 9), 246면 ; 金曾漢·金學東(註 9), 192면 ; 金亨培(註 9), 373~374면. 현재 대법원의 입장에 찬성하는 견해에는 李銀榮(註 58), 447면 ; 張庚鶴(註 58), 293면.
22) 李時潤(註 490), 587면.
23) 호문혁, 민사소송법, 제5판, 2006, 197~198면, 636~1면.

둘째, 프랑스와 달리 우리나라에서는 대위권을 행사하는 채권자가 직접 자기에의 변제 또는 이행을 구할 수 있는가, 더 나아가 채권자가 대위수령한 목적물과 채권자의 피보전채권의 목적물이 동종일 경우 채권자가 상계할 수 있는가 하는 문제가 제기되고 있다.

이러한 문제 제기는 이를 적극적으로 해석할 경우 채권자대위권이 책임재산의 보전이라는 본래의 취지와는 멀어지기 때문에 나타나는 것이었다. 우리나라 판례와 학설은 대체로 이를 적극적으로 해석하고 있었는데, 이는 채권자대위권이 '실질적으로' 책임재산의 보전 기능을 넘어서 채권자의 채권을 실질적으로 만족시켜주는 기능을 하고 있음을 의미한다. 간접소권과 관련한 프랑스 문헌에서는 이러한 문제들이 언급되고 있지 않았으나, 앞의 간접소권의 행사방법에서 살펴본 바와 같이 채권자가 간접소권을 행사할 때 제3채무자로부터 직접 금전을 지급받기를 원할 경우 채무자를 의무적으로 소송에 강제참가시킬 것을 요구하고 있는 프랑스 판례와 이를 지지하는 프랑스 학설의 입장도 결국 간접소권의 기능을 단순히 일반담보의 보전에 국한시키지 않으려는 것인 이상, 양 국가는 구체적인 논의의 내용은 다를지라도 각국의 사정에 맞게 간접소권 내지는 채권자대위권 운영의 방향 전환을 모색하고 있었음을 알 수 있다.

셋째, 아직까지 우리나라 문헌들은 채권자대위권의 효과는 채무자에게 귀속하며, 채무자에게 귀속한 재산은 채권자 전체를 위한 공동담보가 된다고 서술하고 있다. 즉, 대위채권자라고 해서 대위에 의하여 우선변제권을 취득하는 일은 없으며, 다른 채권자와 평등하게 변제받을 수 있을 뿐이라는 것이다. 그러나 채권자대위권이 단순히 책임재산의 보전 기능에 머무르지 않는 것이 현실이 된 이상, 채권자대위권의 효과는 모든 채권자들을 위한 공동담보가 된다고만 하는 것은 타당하지 않다고 생각한다. 한편 채권자대위권이 실질적으로 채권자의 채권을 만족시키는 기능을 하는 경우에도 '이론적으로는' 그 효과가 채무자에게 귀속한다는 점은 변함이 없다. 따라서 필자는 채권자대위권의 행사 효과를 다음과 같이 파악해야 한다고 생각한다.

채권자는 채무자의 권리를 행사하는 것인 이상 이론적으로는 그 효과가 채무자에게 귀속한다. 그러나 그 효과의 구체적인 내용은 경우에 따라 차이가 있는데, 제3장에서 '채권보전의 필요성' 요건을 파악했던 것의 연장선에서 ① 피보전채권과 대위채권 간에 아무런 관계가 없을 경우에는 채권자 전체를 위한 공동담보가 됨에 그치며, ② 피보전채권과 대위채권 간에 일정한 관련이 있을 경우에는 채권자의 채권을 실질적으로 만족시킨다.

프랑스도 간접소권 행사의 다른 채권자들에 대한 효과 부분에서 "간접소권의 상대적 효력은 간접소권에 의하여 금전의 지급을 청구하거나 재산의 반환을 구하거나 재산의 분할을 청구하는 경우에 두드러지게 나타난다. 그러나 간접소권이 채무자의 자산을 증가시키는 것을 직접적인 목적으로 하지 않는 경우에는 위와 같은 성격이 별로 드러나지 않는다"고 함으로써 간접소권의 실질적인 운영 현실을 반영하고 있음은 이미 살펴본 바와 같다.

마지막으로, 프랑스에서는 채무자를 소송에 참가시키는 것이 일종의 관행이 되어 있기 때문에 간접소송 판결의 효력이 채무자에게도 미치는가 하는 문제가 거의 발생하지 않는 반면, 우리나라에서는 채권자대위소송의 판결의 기판력이 채무자에게도 발생하는가 라는 문제에 대하여 학자들 간에 큰 입장 차이를 보이고 있었다.

앞서 살펴본 바와 같이 이 문제는 채권자대위소송의 법적 성격을 법정소송담당으로 파악하는 것이 채무자의 절차권 보장 측면과 상충하였기 때문에 제기된 것이었다. 필자는 이 문제를 프랑스법상의 산섭소권과 비교하여 검토해보고자 한다.

우리나라에서 채권자대위소송을 법정소송담당으로 파악했던 것은 실체법적으로 통설이 채권자대위권을 법정재산관리권의 일종으로 파악하여 채권자와 채무자 간에 법정위임관계가 성립한 것으로 보았기 때문인 것으로 보인다. 즉, 실체법상 법정위임관계가 인정되는 자가 소송을 수행하는 경우에 대하여 일반적으로 법정소송담당을 인정하여 왔기 때문에(파산재단에 관한 소송을 하는 파산관재인, 정리회사의 재산에 관한 소송을 하는 관리인, 채권추심명령을 받은 압류채권자, 유언에 관한 소송에서 유언집행자 등)[24] 채권자대위권을 행사하는 채권자와 채무자 간에 법정위임관계가 인정되는 이상 법정소송담당으로 보지 않을 이유가 없다는 입장이었던 것으로 보인다.

그러나 채권자대위소송을 법정소송담당으로 파악하는 것에 대하여 다음과 같은 의문이 제기된다.

우선 법정소송담당의 구체적인 예로 제시되고 있는 파산관재인이나 유언집행자 같은 경우는 실체법상의 권리주체를 대신하여 그의 업무를 처리할 뿐이고 소송물인 권리관계에 대하여 직접적인 이해관계를 가지고 있지 않다. 반면 채권자대위소송을 하는 채권자는 채무자의 권리를 대신하여 행사함으로써 자신의 이해를 관철시키고 있으며, 채권자대위권이 실질적으로 채권자의 채권을 만족시키는 기능을 하고 있는 현실은 이러한 특성을 더욱 강화시키고 있다. 따라서 채권자대위소송을 통상의 법정위임관계와 동일하게 파악해서는 안 된다고 생각한다. 즉, 채권자대위권을 행사하는 채권자와 채무자 간에 실체법적으로 법정위임관계가 성립되는 것으로 보는 것과 채권자대위소송을 법정소송담당으로 보는 것은 별개의 문제라고 생각한다. 법정위임관계도 구체적인 법률관계마다 그 내용과 특성을 얼마든지 달리할 수 있기 때문이다.

한편 프랑스에서는 간접소권이 실체법상 '채무자의 이름으로' 행사된다고 파악되고 있음에도 불구하고, 채무자가 간접소권 소송에 참가하지 않았을 경우 채무자에게는 간접소권 소송의 기판력이 미치지 않는다는 점에 대해서는 프랑스 학설과 판례 모두 의견의 일치를 보고 있다. 이는 프랑스가 간접소권을 논리적으로 이해하기 위한 실체법적인 문제와 채

---

24) 李時潤(註 490), 137면.

무자의 절차권이 충분히 보장되어야 한다는 절차법적인 문제를 명확하게 구분하고 있음을 보여주고 있다. 더 나아가 간접소권은 채권자의 이해를 관철시키기 위한 수단이며 궁극적으로 채권자가 자신의 채권을 변제받기 위함에 있다는 취지의 판결이 다수 등장하고 있음은 앞에서 살펴본 바와 같다.

따라서 실체법상 법정위임관계에서 수임인의 지위에 있는 자가 소송을 수행하는 경우 통상 법정소송담당으로 파악하는 것과 같이 채권자대위소송을 법정소송담당으로 파악하기는 어렵다고 생각되며, 채권자대위권이 실질적으로 책임재산보전의 기능을 넘어서서 채권자의 채권을 만족시키고 있는 이상 채무자의 절차권을 보장해야 할 필요성이 더욱 커졌다고 할 수 있다. 그러므로 채무자가 채권자대위소송에 참가하지 않았을 경우 그 판결의 기판력은 채무자에게는 미치지 않는다고 해야 함이 원칙이라고 생각한다. 다만, 현재 대법원이 채무자가 대위소송이 제기된 사실을 알았을 경우에는 판결의 기판력이 채무자에게도 미친다고 한 것은 실제 소송에 있어서 채무자가 대위소송이 제기된 사실을 알았음이 객관적으로 입증되어 그의 절차권을 보장할 필요가 없었다는 구체적 사정을 고려한 것이라고 생각되며, 따라서 이러한 대법원의 입장은 수긍할 만한 것이라고 생각된다.

제5장 결 론

　지금까지 채권자대위권과 간접소권의 의의, 요건, 적용범위, 효과 등을 전체적으로 비교 검토하였다. 필자는 우리 민법상의 채권자대위권과 프랑스 민법상의 간접소권을 비교함에 있어서 '법질서 전체의 관점에서 구체적이고 기능적인 비교'를 하고자 노력하였다. 이를 위하여 프랑스의 간접소권에 관한 규정뿐만 아니라 물권법, 부동산등기법, 민사소송법, 임대차관련법률 등을 필요한 범위 내에서 간략하게나마 검토하여 볼 수밖에 없었고, 구체적인 연구방법은 우리나라와 프랑스의 판결들을 비교하는 것이었다. 양 국가의 재판례를 구체적으로 비교함으로써, 어떠한 문제를 기능적인 관점에서 접근하여 양 국가는 각각 해당 문제에 대하여 어떻게 해결하고 있는지, 그 해결책은 실질적으로 어떠한 차이가 있는지 등을 살펴보는 작업은 우리 민법상의 채권자대위권의 위치 및 의미를 새롭고 폭넓게 이해함에 큰 도움이 되었다고 생각한다.

　우리나라에서 채권자대위권이 운용되었던 모습과 프랑스에서 간접소권이 운용되었던 모습에 공통적으로 내재하고 있던 큰 흐름은 채권자대위권 내지는 간접소권이 기능적으로 책임재산의 보전 내지는 일반담보권의 보장 수준을 넘어서 채권자의 채권을 실질적으로 만족시키는 단계로 방향을 전환시키고자 하였다는 점이다. 우리나라에서 종래 특정채권을 보전하기 위한 채권자대위권의 행사를 허용할 때 채무자의 무자력을 요하지 않음으로써 채권자가 실질적으로 자기 채권의 만족을 꾀할 수 있었던 것과 채권자대위권의 효과와 관련하여 대위권을 행사하는 채권자가 직접 자기에의 변제 또는 이행을 구할 수 있는가, 채권자에게 변제수령권한을 인정한다면 채권자가 대위수령한 목적물과 채권자의 피보전채권의 목적물이 동종일 경우 채권자가 상계할 수 있는가 하는 논의가 있었던 것은 채권자대위권이 단지 책임재산 보전의 기능에 머물러 있지 않았음을 의미한다. 한편 프랑스에서도 간접소권의 기능이 단지 일반담보의 보장 수준에 머무르지 않도록 하기 위한 노력이 있어왔는데, 1980년대 이후 프랑스 법원은 우리나라와 같이 비금전채권을 보전하기 위한 간접소권의 행사에 있어서 채무자의 무자력을 요구하지 않음으로써 이 경우 간접소권을 행사하는 채권자는 실질적으로 제3채무자에게 직접 청구를 한 것과 같은 효과를 누리는 것으로 평가되고 있다는 점, 특히 프랑스는 집행행위의 일종인 압류·금지(saisie-arrêt)를 간접소권의 행사대상으로 인정함으로써 이때 간접소권을 행사하는 채권자가 자신의 채무자의 제3채무자인 제4채무자로부터 직접 변제받을 수 있도록 하고 있다는 점, 그리고 채권자가 간접소권을 통하여 제3채무자로부터 직접 금전을 지급받기를 원할 경우 채무자를 의무적으로 소송에 강제참가시켜야 한다는 점, 실제 프랑스에서 채권자가 간접소권소송을 수행함에 있어서 채무자를 소송에 참가시키는 것이 관행이 되어있다는 점 등이 그러한 예이다.

이와 같이 우리나라의 채권자대위권과 프랑스의 간접소권을 비교 검토한 결과, 필자는 다음과 같은 결론을 도출할 수가 있었다.

우선, 프랑스에서도 비금전채권을 보전하기 위한 간접소권을 허용함에 있어서 채무자의 무자력을 문제삼고 있지 않게 된 이상, 종래 우리나라에서 특정채권을 보전하기 위하여 채권자대위권을 행사할 경우 채무자의 무자력을 문제삼지 않은 경우들을 '전용형'이라고 명명하였던 것은 타당하지 않게 되었다.

두 번째로, 우리나라 판례와 프랑스 판례를 비교함에 있어서는 우리나라 판례와 유사한 판례가 프랑스에서도 나타나고 있는지, 만일 나타나고 있지 않다면 프랑스에서는 유사한 문제에 대하여 어떠한 해결방식을 취하고 있는지 등을 검토함으로써 민법 제404조 제1항 소정의 '채권 보전의 필요성'을 다음과 같이 해석하였다. 즉, ① 피보전채권과 대위채권 간에 아무런 관련이 없을 경우, 채무자가 무자력일 것이 그 내용이 되고, ② 피보전채권과 대위채권 간에 일정한 관련이 있을 경우, 즉 ⅰ) 대위채권이 피보전채권을 실현하기 위한 직접적인 전제를 이루고 있거나 더 나아가 대위채권과 피보전채권이 동일한 내용 내지는 목적을 지니는 경우, ⅱ) 대위채권 자체 또는 대위채권의 목적물에 관한 권리가 궁극적으로 대위채권자에게 귀속될 성질의 것일 때에는 채무자의 무자력이 아니라 이와 같은 내용의 '관련성' 자체가 채권 보전의 필요성의 내용을 이루고 있다고 보았다.

세 번째로, 채권자대위권의 내용 및 기능이 다양화된 것이 현실이고 그 타당성이 인정된다면, 채권자대위권의 적용범위 및 효과를 파악함에 있어서도 이러한 현실을 반영함이 타당하다고 생각하였다. 따라서 종래 채권자대위권의 적용 제외로 분류하였던 '압류금지채권'은 채권자대위권의 적용 제외의 독자적인 분류 형식으로 인정하기는 어렵다고 본다. 왜냐하면 압류금지채권을 채권자대위권의 적용영역에서 제외시킨 것은 채권자들의 공동담보에 적합하지 않다는 것이 그 이유였는데, 현재 채권자대위권은 채권자들의 공동담보 보장을 넘어서는 기능을 수행하고 있기 때문이다. 그리고 채권자대위권 행사의 효과와 관련하여서도 채권자대위권 행사의 효과는 채무자에게 귀속하며 모든 채권자들의 공동담보가 된다는 식의 서술은 이제는 지양되어야 한다고 생각한다. 채권자대위권 행사의 효과는 이론적으로는 채무자에게 귀속하되, 그 실질적인 효과는 경우에 따라 달리한다고 보아야 한다. 즉, 위 ①의 경우에는 채권자들의 공동담보가 되지만, ②의 경우에는 채권자의 채권을 실질적으로 만족시키고 있다.

　마지막으로 프랑스 법원은 채무자의 일신에 전속한 권리로서 간접소권의 행사대상에서 제외되는지 여부에 대한 판단에 다양한 요소를 고려하고 있음을 알 수 있었는데, 프랑스 재판례가 제시하고 있는 구체적인 판단기준들은 앞으로 우리나라에서 채권자대위권 제도를 운영함에 있어서 많은 참고가 될 수 있으리라 생각한다.

　어떠한 특정의 제도가 특정한 장소에서 발원하여 다른 국가로 전이되었을 때 이를 수용한 국가들이 모법(母法)과 동일하게 당해 제도를 활용하는 것은 아니다. 법 조문에서 규정하고 있는 문언의 내용은 동일할지라도 그 제도가 구체적으로 활용되는 모습은 다양한 것이 일반적일 것이다. 왜냐하면, 어떤 국가가 하나의 법률(예를 들어 민법)을 통째로 다른 국가로부터 수용하는 경우는 매우 드물 뿐만 아니라, 설사 그렇다 하더라도 한 국가의 복잡한 법체계는 서로 유기적인 관련을 맺고 있기 때문에 그 국가 내의 다른 법 제도들과의 관계 속에서 특정 법률이 어떠한 기능을 발현하느냐 하는 것은 각 국가의 독자적인 사정에 달린 것이기 때문이다. 우리 민법상의 채권자대위권과 관련하여 논의되었던 것과 프랑스 민법상의 간접소권과 관련하여 논의되었던 것의 구체적인 모습이 달랐던 것도 바로 이때문일 것이다. 또한 필자가 간접소권과 관련한 프랑스 재판례들을 소개함에 있어서도 간접소권의 행사의 대상이 된 권리들이 우리 법에 생소한 것들이 많아서 그 내용을 이해하고 정리하는 데에 적지 않은 시간이 필요했던 것도 그러한 이유에서였을 것이다.

　그럼에도 불구하고 양 국가는 각각의 제도를 운영하면서 공통의 고민이 있음을 알 수 있었는데, 그것은 앞서 언급하였던, 채권자대위권 내지는 간접소권이 기능적으로 책임재산의 보전 내지는 일반담보권의 보장 수준을 넘어서 채권자의 채권을 실질적으로 만족시키는 단계로 방향을 전환시키고자 하였다는 점이다. 채권자대위권 내지는 간접소권의 기능이 책임재산의 보전 내지는 일반담보권의 보장에 머물러 있는 한 채권자가 이를 이용할 실익이 적었기 때문이다.

　위와 같은 관점에서 필자는 채권자대위권과 관련한 기존의 대법원 판례들의 결론에 수긍하되 그 분류기준을 전환할 필요성을 느끼고 앞에 제시된 바와 같이 판례의 논리를 정리한 것이다. 채권자대위권의 행사 요건은 채권자의 채무자에 대한 부당한 간섭을 방지하기 위하여 부과된 것이고, 필자는 이러한 취지가 관철될 수 있다면 민법 제404조 제1항 소정의 '채권 보전의 필요성'은 다양하게 해석될 수 있다고 생각한다. 따라서 '채권자가 자신의 채권을 보전할 필요성'의 구체적 내용은 이미 확정된 것이 아니라 우리나라에서 채권자대위권을 운영하면서 다양한 내용으로 형성될 수 있는 가능성을 남겨주고 있다고 생각한다.

[부록] 보와소나드 민법 초안[1]

제359조

1. 채권자는 채무자에게 속한 물권 및 채권을 행사할 수 있다.

2. 이와 관련하여 채권자는 압류를 하거나, 채무자가 소송상 권리를 행사하거나 채무자를 상대로 소송이 제기된 경우 그 소송에 참가하거나, 민사소송법이 정하는 바에 따른 재판상 대위에 의하여 간접소권을 행사할 수 있다.

3. 그러나, 채권자는 자신의 채무자에게 속한 권능이나 채무자의 일신에 전속한 권리를 행사할 수 없고, 법이나 당사자의 합의에 의하여 압류할 수 없는 것으로 정한 물건에 대하여는 압류할 수 없다.

151. 이 조항은 프랑스 민법 제1166조와 이탈리아 민법 제1234조에 상응하는 것이다. 위 조항이 표출하고 있는 이론은 민법의 가장 중요한 이론 중의 하나이다. 그것은 이미 언급하였던, 보다 일반적인 원리의 결과물이며, (민법의) 다른 곳에서 찾을 수 있다. 즉, "채무자의 모든 재산은 그의 채무를 보장하고 채권자들의 담보가 된다"는 것이다(프랑스 민법 제2092-2093조 참조).

경제상 곤란을 겪고 있는 채무자는 자신의 채무자에 대한 권리나 자

---

1) BOISSONADE, *op.cit.*, p.359, p.155 et ss.

기 자신에게 속한 물건의 반환을 청구할 수 있는 물권을 행사하는 것을 태만히 할 수 있는데, 이러한 일은 종종 일어난다. 왜냐하면 채무자에게 수인의 채권자가 있을 경우, 채무자는 자신의 권리를 행사하더라도 그 행사의 결과가 결국 자신에게 돌아오지 않아 아무런 이득이 없기 때문이다. 이와 같은 채무자의 권리 행사 태만은 비난받아 마땅하며, 따라서 법은 채권자에게 이에 대해서 다툴 수 있는 수단을 부여해야 한다. 이것이 위 조항의 목적이다.

　이와 같은 단순한 이유만으로도 채권자의 권리의 원칙을 규정하고 있는 제1항, 이를 위하여 채권자가 어떠한 방책을 강구할 수 있는가를 규정하고 있는 제2항, 이러한 원칙의 몇 가지 예외를 제시하고 있는 제3항을 설명하기에 족하다.

　152. 프랑스 민법은 채권자들이 위 권리를 행사하는 방법과 수단에 대해서 언급하지 않고 있기 때문에 이에 내하니 의문이 제기되이 이러운 문제들이 야기되고 있다. 이 초안은 세심하게 이러한 점을 (풀어서) 설명하고 있다. 이 조항에서 언급하고 있는 세 가지 방법은 한정적인 것이 아니라 가장 빈번하게 이용되고 있는 것들을 제시한 것일 뿐이다.

　1° 압류. 여기서 채권자들이 행사할 수 있는 다양한 종류의 압류를 설명할 필요는 없다: 이 문제는 민사소송법에 속하는 것이다; 여하튼 여기서 말하는 압류는 채권자가 자신의 채무자에 대한 판결을 얻어서 그의 재산에 대하여 행하는 압류가 아니다: 이 경우 채권자는 그의 채무자의 권리를 제3자에 대하여 행사하는 것이 아니라, 자신의 채무자에 대하여 자신의 권리를 행사하는 것이다. 여기서 말하는 압류는 채무자가 자신의 채무자(제3채무자)에 대하여 행하는 압류로서 채무자 스스로 이를 태만히 하는 것을 말한다: 이들은 압류・실행(saisies-exécutions), 압류・반환(saisies-revendications), 압류・보전(saisies-conservatoires) 등을 말한다 ; 채권자는 자신의 채무자의 채무자에 대하여 압류・금지(saisie-arrêt) 혹은 제3

자이의신청(saisie-opposition)을 행할 수 있다; 그러나 채권자가 행사하는 이와 같은 압류는 채무자에게 속한 것이라기보다는 채권자 자신에게 속한 것이라고 할 수 있는데, 왜냐하면 채무자는 이들을 필요로 하지 않기 때문이다.

2° 소송참가(Intervention). 채무자는 그와 제3자(제3채무자) 간에 계류 중인 소송에서 원고나 피고로서 자신의 권리를 옹호하는 것을 소홀히 할 수 있다 : 그의 채권자는 그를 돕기 위해 채무자측에 가담하여 공격방어할 수 있다 ; 이와 같이 참여하는 것을 소송에서는 "소송참가(intervention)"라고 부른다 … 소송참가가 특히 유용한 것은, 채무자와 제3채무자가 공모를 하거나 사해행위를 함으로써 (고의적으로) 원고로서 기각되거나 피고로서 유책판결을 받으려 하는 것을 방지하기 때문이다. 이러한 경우 채권자는 제3자이의신청(tierce-opposition)으로써 다툴 수도 있는데, 이는 소송참가보다 이용하기가 까다롭다. 채권자가 소송참가하는 것이 특히 유용할 때는, 채무자가 (제3채무자에 대하여) 청구만 해놓고 더 이상 제3채무자를 추궁하거나 자신의 권리에 관한 증거를 제출하지 않는 경우, 혹은 피고로서 소환되었으나 답변을 회피하거나 궐석하거나 타당하지 않은 근거를 이유로 유책판결을 받은 경우 등이다.

3° 간접소권(action indirecte). 만일 "간접소권(action indirecte ou oblique)"이라는 말이 여기서 인정되지 않는다 하더라도, 소송참가에 대비되는, 더 자연스러운 표현으로서 직접소권(action directe)이라는 용어를 사용할 수는 있을 것이다. 그러나, 위 두 가지 표현(action indirecte ou oblique)은 채권자가 행사하는 권리 중에서 채권자 자신에게 속하는 것이 아니라 채무자에게 속하는 것으로서 그 행사의 이익은 채무자의 수중은 아니더라도 그의 재산을 거쳐서만 채권자에게 귀속된다는 것을 나타내기 위하여 오래 전부터 채택된 것이었다. 사실상 제3자에 대하여 권리를 행사한 채권자는 자신의 청구가 받아들여진 후에 권리 행사의 이익이 유용되는 것을 막을 수 있는 조치를 취할 수 있다. 그러나, 채권자에게 우선변제를

받을 수 있는 원인이 없는 한 권리 행사의 이익이 모든 채권자들에게 무차별적으로 분배되는 것에 대하여 이의를 제기할 수 없으며, 그가 채무자의 권리를 주도적으로 먼저 행사하였다는 것이 다른 채권자에 우선하여 변제받을 수 있는 원인이 되는 것은 아니다.

이 경우에 있어서, 채권자가 채무자의 권리를 행사하기 위하여 조합이나 위원회를 구성해야 할 필요는 없다: 이 권리는 채권자 개인에게 속한 것이기도 하고 채권자 전체에게 속한 것이기도 하며, 이는 가장 부지런한 채권자에 의하여 단독으로 행사될 수도 있고, 채권자들이 사전에 모의하여 집단적으로 행사될 수도 있다.

153. 이 입법이유서에서는 간접소권과 관련하여 프랑스에서 많은 논란이 되고 있고, 또 일본에서도 해결해야 할 문제에 대하여 답을 제시하고 있다: 채무자의 권리를 행사하고자 하는 채권자는 채무자가 이에 반대하는 경우, 채무자에게 자신이 그의 권리를 행사하였음을 통지하는 것으로 족하지 않다; 그는 제3자에 대하여 소송을 함에 있어서 법원으로부터 자신의 채무자를 대신할 수 있는 권리를 취득하기 위하여 법원에 자신이 처한 상황과 위험을 진술하여 신청을 해야 한다; 채무자는 언제든지 채권자 측에 가담할 수는 있으나, 일단 소송이 시작되면 채무자는 단지 소송참가인에 불과하게 된다: 그가 처음부터 이에 반대할지라도 소송의 주된 당사자로서의 역할을 상실하게 된다.

채권자로 하여금 채무자의 이름으로 채무자를 대신할 수 있도록 하는 이와 같은 법원의 허가를 여기서는 "재판상 대위(subrogation judiciaire)"라고 부른다: 이 명칭은 프랑스에서 법에 의하여 명시적으로 요구되고 있지는 않으나 실제 위와 같은 현실이 존재하므로 이를 위해 통용되고 있는 용어이다.

사실 프랑스 민법 하에서는, 채권자는 채무자의 이름으로 채무자 스스로가 추궁할 수 있는 제3자에 대하여 즉시 청구할 수 있다는 것은 법적으로 당연하다고 생각할 수 있다; 그렇다면 채무자의 승낙이나 법원의 허가 같은 것은 필요 없게 된다: 이와 같은 허가가 법에 의하여 [이미] 주어진 것으로 간주해볼 수도 있다. 그러나 이와 같이 관념하는 것이 법에 부합한다는 생각은 채권자와 제소를 당한 제3자 모두에게 심각한 위험을 제공한다: 채권자들에게 있어서는, 소송이 진행되는 동안에도 채무자가 계쟁물을 처분하거나 제3채무자와 화해하거나 자신의 권리를 취소시킬 수 있는 권리를 보유하게 된다는 점에서 그러하다; 한편 제3채무자에게 있어서는, 채권자에 대하여 승소한 이후에도 채무자의 다른 채권자들이나 채무자 자신으로부터 또 다시 제소를 당할 수 있다는 점에서 그러하다; 왜냐하면 다른 채권자들과 채무자의 특별한 위임 없이 자신의 주도 하에 혼자서 채무자의 권리를 행사한 채권자로 인하여 이들의 권리가 행사될 수 없다고 보기는 어렵기 때문이다.

이러한 점과 관련하여, 제3채무자는 채무자를 강제적으로 소송에 참가시킴(mise en cause)으로써 이와 같은 위험을 예방할 수 있을 것이다; 그러나 채권자의 입장에서 보면, 이러한 강제적 소송참가가 채무자가 (제3채무자와) 화해하거나 혹은 채권자를 실질적으로 약탈하는 기타 행위를 하는 위험을 방지하지 못한다. 따라서 채권자는 그 다음 조항(채권자취소권)에 따라서 사해성을 입증함으로써 다툴 수밖에 없는데, 이로써 다투기는 여전히 어렵다.

채권자의 재판상 대위를 통하여 여기의 두 가지 위험을 동시에 막을 수 있을 것이다. 재판상 대위는 채무자에게 그의 권리를 행사한다는 사실을 통지한 후에만 부여되어야 하며, 채무자를 강제적으로 소송에 참가시키고, 채무자는 화해하거나 (이제는) 채권자의 권리가 되어버린 자신의 권리를 달리 위태롭게 할 수 있는 권리를 가질 수 없게 된다; 동시에, 채권자가 기타의 자들(다른 채권자들과 채무자)에게 합법적으로 통지한 후에는 그들을 대표하는 것으로 간주되어야 할 것이다. 이렇게 되면 원고인 채권자가 승소한 판결은 다른 채권자들과 채무자에게도 효력이 미치고, 제3채무자가 승소한 판결은 그들에게 주장할 수 있을 것이다.

154. 제3항은 채권자가 채무자의 권리를 행사할 수 있는 원칙에 대한 세 가지 예외 혹은 완화를 제시하고 있다.

1° 채권자는 채무자에게 주어진 순전한 법적 권능(simples facultés légales)을 행사할 수 없다. 권리(droits)에 대비되는 것으로서의 권능(facultés)이라는 독특한 용어를 설명하기 전에, 우선 몇 가지 논의의 여지가 없는 분명한 예들을 제시하도록 하겠다.

채권자가 채무자의 토지 위에 건물을 짓거나, 그 위에 있는 채무자의 건물에 세를 놓거나 토지를 이용하거나 그 위에 있는 농작물을 변경할 수 없음은 분명하다: 사실상 이러한 것들이 권능이다. 마찬가지로, 채무자가 환매를 조건으로 하여 재산을 매각했을 경우, 채권자는 여하튼 적법하게 환매권(faculté de rachat)을 행사할 수 없을 것이다: 여기서 권능의 특성은 더욱 분명해지는데, 왜냐하면 법에서 환매에 대하여 이러한 명칭을 부여하고 있기 때문이다(프랑스민법 제1659조 및 1660조 참조). 이 밖에도 예들은 많다.

반대로, 채권자가 채무자가 의사의 하자 혹은 무능력을 이유로 계약의 무효 혹은 취소를 주장할 수 있는 권리를 행사할 수 있음은 의심의 여지가 없다; 조건의 미이행을 이유로 한 계약 해제권, 재산 등 기타에 가해진 손해에 대한 손해배상청구권 등도 마찬가지이다.

그러므로, 어떠한 용어의 필요성, 즉 어떠한 경우에서든 권리인지 혹은 권능인지를 구별할 수 있는 분명한 표지의 필요성을 인정해야 한다.

양자는 다음과 같이 구별된다: 채무자가 그 행사를 게을리 하면 분명한 손실을 입을 수밖에 없는 이익에 관한 것이면, 이러한 이익은 권리이다; 반대로, 이익을 얻기 위하여 일정한 희생을 감수해야 한다면, 이는 권능이다. 그리고 채권자가 행사하는 권리와 관련하여 (위와 같은) 차이점을 증명하기는 쉽다: 권리 행사를 태만히 하면 분명하고 직접적인 손실이 발생할 수밖에 없는 것이라면, 채권자가 자신의 담보를 유지하고 악의의 채무자를 대신한다는 것은 당연한 것이다; 반대로, 권능의 행사에 있어서 (채무자에게) 이로운지 여부를 숙고해야 할 여지가 있다면, 채권자는 이러한 숙고 과정에 개입하여 채무자의 의사에 반하여 채무자를 대신할 수 없을 것이다 : 그렇게 되면 채무자의 재산 관리권을 탈취해가게 되는 것이며, 이는 법이 그들에게 부여하고자 했던 이익을 크게 벗어나는 것이 된다. 게다가 채권자가 여러 명인 경우에는 채무자의 권능의 행사 여부에 대하여 합의를 이루지 못할 것인 반면, 권리의 행사에 대하여는 자연스럽게 합의가 도출될 가능성이 크다. 채권자가 채무자의 권능을 행사하는 경우까지 이르는 것은 단지 채무자가 파산한 경우뿐이다; 그러나 이 경우에도 채무자의 재산관리권을 박탈하고, 채권자들은 채권자단체를 조직하여 그들의 이해에 가장 잘 부합하도록 다수결에 의하여 결정한다.

프랑스 민법은 예외적으로 채권자가 채무자를 대신하여 환매권을 행사하는 것을 허용하고 있다; 그러나 이는 최고·검색의 항변을 거친 후, 다시 말해서 채무자의 무자력(파산과 유사한 명백한 지급불능상태)이 확인된 후에만 가능하다(프랑스 민법 제1666조 참조).

2° 두 번째 예외는 엄밀히 말해서 채무자의 권리로서 채권자의 행사가 허용되지 않는 것에 관한 것이다. 이들은 금전적 이익(intérêt pécuniaire)보다는 정신적 이익(intérêt moral)을 표출하고 있기 때문에 "채무자 자신의 일신에 전속한" 것으로서 간주된다; 순전히 정신적 이익만을 지니고 있는 권리의 경우에는 더더욱 그러하며, 채권자들은 이를 행사할 아무런 이익이 없다. 이 표현(일신에 전속한 권리)은 위와 같은 권리들과 기타 다른 권리들을 구분할 수 있게 해준다. 가장 빈번하고 눈에 많이 띄는 예들을 인용해보면 다음과 같다: 혼생자임을 주장하거나 다투는 권리, 이혼을 청구하거나 혼인의 무효를 구하거나 양자의 무효를 구하는 등 사람의 신분과 관련된 권리, 모욕 혹은 기타 사람에 대한 불법행위로 인

한 손해배상청구권, 망은행위를 이유로 하는 증여 취소권 등.

반대로, 채무자가 전부 혹은 부분적으로 상속을 회복하도록 하는 권리는 그 행사에 있어서 정신적 이익이 작용하고 있고 채무자가 그 행사 여부를 결정하지 못하고 있을지라도 채권자가 행사할 수 있는 권리에 속하는 것으로 보아야 한다; 예를 들어, 상속회복청구권은 혼생자임이 확인될 것을 조건으로 함에도 그러하고, 상속재산반환청구권(프랑스 민법 제843조 및 제844조 참조), 증여 혹은 유증이 과다함을 이유로 한 취소청구권(프랑스 민법 제913조 및 제914조 참조), 상속결격을 구하는 청구권(프랑스 민법 제727조 및 728조 참조) 등이 그러하다. 이와 같은 여러 경우에 있어서 금전적 이익이 정신적 이익보다 우세하게 작동하고 있으며, 채권자의 권리는 채무자가 사해의사 없이 명백하게 (권리 행사를) 거절한 경우에만 배제될 수 있을 것이다.

3° 마지막으로, 법은 채권자의 보전수단으로서 압류할 수 있는 권리를 제시하고 있으면서도 채권자의 담보에 속하지 않는 일정한 재산에 대하여는 압류하지 못하도록 하고 있으며, 이들 재산은 편의상 혹은 인정상 채무자에게 전속되어 있다. 이로부터 압류불가능(insaisissables)이라고 명하게 되었다(프랑스 민사소송법 제30조 참조); 이러한 재산은 압류와 관련하여 민사소송법에 열거되어 있다.

참고문헌

Ⅰ. 국내문헌

1. 단행본

郭潤直, 民法總則 第七版, 博英社, 2002.

郭潤直, 債權各論 第六版, 博英社, 2005.

郭潤直, 債權總論 第六版, 博英社, 2006.

金相容, 債權總論 改訂版增補, 法文社, 2003.

金疇洙, 債權總論, 三英社, 2003.

金曾漢·金學東, 債權總論 第6版, 博英社, 1998.

金亨培, 債權總論 第2版, 博英社, 1998.

명순구 역, 프랑스민법전, 法文社, 2004.

李時潤, 新民事訴訟法 第3版, 博英社, 2006.

李英俊, 民法總則(韓國民法論 Ⅰ), 博英社, 2005.

李銀榮, 債權總論 第3版, 博英社, 2006.

張庚鶴, 債權總論, 敎育科學社, 1992.

崔秉祚, 로마法硏究(Ⅰ)－法學의 源流를 찾아서－, 서울대학교 출판부, 1995.

호문혁, 민사소송법 제5판, 法文社, 2006.

民法案審議錄 上卷 總則編 物權編 債權編, 民議院 法制司法委員會 民法案審
　　　　議小委員會.

民法注解[Ⅳ] 物權(1), 博英社, 1992.

民法注解[Ⅸ] 債權(2), 博英社, 1995.

註釋 民法, 債權總論(1) 第3版, 韓國司法行政學會, 2000.

2. 논 문

康奉碩, 債權者代位權에 있어서 債權保全의 必要性, 民事判例研究 ⅩⅩⅣ, 民事判例研究會, 博英社 2002.

金旭坤, 佛蘭西民法에 있어서 債權者代位權制度(上), 司法行政 Vol.14 No.1, 1973.1.

金旭坤, 佛蘭西民法에 있어서 債權者代位權制度(下), 司法行政 Vol.14 No.2, 1973.2.

명순구, 프랑스 민법 연구의 성과 및 향후의 전망－채권자대위제도의 운용을 중심으로－, 比較私法 第12卷 1號(通卷 第28號), 韓國比較私法學會, 2005.3.

박강회, 채권자대위권제도와 채무자의 무자력, 民事法研究 第9輯, 大韓民事法學會, 2001.

朴鐘允, 債權者代位權－無資力理論과 旣判力에 관한 再檢討－, 司法論集 第6輯, 法院行政處編 1975.

朴哲雨, 債權者代位權, 判例研究 第5輯, 서울 地方辯護士會, 1992.

梁彰洙, 賃借保證金返還債權의 讓渡와 賃貸借契約의 默示的 更新－大法院 1989년 4월 25일 판결 88다카4253사건, 民法研究 第2卷, 博英社, 1998.

梁彰洙, 債權者代位에 의한 處分禁止效가 第3債務者가 債務者의 債務不履行을 이유로 賣買契約을 解除하는 것에도 미치는가?－대법원 2003년 1월 10일 판결 2000다27343사건 (판례공보 2003상, 562면), 民法研究 第7卷, 博英社, 2003.

오수원, 프랑스 강제집행법 중의 우선주의－금전채권에 대한 압류 및 귀속(La saisie-attribution)제도－, 民事法의 實踐的 課題, 정환담교수 화갑기념논문집, 法文社, 2000.

오수원, 프랑스의 債權者代位權에 있어서 債權者의 債權과 特定物債權者, 法曹 통권 528호, 法曹協會, 2000.9.

尹容德, 債權者代位權의 基礎的 法理, 比較私法 第7卷 第2號(通卷 第13號), 韓國比較私法學會, 2000. 12.

윤진수, 부동산의 이중양도에 관한 연구; 제일양수인의 원상회복청구를 중심으로, 서울대학교 박사학위 논문, 1993.

李相旭, 프랑스 민법상의 faute, 社會科學研究 第20輯 第2卷, 嶺南大學校 社會科學研究所, 2001.2.

韓騎澤, 賃借保證金返還請求債權을 讓受한 者의 賃貸人의 賃借人에 對한 目的物明渡請求權의 代位行使, 民事判例研究, 民事判例研究會, 博英社 1991.

Ⅱ. 프랑스 문헌

1. 단행본

Alain Sériaux, 『Droit des obligations』, 2e éd., PUF, 1998.

Ambroise Colin, Henri Capitant, 『Cours élémentaire de droit civil』, t. Ⅱ, 10e éd., Paris, Librairie Dalloz, 1953.

Aubry et Rau, 『Cours de droit civil français d'après la méthode de Zachariae』 t. Ⅳ, 5e éd., 1902.

Bernard Gross, Philippe Bihr, 『Contrats Ventes civiles et commerciales, baux d'habitation, baux commerciaux』, puf 2002.

Boris Starck, Henri Roland, Laurent Boyer, 『Obligation 3. Régime général』 4e éd., Litec, 1992.

François Terré, Philippe Simler, Yves Lequette, 『Droit Civil─Les Obligations』, 8e éd., Dalloz, 2002.

Françcois Terré, Philippe Simler, 『Droit Civil─Les régimes matrimoniaux』, 3e éd., Dalloz, 2001.

François Terré, Yves Lequette, 『Droit Civil─Les successions Les Libéralités』, 3e éd., Dalloz, 1997.

Gabriel Marty, Pierre Raynaud, 『Les Biens』, par Patrice Jourdain, Dalloz, 1995.

Gabriel Marty, Pierre Raynaud, Phillippe Jestaz, 『Droit Civil Les Obligations』, t. Ⅱ, 『Le Régime』 2e éd., Sirey 1989.

Gérard Cornu, Vocabulaire juridique, puf, 2000.

H. Capitant, F. Terré, Y. Lequette, 『Les grands arréts de la jurisprudence civile』, t. Ⅱ, 11e éd., Dalloz, 2000.

Henri et Léon Mazeaud, Jean Mazeaud, 『Leçons de droit civil』, t. Ⅱ, vol. 1re

『Obligations théorie générale』 9e éd., par François Chabas Montchrestien, 1998.

Henri et Léon Mazeaud, Jean Mazeaud, 『Leçons de droit civil』, t. Ⅲ, vol. 1re 『Sûretés Publicité foncière』 7e éd., par Yves Picod, Montchrestien, 1999.

Henri Roland, Laurent Boyer, 『Adages du Droit Français』, 4e éd., Litec, 1999.

Henri Roland, Laurent Boyer, 『Locutions Latines du Droit Français』, 4e éd., Litec, 1998.

Jacques Flour, Jean-Luc Aubert, Yvonne Flour, Éric Savaux, 『Droit Divil, Les obligations 3. Les rapport d'obligations』, 2e éd. Armand Colin, 2001.

Jean Carbonnier, 『Droit Civil』 t. Ⅳ, 『Les Obligations』 22e éd. refondue, PUF 2000.

Jean Chevallier, Louis Bach, 『Droit civil』 t. Ⅰ, 12e éd., Sirey, 1995.

M.A. Manhes, 『Les sûretés dans la vente immobilière』, Masoon, 1989.

Philippe Malaurie, 『Les Biens-Les Publicité Foncière』, 5e éd., CUJAS, 2002.

Planiol et Ripert, 『Traité de droit civil français』, par Radouant, t. Ⅶ, Les Obligations, 2e éd., 1954.

Projet de Code Civil pour l'empire du Japon, par Mr. Gve. Boissonade, t. Ⅱ; Des Droits personnes ou obligations, 1883, Tokyo.

Recueil Complet des Travaux Préparatoires du Code Civil, Livre Troisième, par Fenet, Paris 1827.

Code Civil 2004, Litec.

2. 주석서, 법률잡지 및 평석

Dalloz jurisprudence générale, 1897 Ⅱ

Dalloz jurisprudence générale, 1921 Ⅱ

Encyclopédie Dalloz, Répertoire de Droit Civil, par Pierre Raynaud, Jean-Luc Aubert, Monique Baraton-Hoeffinger, 2e éd. t. Ⅰ, 1993.

Gazette du Palais, 1935 Ⅱ

Gazette du Palais, 1938 Ⅰ

Gazette du Palais, 1940 Ⅱ

Gazette du Palais, 1950 Ⅱ

Gazette du Palais, 1951 Ⅰ

Gazette du Palais, 1972 Ⅰ

Gazette du Palais, 1974 Ⅰ

Gazette du Palais, 1974 Ⅱ

Gazette du Palais, 1975 Ⅰ

Gazette du Palais, 1977 Ⅰ

Gazette du Palais, 1977 Ⅱ (panorama de jurisprudence)

Gazette du Palais, 1980 Ⅰ (panorama de jurisprudence)

Gazette du Palais, 1981 Ⅱ

Gazette du Palais, 1982 Ⅱ

Gazette du Palais, 1983 Ⅱ

Gazette du Palais, 1984 Ⅰ

Journal du Notariat 1983

Juris Classeur Civil Art. 1166, 1993.

Juris Classeur Civil Art. 1166, 1996.

Juris Classeur Annexe, Publicité Foncière, 1993.

La Semaine Juridique, 1956 Ⅱ

La Semaine Juridique, 1965 Ⅱ

La Semaine Juridique, 1971 Ⅱ

La Semaine Juridique, 1980 Ⅳ

La Semaine Juridique, 1981 Ⅳ

La Semaine Juridique, 1982 Ⅳ

La Semaine Juridique, 1984 Ⅱ

La Semaine Juridique, 1986 Ⅳ

La Semaine Juridique, 1994 Ⅳ

La Semaine Juridique, 1998 Ⅱ

La Semaine Juridique, 2000 Ⅰ

La Semaine Juridique édition notariale et immobilière 1983 Ⅱ

Recueil critique de jurisprudence et de législation, 1941

Recueil critique de jurisprudence et de législation, 1942

Recueil critique de jurisprudence et de législation, 1949 Ⅰ

Recueil critique de jurisprudence et de législation, 1952 Ⅱ

Recueil Dalloz, 1961

Recueil Dalloz, 1964

Recueil Dalloz, 2000

Recueil Dalloz ciritique 1943

Recueil Dalloz de doctrine, de jurisprudence et et législation, 1945

Recueil Dalloz de doctrine, de jurisprudence et et législation, 1951

Recueil Dalloz jurisprudence, 1960

Recueil Dalloz jurisprudence, 1961

Recueil Dalloz Sirey, 1970 (sommaires de jurisprudence)

Recueil Dalloz Sirey, 1973 (sommaires de jurisprudence)

Recueil Dalloz Sirey, 1975

Recueil Dalloz Sirey, 1977

Recueil Dalloz Sirey, 1978

Recueil Dalloz Sirey, 1980 (Informations Rapides)

Recueil Dalloz Sirey, 1981 (Informations Rapides)

Recueil Dalloz Sirey, 1982 (Informations Rapides)

Recueil Dalloz Sirey, 1983

Recueil Dalloz Sirey, 1986

Recueil Dalloz Sirey, 1989

Recueil Dalloz Sirey, 1990 (Informations Rapides)

Recueil Dalloz Sirey, 1991 (Informations Rapides)

Recueil Dalloz Sirey, 1992

Recueil Dalloz Sirey, 1997 (sommaires commentés)

Recueil pêriodique et critique, 1849 I

Recueil pêriodique et critique, 1854 I

Recueil pêriodique et critique, 1880 II

Recueil pêriodique et critique, 1849 I

Recueil pêriodique et critique, 1862 I

Recueil pêriodique et critique, 1897 II

Recueil pêriodique et critique, 1902 II

Répertoire du notariat defrénois, 1980

Répertoire du notariat defrénois, 1983

Répertoire du notariat defrénois, 1984

Répertoire du notariat defrénois, 1985

Répertoire du notariat defrénois, 1992

Répertoire du notariat defrénois, 1999

Revue trimestrielle de droit civil, 1970
Revue trimestrielle de droit civil, 1971
Revue trimestrielle de droit civil, 1982
Revue trimestrielle de droit civil, 1983
Revue trimestrielle de droit civil, 1985
Revue trimestrielle de droit civil, 1986
Revue trimestrielle de droit civil, 1987
Sirey; Recueil général des lois et des arrêts, 1849
Sirey; Recueil général des lois et des arrêts, 1902 Ⅰ
Sirey; Recueil général des lois et des arrêts, 1904 Ⅱ
Sirey; Recueil général des lois et des arrêts, 1924 Ⅰ
Sirey; Recueil général des lois et des arrêts, 1937 Ⅱ

Ⅲ. 영국 문헌

Basil S. Markesinis, Foreign Law and Comparative Methodology:a Subject and a Thesis, Hart Publishing Oxford.

Ⅳ. 일본 문헌

日本帝國民法典並びに立法理由書[仏語公定譯], 第1卷 條文(明治23年3月27 日公布), 信山社(復刻版), 1993.
日本帝國民法典並びに立法理由書[仏語公定譯], 第2卷 財産編・理由書, 信 山社(復刻版), 1993.
民法修正案理由書, 自際一編 至第三編, 有斐閣, 1987.
山本和彦, フランスの司法, 有斐閣, 1995.
山口俊夫[編], フランス法辭典, 東京大學出版社, 2002.
星野英一, 民法論集 第二卷, 有斐閣, 1970.

<Résumé>

Étude sur le droit comparatif de l'action oblique entre la Corée et la France

Ha Yoon, YEO

L'action oblique qui est situplée dans l'article 404 du code civil coréen trouve son origine dans l'article 1166 du Code Napoléon. Mais on ne pratiquait pas l'action oblique comme la France. Alors, dans ma thèse, j'ai comparé la pratique de l'action oblique en Corée avec celle de la France. Par comparaison, on pourrait bien comprendre l'action oblique en Corée. Pour cela, j'ai étudié la théorie légale fondamentale et bien des arrêts sur l'action oblique concernant la Corée et la France.

En Corée, dans des cas exceptionnels, la Haute Juridiction admettait l'action oblique sans la condtion d'insolvabilité du débiteur. C'est pourquoi depuis longtemps on discutait sur les arrêts pris par la Corée et on pensait que l'action oblique était utilisée très différemment par rapport à la France. Mais pendant mes études, j'ai découvert qu'à partir des années 80 la Cour de cassation a commencé à permettre l'action oblique sans la condition d'insolvabilité du débiteur s'il ne s'agit pas d'une créance de somme d'argent. Alors, je pense qu'actuellement la pratique de l'action oblique en Corée et en France n'est pas différente.

Mais il y a encore des différences entre la Corée et la France. C'est parce que l'action oblique est étroitement liée au système légal étatique et que chaque système légal comporte des differences entre la Corée et la France.

Le problème le plus important sur l'action oblique est que l'effet de l'action oblique est seulement pour le gage commun de tous les créanciers. C'est à dire, l'action oblique ne profite-t-elle qu'indirectement au demandeur, en même temps qu'elle profite aux autres créanciers du même débiteur. C'est pourquoi l'action oblique était assez peu utilisée. Alors on s'est demandé si l'action oblique puisse être exercée de façon que le créancier puisse primer les autres créanciers. En Corée et en France, il y a des moyens pour le créancier d'y'arriver par le jeu de l'action oblique. Par exemple, comme mentionné plus haut, s'il ne s'agit pas d'une créance de somme d'argent, la condition d'insolvabilité du débiteur n'est pas nécessaire et le créancier peut être de facto le principal bénéficiaire du droit et de l'action réalisés. En Corée, particulièrement, après l'action oblique exercée, le créancier peut accepter le paiement du tiers débiteur et compenser ainsi son débiteur si les conditions de la dite compensation sont réunies. En France, il y a deux cas pour le créancier afin de satisfaire sa créance par voie d'action oblique. C'est que le créancier peut utiliser l'article 1166 du Code civil pour recourir à une voie d'exécution(la saisie-arrêt) contre le débiteur de son débiteur, et que s'il ne se contente pas d'exercer les droits de son débiteur par la voie oblique, il peut réclamer le paiement de ce qui lui est dû sur les sommes réintégrées dans le patrimoine de ce dernier. Dans les deux cas, la mise en cause de son débiteur par le créancier est nécessaire.

Les conditions de l'action oblique sont faites pour éviter que le créancier ne recoure abusivement à l'action oblique. Alors, je pense qu'' intérêt à agir' du créancier, une des conditions de l'action oblique ne devrait pas être comprendue si étroitement en tant qu'' insolvabilité du débiteur' à moins que l'action oblique exercée par le créancier ne constitue une immixtion inutile et indésirable dans les affaires du débiteur.

A mon avis, 'intérêt à agir' est une conception ouverte. Alors, je rejoins la position de la Haute Juridiction en Corée qui tend à élargir le domaine de l'action oblique sans la condition d'insolvabilité du débiteur.

mots-cléfs : action oblique, gage général, insolvabilité du débiteur, intérêt à agir

찾아보기

차

하

여 하 윤

대원외국어고등학교 졸업
서울대학교 법과대학 사법학과 졸업
서울대학교 법과대학원 석사학위 취득
서울대학교 법과대학원 박사학위 취득(민법 전공)
중앙대학교 법과대학 강사
현재 서울대학교 법과대학 BK21 박사후연구원

채권자대위권 연구

값 15,000원

2007년 8월 20일　　초판 인쇄
2007년 8월 30일　　초판 발행

저　　　자 : 여 하 윤
발 행 인 : 한 정 희
발 행 처 : 경인문화사
편　　　집 : 김 소 라
　　　　　서울특별시 마포구 마포동 324-3
　　　　　전화 : 718-4831~2, 팩스 : 703-9711
　　　　　이메일 : kyunginp@chol.com
　　　　　홈페이지 : http://www.kyunginp.co.kr
　　　　　　　　　 : 한국학서적.kr
등록번호 : 제10-18호(1973. 11. 8)

ISBN : 978-89-499-0502-0　94360